普通高等教育"十二五"规划教材

宏观经济学原理及应用

主　编　吕秉梅　冯国强
副主编　徐友光　安　兵

国家行政学院出版社

图书在版编目(CIP)数据

宏观经济学原理及应用/吕秉梅,冯国强主编.——
北京:国家行政学院出版社,2013.12
　　ISBN　978-7-5150-1080-9

　　Ⅰ.①宏…　Ⅱ.①吕…　②冯…　Ⅲ.①宏观经济学—
教材　Ⅳ.①F015

　　中国版本图书馆 CIP 数据核字(2013)第 314950 号

书　　名	宏观经济学原理及应用
作　　者	吕秉梅　冯国强
责任编辑	张晋华
出版发行	国家行政学院出版社
	(北京海淀区长春桥路 6 号 100089)
电　　话	(010)68920640　68929037
编 辑 部	(010)68928761　68929009
网　　址	http://cbs.nsa.gov.cn
经　　销	新华书店
印　　刷	北京长阳汇文印刷厂
版　　次	2013 年 12 月第 1 版
印　　次	2013 年 12 月第 1 次印刷
开　　本	787×1092　1/16 开本
印　　张	14.5
字　　数	299 千
书　　号	ISBN 978-7-5150-1080-9
定　　价	30.00 元

前　言

作为一门学科基础课程，宏观经济学最主要的功能在于为财经类各专业课程的学习做知识铺垫。当前国内高校采用宏观经济学教材有以下两种情况：一种是直接洋为中用，原封不动地使用国外教材，这些教材的思路与中国人的逻辑思维存在冲突，并且翻译失当的情况大量存在，使得大量简单的知识变得隐晦难懂；另一种是使用自编教材，这类教材普遍存在侧重介绍经济理论知识而忽视理论知识的实践运用的情况，学生在课堂上学习了理论知识，但却不能运用所学的知识分析生活中的实际案例。

在对照国内外宏观经济学教科书的状况及其存在的问题的基础上，我们结合自身多年的教学经验和学生学习的实际情况，以应用型本科教育作为导向，精心设计结构、合理把握难度、用心编写本书内容，以期本教材能让学生更为全面地了解宏观经济学的专业知识，增强透视经济问题的能力。编写中，我们引入大量知识拓展与案例，并结合上下文语境穿插问题分析、案例分析，让学生能够在课堂上充分理解和掌握该堂课所授知识，并能够举一反三、灵活运用于生活实践之中。本教材适用于国际贸易、工商管理、市场营销、电子商务、财务会计、物流管理等财经类专业，可作为普通高等院校经济管理类专业的基础课程教科书，也可以作为非相关专业选修或对经济问题感兴趣的爱好者自学使用。

本教材从酝酿到最终成稿，历时两年之久，是一个团队智慧和汗水的结晶。为了本书的出版，整个团队在前期做了大量准备工作，比如集体讨论，教学切磋，编写习题手册、课件以及案例手册等。也正是在此基础上才确定了本教材的编写指导思想、大纲和风格。在此特别感谢吴秋房、张小军、郭骏、荆菊等老师在前期工作中付出的心血和汗水。本书由广州大学松田学院经济学系组织编写，由广州大学松田学院吕秉梅与冯国强博士担任主编，暨南大学徐友光博士与郑州牧业工程高等专科学校安兵担任副主编，沧州职业技术学院郭向明与广州大学松田学院瞿丽、张伟静、梁艳、兰婷参与编写。本书的编写分工如下：冯国强编写第一、九章，瞿丽编写第二、三章，张伟静编写第四章，梁艳编写第五章，安兵编写第六章，兰婷编写第七章，郭向明编写第八章。吕秉梅、徐友光认真审阅了全部书稿，对各章节内容进一步完善提出了很好的修改意见。最后由冯国强负责统稿、定稿。

本书的内容参考了不少国内外学者的相关著作，在此向他们表示感谢。限于编写人员的知识水平和教学经验，难免存在不足和疏漏之处，由衷地希望本书使用者批评指正。

本书编写组

2013 年 10 月

目　录

第一章　宏观经济学导论

每个微观主体除了关心自身消费效用、成本收益以外，对于自身所处的宏观经济环境也必然会去了解，因为自己身处的经济环境或形势会直接影响到个人的收入状况，进而影响到个人的微观决策。因此，除了从个体角度去理解微观层次上如何在约束条件下的行为反应之外，我们必须将每个个体——可以是家庭、企业，也可以是消费者个人——置身于宏观经济形势的大背景下，考察宏观经济形势的存在规律以及政策变动带来的影响。

经济学按照研究对象的不同可以大致分为微观经济学和宏观经济学两大部分。微观部分揭示作为理性的经济个体，在面临约束条件下，可以是收入约束，也可以是成本约束，如何确定自己效用最大化以及收益（利润）最大化的商品购买或生产数量。与宏观经济学相区别，微观经济学以个体作为研究对象，以个体的经济理性作为研究前提，以约束条件下实现效用（收益或利润）最大化作为研究方法，将价格作为研究中心、把个体的利益作为目标选择，然后探讨家庭和企业的经济行为怎样通过市场竞争达到资源最优配置。微观经济学作为一门逻辑严密的社会科学，它对经济领域内的许多问题均有不同程度的关注，尤其是关乎人们切身利益的微观经济活动，不仅对问题和现象本身做出一定程度的解释，更为人们经济行为的理性化提供诸多思路。

说到这里，也许有人会认为，只有关系具体经济活动的经济知识才是最重要的，宏观"大问题"离我们太远了，那是政府官员的事情，我们只要掌握好微观经济学理论就足够了。其实不然，宏观经济学并非政府的专利，微观经济学也并非万能钥匙，单纯的微观经济理论知识和分析方法是不足以解释和解决经济问题的。考虑到这些问题，我们将从微观经济学的学科意义和遗留问题出发，系统探讨宏观经济学的基本问题和逻辑思路。

一、微观经济学的学科意义与遗留问题

（一）微观经济学的主要内容与学科意义

1. 微观经济学的主要内容

（1）消费者在不同产品上进行选择实现均衡。在消费者行为理论中，无差异曲线是消

费者相同满足程度的所有商品组合，表明消费者的选择是自由的；而预算线是消费者在当前收入和现行价格水平上所受到的消费约束，表明消费者购买行为必须在预算可行性空间里面发生；当消费者在不同商品组合上进行选择时，无差异曲线与预算线相切于一点，此均衡点表明存在着最大化效用，从而确定了不同商品的最后选择；同时，随着价格的变化，预算线也会发生平移，这不仅会改变该商品的选择数量（需求曲线），也会改变其他商品的选择数量（收入效应与替代效应）。这是消费者行为理论的主旨思想。

（2）企业根据 $MR=MC$ 的原则实现利润最大化。企业会在成本和收益的对比中确定最优产量，其遵循的基本原则即是 $MR=MC$。这是因为，当 $MR>MC$ 时，表明企业每增加一单位产品所增加的收益大于这一单位的成本，此时厂商有利可图，必然扩大产量；当 $MR<MC$ 时，表明企业每增加一单位产品所增加的收益小于这一单位的成本，因此厂商会亏损，从而必然减少产量；只有在 $MR=MC$ 时，厂商既不扩大，也不缩小产量，而是维持产量，表明企业该赚的利润均已赚到，即实现生产者利润最大化。

（3）市场是实现均衡的场所。均衡是经济变量通过相互作用形成的一种相对静止的稳定状态，在市场供求关系中，消费者与生产者分别施加两种相反的力量，最终形成供求双方都满意的市场价格，此时实现市场均衡。这里的均衡不仅包括产品市场或要素市场单个市场的均衡（局部均衡），还包括经济社会所有市场的同时均衡（一般均衡）。当达到均衡时，均衡价格和均衡数量也随即形成，当条件具备的情况下这一组合会保持一定程度的稳定性。

2. 微观经济学的意义

在微观经济领域中，微观经济学构建了较为有价值的逻辑体系，解决了个体（厂商和家庭）决策如何实现经济效率的问题。具体来说，微观经济学主张价格机制在市场经济中的作用，价格机制具有刺激生产、信号传递和合理安排稀缺资源生产的功能。价格机制在市场经济体系中发挥作用的过程，正是价格通过调整供求关系，使之趋于一致的过程。

尤其是在完全竞争市场上，任何竞争均衡都是帕累托最优状态，同时任何帕累托最优状态也都可由一套竞争价格来实现。其中产品的均衡价格可以实现交换的帕累托最优，要素的均衡价格可以实现生产的帕累托最优，一般性商品的均衡价格可以实现生产和交换的帕累托最优。可见，完全竞争的市场经济体系通过价格机制的"看不见的手"，有效实现了生产和交换的帕累托最优，达到最具有经济效率的经济状态。

在微观经济的逻辑框架内，微观经济学继续提出，具有选择性的市场可以让消费者和企业体现自己的意志，形成企业间的有效竞争，并通过竞争机制推动资源实现优化配置，促进国民财富的增加。即使存在一定程度的市场失效，但这也不会动摇市场制度有效率的根基。换言之，市场制度是迄今为止人类发明的最具有财富生产效率的制度，"看不见的手"的原理是一条具有普遍性的基本经济规律。

这样，微观经济学以价格作为媒介，构建了市场竞争体系，借助"看不见的手"的原理合理解释了微观个体的理性经济行为，在一定程度上实现了经济效率，这就是微观经济学所阐释的基本问题。

（二）微观经济学遗留的问题

> **思　考**
>
> 　经济社会包罗万象，除了消费者、厂商等微观主体以外，经济体系内还存在哪些重要的经济主体？请列举一些微观经济学无法做出合理解释的经济现象和经济问题。

诚然，微观经济学可以解释很多经济问题，尤其是微观经济领域的问题，但是我们有没有想过，是否所有的经济学问题都可以通过微观经济理论解决？是不是所有的经济问题都可以借助价格机制、通过市场竞争实现资源优化配置，以求达到经济运行的高效率？答案应该是否定的。这表明，虽然微观经济学的存在有其现实意义，但是其所遗留的经济问题也是不可忽视的。请思考以下几个经济问题：

（1）在非完全竞争情形下，所有社会资源都得到充分利用了吗？此时是否存在资源配置失当？如果有，应该如何操作？

（2）微观领域的效率是否意味着经济社会的总体效率，当微观个体实现利益最大化时，整个社会的运行一定有效率吗？

（3）在经济问题的解决上政府是否已经发挥出应有的作用，政府能否在经济领域内扮演一个重要角色？

（4）如何通过正确引导让经济的自发行为变成人们的自觉行为？如何改变单纯受经济规律的被动支配状态，实现经济行为从盲目性到目的性的转变？

对以上这些问题的解释均已超出微观经济学的学科能力。通过分析可以发现，当微观个体经济高效运行时，社会总体经济的运行未必处于有效率的运行状态，并非所有的社会资源都得到充分利用，经济体系的某些领域中总是或多或少存在着效率缺失，这说明微观机制的运行效率不等价于宏观总体的运行效率。这同时也表明微观经济学有其特定适用范围，它只在某些特殊领域内才具备命题成立的基本条件。这客观上要求我们改变思考角度，通过重新构建理论体系，方可以解释和解决相关经济问题。比如，鉴于市场自发调节机制的弱点和缺陷，我们可以尝试引入政府机制，在以政府为主导的前提下，借助多方经济主体的相互制衡关系，不断加强政府微观规制与宏观调控的双重职能，以引导人们的经济行为实现从自发性到自觉性的转变，不断提高经济社会的整体效率。

二、什么是宏观经济学

宏观经济学是一门全新的学科，它从社会总体的视角出发构建新的理论体系，为经济问题的分析和解决提供了新的思路，从而可以摆脱微观经济逻辑的局囿，对其遗留的诸多经济问题做出合理的解释，以解决其适用性不足的问题，这也是我们引入宏观经济理论的必要之所在。那么，什么是宏观经济学？它可以解决哪些问题？宏观经济学的分析思路又是什么？接下来我们将对这些问题做出一一解释。

1. 从树木与森林说起

宏观经济学与微观经济学既有区别又有联系，这里我们先援引一段文字对宏观经济学做粗略认识。①

　　当你看一棵树的时候，你的着眼点在于一棵树的枝干和叶子；

　　当你登高远眺一片森林的时候，你的着眼点在于整片森林的样貌。

　　······

　　当我们仔细研究一个企业和家庭经济行为的时候，我们是在研究微观经济；

　　当我们把眼光放大到讨论一个国家的整体经济的时候，我们就是在研究宏观经济。

　　······

这首简短的小诗道出了宏观经济学的微妙之处。宏观经济学是研究经济总体情况与趋势的基本理论，它解释的是经济中的总体性经济问题。宏观经济学与微观经济学存在一定的联系和区别，微观经济学是一棵树，是枝干和叶子，而宏观经济学则将着眼点放在整片森林的样貌上。微观经济学在性质上是关于单个厂商、消费者或家庭经济的理论研究，而宏观经济学将着眼点放在社会总体经济问题的把握上，二者是个别与整体的关系。同时，宏观经济学的分析与研究完全超出了微观行为个体局部和细节的关注，它忽略了经济生活中极其复杂的细节关系，将其作为一个森林整体抽象化为一些易于把握的基本问题，因此，它的范围更广泛，视角更开阔。正是由于这一点，宏观经济学或许不能对厂商和消费者遇到的具体问题给以明确的答案，但是却可以对国民经济中的一些重大问题做出较为合理的解释。

2. 对宏观经济学的加深理解

宏观经济学不同于对微观经济问题的研究，我们可以从多个角度来认识它，下面我们将对宏观经济学做更深一步的认识。

（1）总体与个体角度。宏观经济学的研究对象是经济总体，个体经济行为不等价于总体经济行为。例如，在一定时期内某行业价格发生大幅上涨，从而行业利润有较大幅度的增加，这从个体行为角度来看应该是件不错的事情，但对于总体来说未必是一件好事，因为这种现象很可能带来其他产业的增长乏力，石油、电力即是如此。比如，2010 年上半年中石化盈利 707 亿元，但利润所得却是以中国大面积的石油恐慌为代价的，对当时的社

---

① 参考：辛宪. 经济学的第一堂课. 北京：清华大学出版社，2005.

会经济产生了不小的影响。

（2）总量与个量角度。宏观经济学采用的是总量研究方法，个量研究不等价于总量研究。微观经济学理论中的变量指标多为个量，如成本、收益、利润、弹性、价格等，它们大多是反映微观个体经济行为的个量。而宏观经济学不同于微观经济学，它主要是反映宏观总体的经济行为，因而多为总量研究，如 GDP、就业量、通货膨胀率、经济增长率等。个量研究不同于总量研究，当个量发生一定程度的变化时，总量未必发生相同幅度的变动，二者在变动趋势上存在一定的不同步性。例如，一定时期内我国房地产价格和汽车价格发生大幅上涨，但是总体物价却基本持平；再如，某产业增加值倍增，但国民经济财富却没有相应增加，甚至可能因为资源配置失效而下降。由此可见，总量与个量之间是有很大差别的，宏观经济学与微观经济学的区别主要是二者在研究角度、统计指标等方面的不同所造成的。

（3）效率与平衡角度。效率与平衡问题是经济学的一个共同问题，当微观个体实现利益最大化时，整体社会经济的运行未必达到均衡和高效率状态，微观个体的高效率并不意味着经济社会的总体效率，甚至会偏离一般均衡，带来其他个体的低效率。例如，某类企业采用先进的技术设备和科学的管理模式，促进劳动生产率有了很大的提高，这从微观上看是有效率的。但同时却可能带来大量的劳动力替代，下岗工人增加，很多人面临失业，最终无益于就业均衡的实现。因此，微观个体的效率不等价于宏观总体的平衡，效率与平衡是两个不同的概念。一般来说，宏观经济学的平衡主要表现在持续稳定的经济增长、充分就业、物价稳定、国际收支平衡等方面，这也是宏观经济政策的主要目标。

（4）政府角色的发挥与政策实施。在前文中我们提到一个问题：政府能否在经济领域内扮演一个重要角色？这主要是政府作用发挥的问题，也就是说政府能否在经济问题的解决上充分发挥出自己应有的作用。其实这个问题在微观经济学的介绍中已经提到，市场机制因其天生的弱点和缺陷而存在无法解决的问题，例如，自然垄断问题、公共物品问题、信息不对称问题等，这使得政府有必要站出来充分发挥自身的作用，以自己特殊的角色定位将这些问题一一解决。一般来说，政府的角色可以概括为：守夜人角色，即政府是公共产品的生产者；裁判员角色，即政府可以作为规则的制定者和秩序的维护者；干预者角色，即政府可以通过影响社会公众行为、实施相关政策，从而加强对经济的干预。例如，通常人们都不希望太高的通货膨胀率，假设人们预期的通货膨胀率为 5%，但实际通货膨胀率却有可能达到 7%，这个时候应该怎么办？此时单靠市场的作用是无法实现的，必须引入政府机制加强宏观调控。例如，政府可以采取调整产业结构、减少投资与政府支出、压缩货币供给等政策，抑制通货膨胀的迅猛势头，改变过热的经济状况，从而可以达到预期的通货膨胀水平，而这些都是在微观领域内所无法实现的，这也成为宏观经济学的一项基本功能。

3. 什么是宏观经济学

"宏观经济学"一词，最早由挪威经济学家弗里希于 1933 年提出。"宏观"（*Macro*）一词在希腊文表示"大"的含义，因此宏观经济学有时也叫作大经济学。著名经济学家凯恩斯对宏观经济理论的研究做出很大贡献，他于 1936 年发表了《就业、利息和货币通论》，第一次系统运用总量分析方法研究整个国民经济活动的宏观运行问题，并因此被称为"宏观经济之父"。

结合前面的分析，我们可以给宏观经济学的学科属性做一界定：宏观经济学是一门社会科学，它采用总量分析法，以国民收入为中心，以社会福利为目标，研究一个经济社会的总体运行状况以及怎样通过政府调控达到资源的充分利用。

在这里，我们需要注意宏观经济学是以整个国民经济为研究对象，而非个体经济单位（如单个企业或消费者）；宏观经济学的中心理论是国民收入决定理论，以国民收入为中心展开思考；宏观经济学的基本研究方法是总量分析法，采用总量指标来衡量宏观经济运行状况；宏观经济学以整个社会福利的最大化作为自己追求的目标，而非微观个体利益最大化；宏观经济学是以市场机制的不完善作为假设前提，同时政府有能力调节经济，能够充分发挥自己的角色功能，从而达到纠正市场机制的缺点的目的。

4. 宏观经济学与微观经济学的异同

宏观经济学与微观经济学同属于西方经济学体系之下，但二者在分析角度与分析思路等方面存在很大的差异，因而被划归到不同的理论体系之下，二者在许多方面存在比较明显的区别。

首先，微观经济学以新古典经济学为基本理论依据，它主张市场万能论，通过"看不见的手"可以实现经济系统的自发调节，达到资源的优化配置，从而解决资源稀缺性与人类欲望无限性的矛盾问题。在具体分析逻辑上，微观经济学主要以家庭、企业、市场等微观个体作为分析对象，采用个量分析的方法，以市场价格为中心，研究经济社会中经济个体的经济行为和经济决策问题，包括个别消费者怎样实现效用最大化，个别厂商如何实现利润最大化，个别市场如何形成均衡等。

宏观经济学则以凯恩斯主义经济学为基本理论依据，它将市场失灵问题作为理论分析的出发点，提出政府宏观调控的必要性，并对政府问题展开研究，宏观经济学主要以一国的国民经济总体作为分析对象，采用总量分析法，将经济生活中的细节问题抽象化为一般化基本经济问题，从整个商品市场、货币市场、劳动市场、服务市场和国际市场的角度多方位加以分析，从而对国民经济中的某些重大问题做出较为可信的解释。例如，一定时期内总体物价水平为什么会发生变动，为什么会有经济繁荣或经济衰退，失业问题是如何产生的，等等。

总的来看，二者在理论依据、基本假设、分析方法、分析思路、研究中心等方面存在比较明显的区别。详见表 1-1。

表 1-1 宏观经济学与微观经济学的比较

比较项目	微观经济学	宏观经济学
理论依据	新古典经济学	凯恩斯主义经济学
分析方法	个量分析	总量分析
分析对象	家庭、企业、市场	国民经济总体
研究中心	市场价格	国民收入
分析目标	个体利益最大	社会福利最大
基本假设	市场万能、资源稀缺、充分就业	市场失灵、需求不足、存在失业

作为两个相互独立而又相互关联的学科体系，宏观经济学与微观经济学之间也存在较为密切的联系。

第一，宏观经济学与微观经济学是理论经济学的两个重要组成部分，是西方经济学理论框架下两种合理的分析思路，二者相辅相成、并驾齐驱，成为西方经济理论的两大砥柱，共同解释了经济领域中的许多问题。

第二，宏观经济学与微观经济学是互以对方为既定条件的。没有一个个微观个体，宏观总体就无法谈起，宏观经济总量也就失去了存在的基础；没有宏观经济总体做分析背景，微观经济分析结果也就失去了现实意义，甚至会出现重大偏离。所以，宏观经济学要以微观经济学为基础，微观经济学要以宏观经济学为既定条件。

第三，从理论继承关系上来讲，宏观经济学是对微观经济学的升华和补充。宏观经济学针对微观经济学的理论缺陷创建自己独特的体系，它有效解决了市场失灵问题，为我们提供了治愈微观经济弊病的良方。

第四，宏观经济学与微观经济学在根本目标上具有一致性，二者都以实现社会福利最大化为根本目标。只不过，微观经济学是以市场机制的自动调节方式，通过厂商和消费者最优行为的分析实现整体经济的最优均衡结果；而宏观经济学则直接从总体把握，通过政府的政策引导实现社会福利的最优化。

第五，二者在分析方法和研究思路方面有很多相似性，如二者都采用均衡分析法、比较静态分析法、供求分析法等。

三、宏观经济学的基本问题

宏观经济学的主要内容是研究一国国民经济的总体运行机制，通过总量研究、结构分析、机制设计等途径提高宏观经济绩效，以促进一国宏观经济健康有序地运行。宏观经济学所研究的基本问题主要包括经济增长与经济发展、充分就业与失业治理、物价稳定与抑制通货膨胀、经济波动与经济周期、国际收支平衡以及宏观经济政策制定等。

1. 经济增长与经济发展

经济发展是反映一个经济社会总体发展水平的综合性概念，世界各国发展经济的主要目的是提高本国人民的生活水平和生活质量，提高社会总体福利水平，而解决这一问题的首要途径就是实现长期经济增长。只有国家的经济一年比一年增长，才能保证其国民的生活水平一年比一年提高。像亚洲部分国家的高速经济增长，不但使其国民的生活素质大大提高，而且使其国际地位也得到提升。

据测算，假设经济增长率为 10%，那么一个国家持续 50 年经济增长，则财富将增长 117.4 倍；如果持续 200 年经济增长，则财富增长 1.9 亿倍。若考虑到人口增长的因素，假设人口增长 4 倍，那么人均财富还要增长 5 000 万倍，美国的富裕即来自于持续经济增长。即使平均经济增长率为 5%，那么持续 200 年的经济增长也会使财富增长 1.7 万倍，4 倍人口增长则会使人均财富增长 4 000 倍。所以持续增长意味着富裕，能否实现经济增长，关系到国家长期的繁荣，没有持续增长，国家富强根本无从谈起。

那么，经济增长过程中有没有普遍规律？长期经济增长的源泉是什么？经济增长遵循什么发展模式？为何在长期内有些国家比其他国家增长快？政府的经济政策能否影响长期增长？这一类问题是宏观经济学家们长期以来始终关注的对象，因此，经济增长问题成为宏观经济学的首要问题。

2. 充分就业与失业治理

> **思　考**
>
> 　　中国于 1995 年开始统计城镇失业率，长期以来城镇登记失业率一直保持在 3.9% 以下，2000 年以后中国城镇登记失业率开始上升，但失业控制目标仍然是 4%。请问政府为什么要控制失业及统计数字？失业究竟是如何发生的？它会产生哪些影响？

失业是世界各国普遍存在的社会问题和经济问题，也是宏观经济学家十分关注的问题。失业是指有劳动的能力和意愿但是找不到工作的现象，失业率是衡量失业水平的主要指标。进入 20 世纪 90 年代，欧洲的失业率高达百分之十几，而苏联和东欧国家在经济体制转换之际，失业率也曾不断上升。失业通常是与经济周期联系在一起的，一般来说经济衰退经常会伴随着失业率的上升。

失业是痛苦的，它意味着贫困和生活理想的丧失，会带来严重的社会问题和经济问题，例如，产出和收入下降、人力资本流失、人格尊严丧失、离婚率和犯罪率上升等。中国政府比较重视就业与失业问题，自 1995 年起开始统计城镇失业率，长期以来城镇登记失业率一直控制在 3.9% 以下，这在一定程度上保证了公众的基本利益，避免失业问题给社会带来的种种危害。

失业的普遍存在性和危害的严重性不断引起众多专家学者的关注。西方宏观经济学家一直在花费大量精力对各种不同条件下失业的成因、机制、影响及解决对策进行研究，提出许多不同的理论观点。其中有许多积极有益的政策主张，但在某些问题上也存在争论，特别是在是否主张政府进行政策干预上一直存在争论，至今未能达成一致。所以，对充分就业与失业治理问题的研究就成为宏观经济学的一个基本问题。

3. 物价稳定与抑制通货膨胀

思　考

20世纪80年代，很多国有企业开始工资总额承包，企业收入向职工倾斜，很多人收入增长很快，一位大学老师的月工资在半年时间从108元增加到140元，增幅近30%。而此时物价也上升，以前家里经常买烧鹅回来吃，每千克只有1.2元，但后来涨到每千克2.4元感到有些吃不起了。请问，为何会发生这种现象？

价格是经济社会的一个重要信号，是人们观察经济体系运行是否良好的重要指标之一。如果一国出现持续的物价上涨，经济活动就会受其影响而出现不同程度的波动，民众的利益也将深受其害。按照一般的理解，通货膨胀就是"钱不值钱了"，反映为"物价普遍上涨"，经济学上通常用价格指数和通货膨胀率来衡量。通货膨胀对社会的危害性是难以估量的，它会使人们手中的货币和财富发生贬值，让手持现金的人蒙受较大的损失。超速的通货膨胀的危害性尤其明显，会对经济发展产生更加恶劣的影响，它能扭曲价格信号，使资源配置发生错误，使市场机制不能正确发挥作用，对于投资者而言，加大了投资风险，不利于长期投资行为的发生。历史上不乏有恶性通货膨胀造成经济崩溃的例子，例如，20世纪80年代，南美国家阿根廷年通货膨胀率曾经达到450%，平均下来每天的通货膨胀率超过1%，[1] 这给阿根廷带来极其恶劣的社会影响，造成民众信心的丧失和社会经济体系的瓦解。因此，通货膨胀是经济活动中的一个十分敏感的重要问题，必须给予充分的重视。

那么，什么是通货？什么是通货膨胀？为什么会发生通货膨胀？谁是通货膨胀的推动力量？通货膨胀会带来什么？如何预防和治理通货膨胀？通货膨胀是不是在某种程度上有一定的积极作用？对这些问题的回答也是宏观经济学所要研究的基本问题之一。

4. 经济波动与经济周期

任何国家的经济发展过程都不是一帆风顺的，会在不同时期出现或好或差的情况，这就是经济波动。如果这种经济波动具有一定的时间间隔，这种规律性的经济波动就叫作经济周期（或商业周期）。1825年，在当时世界上最强大的英国出现了历史上第一次经济萧

① 辛宪. 经济学的第一堂课. 北京：清华大学出版社，2005.

条，从那以后每隔几年这种情况都会重复出现一次。在经济波动刚刚发生之时，人们把这种经济现象叫作"恐慌""危机"，或者其他让人不寒而栗的名字。但是后来，法国著名学者朱格拉指出，这种现象并不是毫无根据的产生的，它是经济发展过程中的一个周期性现象。从这个时候开始，西方经济学家就开始对经济周期问题展开广泛而深刻的研究，提出形形色色的经济波动和经济周期理论。尤其是 1929—1933 年的大萧条更是经济周期中最严重的表现，此时也孕育出凯恩斯主义的思潮，同时在凯恩斯经济理论的启发下，经济学家们继续对经济波动和经济周期理论进行探索，成为宏观经济学家十分关注的基本问题。

5. 开放经济问题研究

在当前的世界经济格局中，任何一个有一定规模的国家都是开放经济模式，是一个与其他国家有着大量贸易和金融联系的经济体。随着经济全球化步伐的加快，各国之间的经济联系越来越密切，经贸往来越来越频繁，一国经济状况的好坏会越来越多地受到其他国家经济状况的影响。在开放经济条件下，一国经济的发展必须考虑到国际收支平衡问题，必须考虑到一旦发生宏观经济失衡所必须采取的应对和调节措施。其中，国际贸易和国际资本流动是影响国际收支平衡的重要内容，国际贸易是否顺利开展，国际资本是否有规律地流动，将在很大程度上影响国际收支平衡问题。因此，作为各国经济联系的重要渠道和国际影响力发挥作用的重要媒介，全球贸易、资本流动以及国际收支平衡问题成为宏观经济学家关注的主要对象。此外，有关汇率的变动及其在开放经济中的作用，国际经济危机的发生、传递与扩散，开放经济下的宏观经济调节等问题也是不可忽视的。所以，开发经济背景下的经济问题研究已成为宏观经济学的一类基本问题。

> 思　考
>
> 　1997 年泰铢发生大幅贬值，当日汇率狂跌 20%，几乎一夜之间就演变为一场东南亚金融危机。始于 2006 年的美国次贷危机于 2007 年夏开始蔓延，迅速演变为一场严重的全球性金融海啸。这共同说明一个什么问题？在东南亚金融危机爆发后，时值通货紧缩的中国却力挺人民币不贬值，这对东南亚金融乃至世界经济有什么影响？针对 2008 年金融海啸，中国也采取了一系列应对措施，这对稳定世界经济格局有什么作用？

6. 宏观经济政策研究

当今世界，并不存在绝对意义的经济自由，当市场经济自动调节机制难以发挥作用，经济在短期之内无法较快恢复均衡时，政府就可以通过发挥其经济调节作用使经济体逐渐恢复均衡状态，这就是宏观调控。一般来说，政府宏观调控职能的发挥是通过制定并实施宏观经济政策来实现的。所谓宏观经济政策是指政府为增进社会福利而制定的解决经济问题的指导原则和具体措施，它是政府为了达到一定目的对经济活动进行的有意识的经济干预。经济政策主要包括财政政策和货币政策两大类，政府通过制定宏观经济政策可以对经济活动施加积极的影响，以鼓励本国经济的健康发展和收入的公平合理分配，最大限度地保护本国人民的利益，最终实现充分就业、物价稳定、经济持续均衡增长和国际收支平衡四大宏观经济目标。宏观经济政策的实施会在一定程度上影响本国经济运行的绩效，因此对经济政策的性质、影响和作用机制等问题的研究也成为宏观经济学的基本问题之一。

四、宏观经济学的产生和发展

作为经济学的一个重要分支，现代宏观经济学是从 20 世纪 30 年代中期正式产生的。但是宏观经济思想却可以溯源到 15—16 世纪，早在 400 多年前就有了对宏观经济学所涉及的总体经济问题的研究和关注。随后，许多经济学家都对宏观经济问题产生了浓厚的兴趣，尤其是近两个世纪，宏观经济问题更进一步成为经济学家长期关注的问题。接下来，我们将对宏观经济学产生和发展的脉络做一介绍，以期了解宏观经济学的发展动向和阶段特征。

1. 重商主义时期的宏观经济学说（15—18 世纪）

重商主义是在资本主义社会制度正式确立前后形成的一种经济思想，是在资本主义近代民族国家形成过程中产生的理论学说，它于 15—18 世纪活跃于欧洲（主要是西欧沿海国家）舞台上。15 世纪中期以后，重商主义者开始把关注的重点从奴隶庄园管理或"家庭管理"转移到对发财致富和民族强盛等问题上。17 世纪初期，法国重商主义者孟克列钦提出"政治经济学"（political economy）一词（《献给国王和王太后的政治经济学》，1615），这一提法实际上已经涉及了经济研究重点的转移，此时的"经济"已经不同于最初希腊文中的本意，开始从一个民族或国家的角度来看待经济问题，表明重商主义经济学家开始关注对宏观经济问题的研究。

重商主义者该时期的思想观点主要是适应资产阶级积累财富的需要而提出的，他们从民族的立场出发提出了一系列经济观点和政策主张。他们把金银看作真正的财富，认为这种财富必须通过对外贸易的不平等交换来获得，为了保证本国财富的不断积累，国家应该积极地干预经济生活，以保证本国贸易顺差，从而金银财富源源不断地流入本国而不流出，这些观点与现代国家干预主义的宏观经济政策主张在方向上是基本一致的。但是需要指出的是，他们获得财富的途径主要是通过流通领域的交换，这种宏观经济观点和政策主张还是比较粗浅的，并没有真正涉及现代社会所关心的宏观经济问题，有一定的局限性。

2. 古典经济学时代的宏观经济学说（17 世纪中期—19 世纪 70 年代）

古典经济学阶段开始于 17 世纪中期，这个时期一直持续到大约 19 世纪 70 年代。在古典经济学时期，经济学者的分析重点主要放在对自由市场运行规律的研究上，不过他们对一些宏观经济问题也进行了多角度分析，并且提出许多有价值的宏观经济学说。比如以魁奈（F. Quesnay）为代表的重农学派借助经济表的特殊分析方法，对社会再生产问题、宏观经济部门之间的联系与平衡问题做出一定的研究。斯密（A. Smith）、李嘉图（D. Ricardo）、穆勒（J. S. Mill）等人也在研究专业化分工、市场调节机制以及资源优化配置的基础上，相继提出绝对优势理论、比较优势理论等学说，着重从宏观视角论述了一国经济如何通过国际分工和对外贸易促进国民财富增加和长期经济增长。古典经济学时期对宏观经济学发展的另外一个贡献是对宏观经济理论和分析方法做出较为深入的探讨，比较有代表性的经济学家有配第（W. Petty）、休谟（D. Hume）、李嘉图、萨伊（J. B. Say）、西斯蒙第（J. C. Sismondi）、马尔萨斯（T. R. Malthus）等，其中休谟提出的"国际收支的货币分析方法"将一国的货币供给、价格水平和贸易差额联系起来，这种分析方法对现代宏观经济分析和理论研究产生十分重要的影响。

与重商主义时期相比，在古典经济学时代，西方经济学者对宏观经济问题的研究更为深入。他们从多角度分析宏观经济问题，构建了一些有价值的宏观分析方法，提出了相对成熟的宏观经济学说，甚至于有些古典主义者其思想观点直接涉及了宏观经济学的主要问题，这对于宏观经济理论的发展产生了重要作用。不过，该时期古典经济学家们研究的重点仍然是自由市场条件下的经济活动规律，属于微观经济问题的研究。从政策主张上来看，他们对宏观问题的分析并不表明他们倾向于政府宏观干预，相反，绝大多数古典主义经济学家均主张实行让市场自发调节的自由放任政策。

3. 新古典早期宏观经济学说（19 世纪 70 年代—20 世纪 30 年代）

早期新古典经济学家的研究重点仍然是侧重在微观经济问题上，但也有一些经济学家关注宏观经济问题或从国家的角度看待经济问题。

19 世纪后半期，历史学派和制度学派就有涉及宏观经济理论的探讨。德国历史学派主要是从本国的民族立场出发，提出国家要对经济生活施加干预，以促进宏观经济的发展。而美国制度学派则从更加综合的角度提出宏观经济问题。20 世纪二三十年代，一些经济学家逐渐将重点转移到宏观经济问题的研究上。以库兹涅茨和米契尔为首的美国经济研究局（NBER）针对西方国家频繁地发生经济波动和经济危机的现实情况，提出了关于经济周期和经济波动的理论见解，并对经济周期进行了较为详细的理论和实证分析。费雪（I. Fisher）和庇古（A. Pigoul）也分别从货币问题和福利政策问题方面进行宏观经济理论和政策的研究，提出著名的交易方程式和剑桥方程式。威克塞尔（K. Wichse）则进一步把货币问题和实际经济问题结合分析，提出关于宏观经济波动的理论和比较新颖的财政理论，威克塞尔被认为是最早提出较为完整意义上的现代宏观经济学理论体系的经济学家。与此同时，许多统计学家如斯通（R. Stone）、弗瑞希（R. Firsch）、丁伯根（J. Tinbergen）等，也开始搜集整理宏观经济数据，创立国民经济核算体系和宏观经济计量方法，为宏观经济计量学的发展和现代宏观经济学的产生创造了必要的条件。

4. 凯恩斯主义宏观经济学（20 世纪 30—60 年代）

19 世纪以来，欧美国家已经较为频繁地发生经济危机和经济波动，尤以 1929—1933 年的大危机和大萧条最为严重。这次经济危机使美国经济下跌了将近 50%，德国下跌了大约 40%，法国下降了将近 30%，英国下降了大约 30%。① 经济危机期间，各国都经历了史无前例的通货紧缩和特大规模的失业，整个社会陷于大萧条阴影的笼罩之下，传统的经济理论和政策主张变得一筹莫展，从而打破了长期以来人们所信仰的市场调节机制完美性的信条，这对于现代宏观经济学的产生起到了直接的推动作用。

在宏观经济学的发展过程中，最有影响力的经济学家莫过于英国著名经济学家约翰·梅纳德·凯恩斯（John Maynard Keynes），凯恩斯被大多数西方经济学家公认为现代宏观经济学的创始人或奠基人。1936 年凯恩斯公开出版了《就业、利息和货币通论》（简称《通论》），书中提出的重要思想观点被称为"凯恩斯革命"，《通论》一书的出版成为现代宏观经济学正式产生的标志。

根据前面的分析，凯恩斯之前的经济学研究基本集中在微观领域。经济学家普遍认为，在一个社会中，生产是起决定性作用的，供给决定需求，经济运行的关键在于微观领域。社会生活中的经济波动仅仅是局部的、暂时的现象，当供求关系失衡时，市场可以通过价格、工资等因素的变动使经济自动地回到由供给决定的自然水平，从而不会出现大规模的失业，因此政府没有必要对经济进行干预。也就是说，在古典理论框架下，价格、工资等都是有伸缩性的，经济活动有其内在的调节机制，经济大萧条是不可能产生的。然而 20 世纪 30 年代的经济大萧条使古典经济理论受到了挑战。针对这种情况，凯恩斯提出一个较为完整的宏观经济分析理论框架，他以解决通货紧缩和失业问题为主要目标，从社会总需求入手寻找大萧条产生的原因。凯恩斯认为，由于市场机制本身存在着某种缺陷（如价格、工资刚性），供给并不一定就能创造需求，总需求主要取决于三个心理因素，即"边际消费倾向""资本的预期收益"和"流动性偏好"。只有有效需求才能对社会总产出和就业产生决定性作用，它决定着国民收入的波动，在总需求不足又不能通过市场机制来调节的情况下，国民经济就会偏离充分就业的自然水平，从而导致失业增加和经济波动。这样，凯恩斯提供了一个对大萧条的理论解释，也产生了以研究总需求为核心内容的宏观经济理论。

凯恩斯的思想观点为现代宏观经济理论和分析方法的发展开辟了一条新的道路，尤其是第二次世界大战以后，以"新古典综合派"和"新剑桥学派"为主要代表的各国经济学家已经普遍接受了凯恩斯宏观经济学的分析思路和政策主张。在凯恩斯框架下，经济学家们的主要任务就是研究在经济衰退时如何通过刺激总需求来增加就业和产出，以实现经济

———————

① 王志伟. 宏观经济学. 北京：北京大学出版社，2006.

复苏；而在经济过热时如何通过控制总需求来稳定经济，防止产生剧烈波动。需求导向的宏观经济思路已经成为理论分析和政策实践的主流，现代宏观经济学已经成为凯恩斯主义的天下。

5. 大论战时期的宏观经济学（20 世纪七八十年代）

20 世纪七八十年代是现代宏观经济学的理论大论战时期，也是凯恩斯主义遭受批评与挫折的时期，这与当时的宏观经济状况有关。20 世纪 70 年代，西方国家的经济状况发生了很大变化，以美国为首的西方国家出现了日益严重的通货膨胀，并带来了严重的社会问题。与此同时，在石油危机的冲击之下，出现严重的经济衰退现象，生产萎缩、失业增加、商品滞销、银行倒闭。对于这种"经济滞胀"现象，凯恩斯主义理论和政策显得束手无策，滞胀的发生严重动摇了凯恩斯主义的统治地位，一些反对派学者甚至将通货膨胀归咎于长期实施凯恩斯政策的结果，这样一场宏观经济理论与政策的论战就开始了。

在该时期的论战中，许多经济学家都对经济滞胀现象做出深入分析，并提出自己的主张和解释。针对经济滞胀现象有人指出，凯恩斯主义的宏观经济学之所以不奏效，主要原因在于其没有很好地分析微观基础，并没有在微观机制运行效率的基础上运用宏观经济政策，因此应该很好地检讨宏观经济学的微观基础问题，以达到宏观思考与微观分析的统一。也有人认为滞胀的发生并非需求引致，相反是供给方面的原因所导致的，所以凯恩斯主义有效需求管理的理论和政策主张才显得并不奏效，应该从供给方面入手寻求解决方法。还有人认为经济滞胀之所以发生，主要原因在于没有很好地处理货币问题。论战的焦点大都集中于市场机制的有效性与政府干预的必要性这两个问题上。

在这场大论战中出现了一些宏观经济学上的重要学术流派，其中以货币主义学派、理性预期学派和供给学派影响最大。以米尔顿·弗里德曼（Milton Friedman）为代表的现代货币主义学派主张市场自动调节机制是有效的，政府应该尽量减少宏观调节，当前的经济问题主要是由于凯恩斯主义不当的宏观经济政策所致，政府尤其不要过分采用货币政策，政府的任务在保持货币供应量的稳定，应以稳定货币供给为己任，以避免出现重大经济问题。以卢卡斯、萨金特和巴罗为代表的理性预期学派则提出新古典宏观主张，建立了新古典宏观经济学体系，他们坚持了微观经济主题决策的利益最大化和最优化原则，认为"经济人"具备理性预期的能力，他可以在有效利用一切信息的前提下对经济变量做出准确一致的预期，因此市场是可以即时达到市场出清状态的，政府对经济的干预是没有必要的，而宏观经济政策的有效性值得怀疑。以阿瑟·拉弗（Arthor Laffer）等人为代表的供给学派也主张市场自动调节，认为市场自动调节机制是有效的，经济问题的原因在于片面强调总需求而忽略了总供给，解决问题的出路在于实现从需求到供给的转变，应该千方百计地扩大总供给。

综合起来看，该时期的论战是基于经济滞胀的宏观背景而展开的，问题的焦点在于凯恩斯有效需求的宏观干预政策是否有效，该时期的主流经济学家都主张市场调节的充分有效性，他们坚持认为政府的宏观经济政策在稳定经济方面是无效的。这些学术观点的提出在一定程度上对经济现象的成因做出了较为合理的解释，同时对现代宏观经济学理论体系的丰富和分析方法的发展也产生了极其重要的影响。

6. 现代宏观经济学的新发展（20 世纪八九十年代至今）

经过 20 世纪七八十年代的一番论战，现代宏观经济学在许多方面取得了一定的共识，宏观经济学家在一定程度上逐渐接受了对立面的观点和方法，在经济行为假定、预期基础、货币效应、菲利普斯曲线、构造模型的研究方式等问题上实现了理论和方法上的一定趋同。进入八九十年代以来，现代宏观经济学又获得新的变化和进展，这主要体现在新凯恩斯主义经济学、新内生增长理论以及经济周期理论的出现与新探讨。

（1）新凯恩斯主义经济学的出现。20 世纪 80 年代，一个主张政府干预的新学派——新凯恩斯主义经济学在西方学术界出现了。新凯恩斯主义与新古典综合派同属于凯恩斯主义阵营，新凯恩斯主义的出现是对原凯恩斯主义、新古典综合派和新古典宏观经济学批判地继承的结果。我们知道，原凯恩斯主义理论的缺陷在于其宏观经济理论的分析缺乏微观基础，它使用有效需求不足和名义工资刚性来解释失业问题，然而并没有说明工资刚性的原因。而新古典综合派在"综合"时，却忽略了微观基础，或者仅仅是对微观经济学和宏观经济学的简单综合①，或者是局限于局部均衡分析②，而并没有从整体的角度形成有机联系。新古典宏观经济学明确将微观经济理论作为宏观理论分析，发展出了有微观基础的宏观经济理论，但是它把市场出清看作常态，片面追求理论结构和分析方法的完美性，其分析忽略了经验检验，在实践上缺乏经验支持，不能为政府所接受。

这样，原凯恩斯主义的不足和新古典宏观经济学在理论上的进展给新凯恩斯主义者以有益的启迪。新凯恩斯主义者接受了凯恩斯主义反对派提出的一些假定，以工资黏性和价格黏性来取代原凯恩斯主义工资刚性和价格刚性的假设。同时积极借鉴新古典宏观经济学的理论分析方法，以工资黏性、价格黏性和非市场出清的假设来代替新古典宏观经济学的价格工资伸缩性和市场出清的假设，并将其与宏观经济问题相结合，建立起具有微观基础的新凯恩斯主义宏观经济理论。在新凯恩斯主义体系下，政府的宏观调控是有必要的，而且是有效的。这种新理论观点的提出，既减少了凯恩斯主义反对派的激烈批评，同时也为坚持凯恩斯主义开辟了一条新的道路。

（2）新的内生经济增长理论的出现。20 世纪五六十年代产生了新古典增长理论，经

---

① 萨缪尔森等人曾把"古典"微观理论和凯恩斯主义宏观理论结合在一起，但仅仅是机械的组合，没有构成有机联系。

② 莫迪利安尼、乔根森和托宾等人从微观视角分析消费、投资和货币需求问题，但只论及单个供求函数，仅限于局部分析，并没有解决宏观经济学的微观基础问题。

过十多年的消沉之后，从 20 世纪 80 年代中期开始，经济增长理论又有抬头的趋势。

经济增长理论的一个目的是解释人们在世界上大多数地方所观察到的生活水平的长期提高，新古典经济增长理论认为这种长期经济增长必定来自技术进步，然而技术进步来自何处，这还仅仅是一个假设。为了充分了解经济增长的过程，以罗默和卢卡斯等人为主要代表的一些中青年经济学家，针对过去经济增长理论的某些缺陷，提出了所谓的"新经济增长理论"。这种理论主要是从知识、经验、技术、教育等方面对经济增长进行分析，它强调技术创新、专业化分工、人力资本、技术扩散等因素在经济增长中的作用。他们将增长率作内生化处理，构建了一些内生动态模型，例如 AK 模型、两部门模型等。内生增长理论重新解释了长期经济增长的源泉和增长机制，被西方经济学家认为是现代宏观经济学的新发展。

（3）对经济周期理论的新探讨。西方经济学家研究经济周期已经有两个多世纪，传统的经济周期理论主要是整理有关经济周期的历史资料，完成对经济周期的分类，探讨经济周期的原因，并且提出一些经济周期理论。20 世纪五六十年代，经济学家的兴趣集中在经济增长理论和通货膨胀问题上，经济周期问题的研究处于沉寂状态。但是到 20 世纪八九十年代，经济周期理论的研究又重新高涨起来，比较有代表性的是实际经济周期理论的提出。

在实际经济周期理论之前，美国经济学家卢卡斯提出了货币周期模型，但是 80 年代初该模型陷入了理论和经验上的困境，该模型对包含货币与产出之间因果关系的经济周期没有做出令人能够接受的解释。在这种情况下，巴罗（R. J. Barro）、霍尔（R. E. Hall）、普雷斯科特（E. C. Prescott）、基德兰德（F. E, Kydland）、曼昆（N. G. Mankov）、尼尔森（C. R. Nelson）等经济学家纷纷加入到对经济周期研究的行列，从不同角度构建模型，提出实际经济周期的观点。实际经济周期理论认为，宏观经济经常受到一些实际因素的冲击，引起冲击的原因很多，实际经济周期理论认为其中最常见最值得分析的是技术的冲击，许多经济学家都把技术冲击作为波动源。实际周期理论接受了新古典增长理论对技术变化的定义，认为技术变化是指生产函数的移动（不涉及投入要素量的变化）。实际经济周期理论不仅用技术变化解释经济的增长，还用来解释劳动生产率的变动。总起来看，该理论强调的是，技术的变化是收入和投资变动的根源，这是对现代宏观经济理论的新发展。

五、宏观经济学的分析方法

宏观经济学是一门内容丰富的学科，在深入学习宏观经济学理论体系之前，我们有必要掌握一些常用的分析思路和分析方法，这些方法有些是与微观经济学通用的，有些是宏观经济学所特有的。一般来讲，宏观经济分析中常用的研究方法主要有以下几种。

1. 经济模型分析方法

经济模型是阐释经济活动中相关经济变量相互关系的描述，是经济理论的抽象化表现，它可以通过文字、数学表达式或几何图形等方式来说明经济活动的内在规律。在宏观经济学的分析中，借助经济模型分析已经成为日益普遍的分析方法。我们知道，现实的经济事物是错综复杂的，如果对其做直接分析，则难以入手，而且不宜观察到规律性的结论。然而，借助宏观经济模型就可以将现实做抽象化处理，排除不必要因素，提取主要影响因素，把主要经济变量纳入到经济模型中。这有利于简易直观地反映出其间的逻辑联系，因此，简化直观、易于操作就是这种分析方法的最大好处。当前宏观经济学家的理论探索大都是在经济模型的基础之上展开的。

一个实证经济模型主要包括五个部分：

（1）定义，即对经济模型所用变量的含义做出明确解释和说明。

（2）假设，即保证经济模型成立的外生条件以及便于分析问题而给定的前提条件。

（3）假说，即在一定的假设前提下，利用定义去描述变量之间的基本经济关系。

（4）论证，借助定义和假设条件对经济变量之间的逻辑关系做出详细的推理说明。

（5）预测，即根据假说提出对经济现象未来发展趋势的看法。

2. 总量分析方法

所谓总量分析方法是指我们分析宏观经济问题时，要把一些具体的、分散的经济变量进行合理的整合，将其抽象为一些反映总体经济情况的概括性变量。总量分析法不同于个量分析法，两者的分析视角不同。

宏观经济学以总体经济活动为对象，它必须描绘社会经济活动的总图景，分析影响总体性经济状况的经济问题。因此在使用总量分析法来分析经济问题的时候，应着重于大的经济趋势、经济动向以及经济整体效应，而不必过分拘泥于个别的具体的问题。沿着这一思路，我们在宏观经济分析中可能会探讨一些经济总量问题，例如，社会总供求、均衡的国民收入、总就业量、物价水平、经济增长率等如何决定，总消费、总储蓄、总投资、货币供求量、利息率、汇率等如何决定，它们相互之间有没有一定的内在联系和依存关系，这些都是在总量分析框架下的重要问题。总量分析法是宏观经济学所特有的方法，这与微观经济学有所不同。

3. 实证分析与规范分析

实证分析（positive analysis）是指对于宏观经济活动、经济现象及其结果进行分析、证实和说明，它是一种客观的考察和描述性说明，主要包括经验实证和逻辑实证两种形式。实证分析主要说明"是什么"的问题，其精神实质是揭示经济现象之间的因果关系，并不对经济活动的结果做出个人的主观价值判断。规范分析（normative analysis）是指以一定的价值判断作为出发点，提出行为标准，并利用这些标准对经济活动和经济现象做出价值判断，它是一种主观的考察。规范分析主要说明"应该是什么"的问题，它要说明对于某种经济现象和经济行为应该做出什么性质的选择和判断，其结果是好是坏，应不应该采取某种措施等。规范分析的结论一般难以通过经验事实进行检验。

例如，在分析通货膨胀问题时，我们可以通过实证分析方法来如实说明，当中央银行发行的货币量过多以至超过经济实际需要时，经济体就会出现经济失衡，产生通货膨胀。此时并不说通货膨胀到底好不好，也不涉及中央银行应该如何操作等问题，也就是说实证分析并不涉及价值判断。而当分析通货膨胀发生程度的时候，我们可以利用规范分析法来说明，当前的通货膨胀究竟是好是坏，是否需要政府采取相应的对策。通过分析可以得出类似的结论：过高的通货膨胀率是不好的，尤其恶性通货膨胀是不利于经济稳定的，如果发生超级通货膨胀，政府就需要采取行动加以控制，我们应该将通货膨胀率控制在一定的范围之内，充分发挥温和的通货膨胀对经济的促进作用。

4. 均衡分析与非均衡分析

均衡是从物理学借用的概念，19 世纪末英国经济学家马歇尔将这一概念引入经济学。均衡是指在一个经济体系中，经济变量通过相互作用而形成的一种相对静止的稳定状态，均衡分析就是对均衡形成的原因、过程及变动条件的分析。

均衡分析法是经济学分析经常使用的分析方法，例如，均衡产出分析、均衡国民收入的决定、产品市场的均衡、货币市场的均衡、劳动市场的均衡、总供给与总需求的均衡、国际收支平衡、长期经济持续稳定增长等问题的分析都属于均衡分析，均衡分析法在宏观经济学与微观经济学都适用。

与微观经济学不同，宏观经济学还运用微观经济学中所不常见的非均衡分析方法，这既包括所谓的"非瓦尔拉斯均衡"也包括一般意义上的失衡，例如失业问题、通货膨胀与通货紧缩问题、有效需求过剩与不足问题等，对这些问题的分析都是非均衡分析，通过非均衡分析法，可以找出其具体成因，从而为政府决策提供相应的政策建议。

5. 静态、比较静态和动态分析方法

静态分析重点刻画均衡状态的特征以及形成均衡状态的条件，它是指在经济分析中忽略时间因素和事物变化发展的过程，专门对某个时点上的状态进行描述和分析。静态分析主要解决事物与其影响因素之间的关系问题。运用静态分析得出的经济模型叫作静态经济模型，静态经济模型由于没有时间变量，因而其结论没有时间先后上的差别。

比较静态分析主要是研究两个均衡状态之间的联系，它涉及经济对象在两个时点上性质、状态、特征等不同的比较分析。从经济模型上看，它是给出不同的参数水平，求变量在各种参数水平下的取值。比较静态分析的目的是探讨和比较不同条件对事物产生的影响及其影响方式。

动态分析不同于前面两种分析方法，它是把经济变量的调整放到时间维度中去研究，通过引入时间序列，研究不同时点上经济因素的连续变动情况。其目的是考察时间变化过程中的事物变化过程，说明变动的原因和机制。

静态分析、比较静态分析和动态分析观察问题的视角、分析问题的重点和研究目的均有不同，这对于解决不同的宏观经济问题具有重要的意义。例如，当我们分析宏观经济状况时首先会使用静态分析方法，揭示宏观经济运行中的某些经济特征，经济是否平稳运行，有无达到充分就业，是否存在通货膨胀，这种方法可以对经济运行状态做出较为全面的分析。当我们分析政府宏观经济政策问题时，可以采用比较静态分析，通过政策实施的前后比较，反映出政府宏观经济政策是否有效以及效果大小等问题。如果我们分析长期经济增长问题，这个时候就可以采用动态分析方法，通过统计比较不同时期的经济指标，可以发现经济增长的轨迹，反映出我国当前的经济状况是怎样由以前的经济情况一步一步发展和变化而来的。这说明，以上几种分析方法的用途是比较广泛的，对于解释宏观经济问题具有重要的意义。

6. 存量分析与流量分析

为了在分析中更好地理解宏观经济中的各个变量指标，经济学家经常从存量和流量的的角度来区分和使用经济变量。所谓存量是指在某个时间点测算出来的数量值，是某一特定时点上的经济数量，如某年某月某日某时中国的人口总数就是一个存量。流量涉及时期问题，它是指在某一段时间内所发生的经济总量。例如国内生产总值（GDP）就是一个流量，它是指一国在一定时期内（通常为1年）所生产的所有最终产品和服务的总和。

在主要的宏观经济指标中，要区分不同的变量到底是流量还是存量。例如，投资是流量，资本是存量；国民收入是流量，财富是存量；货币供应量是存量，而货币流通量是流量；新增储蓄是流量，而储蓄总额则是存量；一个国家的劳动力人数、受雇佣的人数是存量，而一定时间内新找到工作的人数或丢掉工作的人数是一个流量。

存量与流量之间具有密切的关系，流量来自于存量，流量又归于存量之中。例如，人口总数是个存量，它表示一个时点上人口数，而人口出生数是流量，它表示一个时期内新出生人数；一定的人口出生数来自于一定的人口数，而新出生的人口数又计入人口总数。再如，一定的国民收入来自于一定的国民财富，而新创造的国民收入又计入国民财富中。因此，在解释经济问题时，确定经济变量是存量还是流量以及它们之间的关系，具有十分重要的意义。

知识拓展

宏观经济学的逻辑错误与思考陷阱

在宏观经济学的分析中，由于思考方法和思考角度不同，容易出现一些逻辑错误和思考的误区。

1. 合成谬误（Fallacy of Composition）

合成谬误是美国经济学家萨缪尔森提出的，用以说明整体与个体的关系，意思是说，如果每个个体都为贪图于己有利的好处而进行了不顾整体利益的选择，最终可能对整体造成巨大损害。例如，马路上每个司机都想打"擦边球"违章直行，这对自己或许是有利的，但是却可能造成整个交通秩序的混乱。对于一个插队的人来说，他显然得到了个人利益，可是如果每一个人都不排队，那么场面将很乱，不会有任何人从中获益。火灾警报响起时，人们的理性反应是跑出去，但是人人都往外跑的结果却是都堵在门口。

在经济领域，"合成谬误"的例子也不乏其数。例如，当大家看到房地产业有利可图时，将会纷纷投资建房以谋利，这从个体看肯定是正确的，但对整个国家来说，这种行为将会带来房地产的持续过热，就有可能引发通货膨胀。再如，中国有句老话叫作"勤俭永不穷，坐食山也空"，可见勤俭节约的确是中华民族的传统美德，个人的节俭有助于致富，但是如果每个社会成员都在节俭的话，则会导致社会消费需求不足，社会经济将难以得到拉动，经济增长乏力，久而久之就会变成"勤俭山也空"。

这表明，有些在个体或微观成立的道理，不能因此断定在整体或宏观同样成立，否则，仅仅由于它对局部来说是对的，便说它对总体来说也必然是对的，这就会出现合成推理的谬误。

2. 后此谬误（the post hoc fallacy）

"后此"是"后于此，所以因此"（post hoc, ergo propter hoc）的缩写，它是从拉丁文翻译而来的。如果按照"因为 A 先于 B，所以 A 引起 B"的方式进行推理，那么就会发生"后此谬误"。

宏观经济是一个复杂的运作体系，宏观经济现象的发生多具有时长、面广的特征，因此人们很难猜透其中之奥妙。尤其是大规模的经济变动，要想把握住其间的因果关系并非轻而易举之事。在这种情况下，人们就倾向于直观地从时间先后顺序上来分析，想当然地认为某种现象发生于另一种现象之后，故而是由此所导致的，这就犯了"后此谬误"的逻辑错误。例如，在 20 世纪 30 年代大萧条时期的美国，一些人观察到，在商业周期扩张之前或扩张期之中，经常会出现物价上涨的现象。由此他们得出结论，认为摆脱经济大萧条的良方是提高工资和价格。然而这些举措真的能够推动经济复苏吗？可以肯定地说："不能"，原因就在于其陷入"后此谬误"的思考陷阱中。

本章小结

1. 微观经济学遗留了许多亟待解决的经济问题，由于市场自发调节机制具有先天的的弱点和缺陷，因此我们有必要引入政府机制，通过构建宏观分析框架来解释经济问题。

2. 从性质上来说，宏观经济学是研究经济总体运行情况和运行趋势的基本理论。它采用总量分析法，以国民收入为中心，以社会福利为目标，研究一个经济社会的总体运行状况以及怎样通过政府调控达到资源的充分利用。

3. 宏观经济学与微观经济学既有联系又有区别，二者的不同主要体现在假设前提、分析对象、分析方法等方面，但二者又是相辅相成，互以对方为条件的。

4. 宏观经济学所研究的基本问题主要包括经济增长与经济发展、充分就业与失业治理、物价稳定与抑制通货膨胀、经济波动与经济周期、国际收支平衡以及宏观经济政策制定等问题。

5. 宏观经济学说的产生已经有 400 多年的历史，现代宏观经济学是有关理论和观点在相当长时期内发展的结果，它是以不同时期不同国家具体的宏观经济问题为研究基础而发展起来的，在一定程度上对经济现实做出解释。同时宏观经济学仍然在不断发展中，我们应该在实践中不断丰富和发展宏观经济理论。

6. 宏观经济学是一门内容丰富的学科，需要掌握多种分析思路和分析方法，以有利于深入学习宏观经济学理论。常用的分析方法主要有经济模型分析方法、总量分析方法、实证分析与规范分析方法、均衡分析与非均衡分析方法、静态分析方法、比较静态分析方法和动态分析方法，以及存量分析与流量分析方法。这些方法有些是与微观经济学通用的，有些是宏观经济学所特有的。

7. 在宏观经济学的分析中，由于思考方法和思考角度不同，容易出现一些逻辑错误和思考的误区，例如合成谬误与后此谬误，这些问题需要避免。

复习与思考 ///

一、名词解释

微观经济学	宏观经济学	重商主义	凯恩斯主义
供给学派	理性预期学派	货币主义学派	经济模型
规范分析	实证分析	合成谬误	后此谬误

二、选择题

1. 宏观经济学的中心理论是（　　）。

    A. 价格决定理论　　　　　　　　　　B. 工资决定理论

    C. 国民收入决定理论　　　　　　　　D. 汇率决定理论

2. 现代宏观经济学的创始人是（　　）。

    A. 亚当·斯密　　　　　　　　　　　　B. 马歇尔

    C. 马克思　　　　　　　　　　　　　　D. 凯恩斯

3. 在凯恩斯看来，造成资本主义经济萧条的根源是（　　）。

　　A. 有效需求不足　　　　　　　　B. 资源短缺

　　C. 技术落后　　　　　　　　　　D. 微观效率低下

4. 古典宏观经济理论认为，利息率的灵活性使（　　）。

　　A. 储蓄大于投资　　　　　　　　B. 储蓄等于投资

　　C. 储蓄小于投资　　　　　　　　D. 上述情况均可能存在

5. 下列不被认为是宏观经济的"疾病"的是（　　）。

　　A. 高失业　　　　　　　　　　　B. 滞胀

　　C. 通货膨胀　　　　　　　　　　D. 价格稳定

三、问答题

1. 宏观经济学研究的意义是什么？为什么要研究宏观经济学？对于调节经济来说，你认为"看不见的手"与"看得见的手"哪个更有效？

2. 宏观经济学的研究对象是什么？它与微观经济学有什么本质区别？宏观经济研究可否仅仅将注意力集中于所谓的"大经济问题"上？

3. 宏观经济学的研究方法是什么？同微观经济学的研究方法相比较，有哪些联系和区别？面对"合成谬误"的逻辑陷阱，请举例说明政府应该如何做。

4. 为什么说失业和通货膨胀是宏观经济学研究的一对主要矛盾？谈谈改革开放以来，中国经济运行中存在的失业和通货膨胀问题。

5. 你认为当前中国宏观经济运行中的主要问题是什么？该问题的状态与运行趋势如何？面对现状政府应该如何做？

第二章 衡量宏观经济的主要指标

"2011 年中国经济增长了 9.24%……"

"看来通货膨胀已经得到了抑制，上个月的消费价格指数下降到了 4%……"

"失业率上个月上升至 6.7%，这是自从……以来的最高值。"

在日常生活中，我们经常可以在新闻媒体上看到许多类似上面的新发布的反映经济状况变动的统计数据。这些统计数字不是告诉我们关于某个家庭和企业的具体情况，而是告诉我们关于整体经济运行状况的。及时地了解这些关于国民经济运行状况的信息是非常必要的，它有助于人们在企业决策和职业选择中做出更好的选择。经济学家也需要这些经济数据，通过这些数据，可以观察到经济的演变及未来的发展趋势，进而向政府提供有益的政策建议。

在本章，我们将讨论经济学家度量整体经济状况最常用的三个宏观经济指标：国内生产总值、失业率和通货膨胀率。我们的分析将要说明：经济增长率、失业率和通货膨胀率这些度量指标的建立与使用过程，以及这些衡量指标的局限性。理解经济统计指标的重要性及局限性是正确使用经济数据的前提条件，也是我们理解以后各章对宏观经济运行分析的必要条件。

第一节 国内生产总值及其衡量

了解宏观经济的运行状况，可关注这个经济创造出了多少财富，该国国民得到了多少收入。从广义上说，国民收入是指衡量一个经济整体状况的总量指标体系，在这个总量指标体系中，使用最频繁的指标是国内生产总值。什么是国内生产总值？如何计算国内生产总值？本节将回答这些问题。

一、国内生产总值的概念

国内生产总值（gross domestic product，用 GDP 表示）是指一个国家在一定时期生产的所有最终产品和劳务的市场价值总和。这一定义包括以下几个方面的规定：

1. GDP 按国土原则计算

GDP 是对一个国家范围内经济活动的度量，也就是说，只有在一国地域范围内提供的商品和劳务才能计入该国 GDP。例如，中国的 GDP 包括在中国领土上生产的所有彩电的市场价值，也包括那些由外国工厂生产的彩电的市场价值。而对于那些中国企业（如海尔）在美国生产的彩电的市场价值，则不计入中国的 GDP。

与 GDP 相关的一个总量指标是国民生产总值（gross national product，用 GNP 表示）。GNP 是一国国民所拥有的生产要素在一定时期内所生产的所有最终产品和劳务的市场价值总和。这就是说，GNP 指的是由本国拥有的生产要素所生产的产出，无论其地理位置在何处。

GDP 和 GNP 一字之差，但有不同的含义。前者是按"国土原则"计算，强调的是一国领土范围内生产出来的东西；后者是按"国民原则"计算，强调的是一国居民生产的总产出量。例如，中国的 GNP 包括位于美国的海尔彩电工厂的产出，而不包括广东宝洁公司的产出。显然 GNP 强调的是民族工业，即本国人办的工业。GDP 强调的是境内工业，即在本国领土范围之内的工业。在全球经济一体化的当代，各国经济更多地融合，这使计算 GNP 变得更为复杂。数据统计的不可靠使得它很难反映国民经济的运行状况。而 GDP 作为一个地域概念，它包括某国境内的所有产出，而不必考虑使用的是谁的生产要素。所以，联合国统计司 1993 年要求各国在国民收入统计中用 GDP 替代 GNP 正是反映了这种趋势。

2. GDP 是流量而不是存量，通常以年度或季度为单位度量

流量（flow）是一定时期发生的量。从打开的水龙头流到洗脸盆中的水是流量。我们在一个月里买的书和我们在一个月里赚到的收入也是流量。存量（stock）是在某一时点上存在的量。洗脸盆中的水是存量，你书架上的书和你储蓄账户上的货币量也是存量。

把经济变量分为存量和流量对我们的分析很有意义，因为 GDP 是一个重要的流量变量，是一个时间概念，它衡量的是一国在一年或一个季度中生产的物品与劳务的价值。它只计算当年经济中新增加的价值，而不计算已有的价值存量。例如，某人花了 50 万元买了一套去年建造的住房，这 50 万元不能计入当年的 GDP，因为它们是存量而不是当年的新增投资。

3. GDP 统计的是最终产品和劳务的价值，而不包括中间产品和劳务的价值

以肉食加工厂生产火腿肠为例，整个生产过程实际上是由以下一系列经济活动构成

的：养猪、屠宰生猪、加入其他成分做成火腿肠。在这一过程中生产了三种主要产品——生猪、猪肉和火腿肠，其中只有火腿肠最终能到达消费者手中。由于整个过程的最终目的是生产火腿肠，我们将火腿肠称为最终产品。所以，最终产品和劳务是指整个生产过程的最后产出物，即最终可供消费和使用的产品。中间产品和劳务是指用来生产其他产品的投入品，如上例中的生猪和猪肉。

　　GDP 的计算只包括最终产品和劳务的价值，而不包括中间产品和劳务的价值，因为中间产品的价值已经包括在最终产品的价值中了，如果再加一遍，就会重复计算中间产品的价值，从而高估 GDP 水平。例如，肉食加工厂的最终产品是火腿肠，在生产过程中猪肉是作为中间物品使用的。这样在统计 GDP 的时候，就应该直接计算火腿肠的市场价值。同理，火腿肠摆在超市出售时，销售人员提供的服务属于"最终服务"，应被计入 GDP，而在此之前肉食加工厂的财务会计人员提供的服务就是一种"中间服务"，其价值就像生产火腿肠中用的猪肉一样，其价值已经包含在计算火腿肠的价值当中了，不能再次计入GDP。否则就会犯"重复计算"的错误。

> **思　考**
>
> 　　理发师为你理一次发要收 15 元，同时，理发师每次理发都要给他的助手支付 3 元作为收拾工具、扫地和负责其他杂务的报酬。你每理一次发，理发师和他的助手对 GDP 的总贡献是多少？

4. GDP 统计的是当期所生产而不是所销售的最终产品和劳务的价值

　　销售的产品可能是当期生产的，也可能是以前生产的。当期生产的产品若在当期全部销售完毕，其价值全部计入当年的 GDP，如果还有一部分没有卖出去，这部分没有卖出的产品价值是否计入 GDP 呢？答案是肯定的。通常我们把没有卖出的产品看作是存货投资，即认为是生产者购买了自己的部分产品，增加了自己的存货数量，这部分价值应计入当年的 GDP。

　　例如，某房地产公司去年共建房屋价值 1 000 亿元，当年卖掉了价值 600 亿元的房屋，还有价值 400 亿元的房屋没有售出。在计算 GDP 时，这价值 400 亿元的房屋可看作是房地产商自己买下来的存货投资，同样应计入当年的 GDP。这样就保证 GDP 能够准确地反映当年所有物品和劳务的生产情况。第二年房地产商若是卖出了 400 亿元的存货，这 400 亿元存货作为负值（表示存货的减少）计入第二年的 GDP。

　　还有一类产品，以前生产出来的，而且也卖出去了。在当期再次销售，这类产品称为二手货。比如，某人把自有住宅以 30 万元的价格卖出，住房不是当期生产的，不能计入当期的 GDP。但是，该住宅若是通过房屋中介卖出，在 30 万元卖房款中，如有 5 万元是必须付给房屋中介的中介费，那么，这笔中介费 5 万元应计入当期的 GDP，因为它是房屋中介当期付出的劳务新创造的价值。

5. GDP 按市场价值计算

观察一个经济的生产能力是否随着时间在增长，增长了多少，需要对各种最终产品和劳务的产量进行加总，但加总不可能直接把 1 000 辆汽车和 100 万千克粮食相加，而是通过计算经济所提供的所有最终产品和劳务的市场价值来实现的。假设一个经济只生产汽车和粮食，已知汽车的价格每辆为 5 万元，粮食的价格每千克为 2 元，那么这个经济的 GDP 为：

$$（1\ 000\ 辆×5\ 万元/辆）＋（100\ 万千克×2\ 元/千克）＝5\ 200\ 万元$$

用市场价值衡量一个国家的 GDP 也有局限性，因为并非所有的最终产品和劳务都经过市场交换的。例如，家庭主妇的劳动很重要，它可以增加家庭成员的福利。但由于家庭主妇的劳动没有在市场上出售，也就没有获得报酬，因而无法计入 GDP。而保姆的劳动由于经过市场交换，是计算在 GDP 中的。另外，很多"地下交易"躲开了官方统计，也没有进入 GDP，如走私活动、毒品交易、赌博等。

也有一些不在市场出售的物品和劳务也被计入 GDP 中。比如自有房屋的租金、公务员的服务、义务教育等。这部分产品和劳务没有市场价格，但可以通过估算近似的度量。例如，一个人居住自己的房屋可视为向自己购买了服务，发生了劳务价值的增加。通常按照把这套房子租给别人可能产生的租金来估算自有房屋的租金，并计入 GDP。同样，政府服务不在市场上进行交易无法计算其价值，可根据政府服务的成本，即按照公务员的工资近似地估算其价值。相似地，为了把义务教育纳入 GDP，可用教师和管理者的薪金、教科书和其他与教学相关的物品的成本进行近似衡量。

▌▶ 知 识 拓 展

人均 GDP

GDP 有助于了解一国经济的综合实力，而人均 GDP 则有助于了解一国的富裕程度与生活水平。人均 GDP 是把年总产值与分享这一产出的人数联系了起来，它是指平均每个人拥有的 GDP。可用当年的 GDP 除以同一年的人口数量，得出当年的人均 GDP。即：

$$某年人均\ GDP = \frac{某年\ GDP}{某年人口数} \tag{2-1}$$

2007 年我国 GDP 为 257 306 亿元（3.6 万亿美元），人均 GDP 为 2 460 美元。相比之下，整个世界范围内的人均 GDP 为 8 111 美元。显然，中国仍然处在发展中国家的地位。

GDP 的国际差异与生活质量

国与国之间人均 GDP 的差异很大，不同的人均 GDP 水平意味着人们的生活质量的差别。表 2-1 是按人均 GDP 排序的 8 个国家的预期寿命和识字率。这些数据表明，在挪威、美国和日本这些富国，人们预期可以活到七八十岁，而且几乎所有的人都识字。而在印度这样的穷国，人们一般只能活到六十岁出头，而且，只有不到三分之二的人口识字。

表 2-1　GDP、预期寿命和识字率

国别	人均 GDP 购买力平价（美元）	预期寿命（岁）	成人识字率（%）
挪威	38 454	79.6	99
美国	39 676	77.5	99
日本	29 251	82.2	99
俄罗斯	9 902	65.3	99.4
巴西	8 195	70.8	88.6
中国	5 896	71.9	90.9
印度	3 139	63.6	61

注：本表按购买力平价计算人均 GDP，即结合了一国居民在实际生活中的物价水平作为参照，计算对应一定量的 GDP 在实际生活中能购买多少服装、食品，以及房租价格等日常消费情况。

（资料来源：2006 年联合国人类发展报告）

人均 GDP 低的国家预期寿命较低，与这些国家婴儿死亡率及母亲生育时的死亡率较高、儿童营养不良的比例较高有关。而且，在人均 GDP 较低的国家，儿童失学率高。拥有电器并且有能力健身和旅游的家庭较少。因此，一国的人均 GDP 与人们的生活水平密切相关。

二、国内生产总值的衡量

GDP 可以从生产、支出和收入三方面来衡量，相应的有三种常用的核算方法，即"生产法""支出法"和"收入法"。这三种方法衡量的结果从理论上讲应当是一致的。

1. 核算方法的理论依据

为什么可以用生产法、支出法和收入法得到 GDP，并且这三种方法得出的结果是一致的呢？这是因为一个经济社会用其生产要素生产的产品，由企业出售给消费者，消费者的全部支出等于企业的全部收入。因此，生产＝支出＝收入。

图 2-1 是一个只有家庭和企业两个部门的经济。这是一个循环流向图。它描述了一个简单经济中家庭和企业之间的全部交易。在这个简单经济中，家庭和企业之间发生了哪些交易活动呢？首先，流程图的下方是生产要素市场，在这里，家庭把生产要素（劳动、资本和土地）卖给企业，企业以工资、利润和利息的形式向家庭支付货币收入。其次，流程图的上方是产品市场，在这里，企业把产品和劳务卖给家庭，家庭以货币形式支付给企业货款。

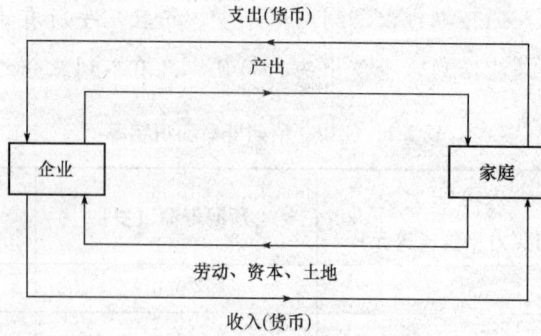

图 2-1　简单的循环流向

从图 2-1 中可得出两点结论：第一，一个经济的总收入必然等于总支出。这是由于，在一个公平交易的市场上，对每一笔交易来说，买者支出的货币必定等于卖者收入的货币，否则交易不会实现。第二，一个经济的总产出必然等于总支出。也就是说，从全社会看，一个经济的总产出总是等于购买产品的总支出（企业未卖出的产品称存货投资，可视为企业自己买下来）。

现实经济比图 2-1 所说明的经济复杂得多。比如家庭不会支出他们的全部收入。家庭的收入除了用于消费之外，还要用于储蓄、投资和缴纳税收。家庭不会购买经济中生产出来的全部物品和劳务，企业和政府也会购买其中的一部分。但是，无论是家庭、企业还是政府购买物品和劳务，交易总有买者和卖者。就整个经济而言，总产出、总支出与总收入必然是相等的。

2. 生产法核算 GDP

如前所述，GDP 是经济中各个行业所生产的最终产品的总和。计算时必须剔除掉中间产品的价值，以避免重复计算。但在现实经济中，有时难以区分中间产品与最终产品，所以，可以用生产法核算 GDP，以解决重复计算问题。

生产法也称为增值法，是指把各个生产阶段的增加值加总核算 GDP 方法。大多数产品的生产是分阶段进行的，以火腿肠为例，生产的第一个阶段是养猪，第二个阶段是屠宰场宰杀生猪，第三个阶段是食品加工厂把猪肉加工成火腿肠，第四个阶段是零售商销售火腿肠。增加值是企业在生产过程的每一个阶段新增加的价值，等于企业产品总价值减去中间产品的成本。

运用生产法计算 GDP 的方法为：统计并加总企业在产品生产中发生的增加值，就得到 GDP。例如，如果生猪的价格为 200 元，猪肉的价格为 300 元，火腿肠的出厂价为 400 元，零售商的销售价为 500 元。用生产法计算 GDP 时，可把各生产阶段的增值额加总。例如，生猪的增值额为 200 元，把生猪变为猪肉增值额为 100 元，把猪肉做成火腿肠增值额为 100 元，零售商销售火腿肠的增值额为 100 元，把这些增值额加总计算的结果为 500

元（200＋100＋100＋100）。

3. 支出法核算 GDP

用支出法核算 GDP 是通过核算一定时期整个社会购买最终产品和劳务的支出来计算 GDP 的方法。谁是最终产品和劳务的购买者呢？经济学家将之归纳为四类：家庭、企业、政府和国外购买者。与这四类最终用户相对应的是四类支出行为：消费、投资、政府购买支出和净出口。我们首先看表 2-2，从中对支出法下的 GDP 计算有个大体了解。

表 2-2　2004 年美国 GDP 的支出构成　　　　　　10 亿美元

支出项目	支出数额	合计	占 GDP 百分比
消费		8 214.3	70％
耐用品	987.8		
非耐用品	2 368.3		
服务	4 858.2		
投资		1 928.1	16％
企业固定资产投资	1 198.8		
居民投资	673.8		
存货投资	55.4		
政府购买者支出		2 215.9	19％
净出口		−624.0	−5％
出口	1 173.8		
进口	1 797.8		
合计：国内生产总值（GDP）		11 734.3	100％

（资料来源：美国经济分析局 http://www.bea.gov）

将一个经济社会一定时期内的上述四项加总就是用支出法核算的 GDP。所以，支出法是从产品最终使用的角度反映一个国家（或地区）一定时期内生产活动最终成果的一种方法。

消费支出（consumption）是指家庭购买各种最终产品和劳务的支出。可细分为三类：一是耐用消费品，是指使用寿命较长的消费品，如汽车和电脑等。需要注意的是，居民购买新建住宅的支出不是耐用消费品，它被视为投资的一部分。二是非耐用消费品，是指使用寿命较短的消费品，如巧克力和爆米花等。三是劳务，包括各种服务形式，如旅游、电影、法律、金融和教育等，劳务支出在消费支出中占有很大的比重。绝大多数国家的统计资料都显示"消费支出"占 GDP 的比重在 60％ 左右，是总支出的重要组成部分。

投资支出（investment）是指企业对资本品和房产的购买。也可以细分为三类：一是企业固定资产投资，是指企业对机器设备、厂房、商业用房等耐用资本品的购买。例如，上海大众汽车公司购买了 1 000 台联想生产的个人电脑，或者南方航空公司购买了一架波音飞机（这类耐用资本品不是最终产品，因为生产它们的目的是为了其他产品的生产。但由于它们在生产过程中不会很快消耗，因而也不是中间产品。出于计算 GDP 的考虑，经济学家将这类资本品视为最终产品）。二是居民固定资产投资，是指居民对新住房的购买支出（出于计算 GDP 的考虑，居民购买新住房被视为投资而不是消费）。三是存货投资（inventory investment），是指企业已经生产出来但未销售的产品存量的增量（或减量）。例如，如果广州本田生产了 1 000 辆汽车并出售了 950 辆，另外 50 辆汽车没有售出，广州本田的汽车存货增加了 50 辆。它可视为企业购买了自己的产品。引入存货投资的概念很重要，把卖不出去的产品视为企业购买了自己的产品，是企业的一项支出，才保证了总的产出等于总的支出，我们才能用支出法计算 GDP。存货投资可正可负，取决于在这一时期内存货价值上升还是下降。需要注意的是，在各国统计中，投资仅仅包括私人投资。在我国的统计中，投资包括国有经济的投资。

理解投资支出，还应当注意两个问题：一是投资支出不包括对股票、债券、土地、二手房屋的购买，因为这些购买只是产权的转移，并未使社会资产有任何增加，所以不是本章所讲的意义上的投资。二是私人投资包括净投资和重置投资两部分。重置投资即折旧，是为了更换磨损、报废的机器设备及厂房而发生的投资，净投资是总投资减去重置投资后的部分。

政府购买支出（government purchases）是指政府购买最终产品和劳务的支出。例如，政府花钱提供国防设施、向公务员支付薪金、设立法院、开办学校、修建体育馆、修筑高速公路、环境保护等方面的支出。政府购买支出是政府支出的一部分，这部分支出要计入 GDP 之中。

政府支出的另一部分是政府的转移支付，它包括社会福利支出、失业救济金、公债利息等支出。这部分支出不计入 GDP 之内，因为转移支付只是政府向家庭和企业的现金转移，并没有相应的物品和劳务的交换发生。转移支付改变了家庭或企业的收入，但并没有增加经济中物品和劳务的产出，而 GDP 是要衡量从物品和劳务生产中得到的收入，所以转移支付不同于政府购买支出，不能计入 GDP 之中。

净出口（net exports，用 NX 表示）是出口（exports）减进口（imports）的差额，体现了国外部门对本国物品（包括消费品和投资品）和劳务的需求。之所以减去进口，是由于进口的物品和劳务包括在消费、投资和政府购买支出中，但并不代表对国内产出的支出。例如，李先生买了一瓶 100 元的法国红酒，这种交易增加了 100 元的消费支出，因为购买红酒是消费支出的一部分。它还减少了净出口 100 元，因为红酒是进口的。因此，当国内的家庭、企业或政府购买了国外物品和劳务时，这种购买减少了净出口，但由于它还增加了消费、投资或政府购买，所以并不影响 GDP。

把上述四个项目相加，便可得到宏观经济学中非常重要的"国民经济恒等式"：

$$Y=C+I+G+NX \tag{2-2}$$

式中 Y 代表 GDP。任何时候等式的两边都相等，因此被称为恒等式。

表 2-3 是用支出法计算的 2007 年中国的 GDP 及其构成情况。

表 2-3　2007 年中国的 GDP 及其组成部分

项目	总量（亿元）	总量中的百分比（%）
国内生产总值	263 242.5	100
最终消费	128 444.6	49
资本形成总额	111 417.4	42
货物和服务净出口	23 380.5	9

（数据来源：《中国经济年鉴（2008）》）

可以看出，在我国的统计实践中，支出法核算 GDP 包括最终消费、资本形成总额及货物和服务净出口三部分：

$$支出法 GDP＝最终消费＋资本形成总额＋货物和服务净出口 \tag{2-3}$$

式中，"最终消费"包括居民消费（可表示为 C）和政府消费（政府购买支出，可表示为 G）。居民消费是指人们日常衣食住行所要购买的商品和劳务。大多数国家的居民消费占 GDP 的比重在 60% 左右，是总产出的重要组成部分。"资本形成总额"即指投资，包括固定资本和存货两部分。固定资本又分为非住宅投资和住宅投资。货物和服务净出口为正值，说明中国从出口中赚的钱大于用于进口外国物品和劳务的支出。

4. 收入法核算 GDP

还可以从收入的角度核算 GDP。我们知道，企业生产出物品和劳务后，一旦售出，从中获得的收入要在为生产所提供劳动、资本、土地的所有者和政府之间进行分配。因此，把所有生产要素所有者的收入加总得到的总收入，就是用收入法计算的 GDP，具体包括：

劳动收入是劳动者因提供劳动而获得的收入，包括工资、薪金、福利津贴以及自我雇佣的收入。按税前值计算，劳动收入大约占 GDP 的 2/3。

资本收入是指资本所有者的收入。包括企业主赚取的利润、资本折旧补偿，或者出租土地、房屋、机器设备等实物资产时所取得的租金，债券持有人获得的利息，以及版权或专利所有人得到的版税或专利许可费，都属于资本收入范围。按税前值计算，资本收入大约占 GDP 的 1/3。

政府收入是指政府因提供良好的市场环境（如法制环境、公共物品、市场监管和行业引导等）而向企业和个人征税的方式取得的收入。如果把市场环境因素也视为一种"生产要素"，那么政府的税收收入也是要素收入。需要说明的是，政府出于调节收入分配差距，或鼓励技术进步、调节产品结构的目的，通常会以转移支付的方式给穷人或企业发放补贴，因此政府收入是指扣除转移支付之后的净税收收入。

生产要素所有者的收入是上述三项的混合。由于政府收入是以税收的方式从劳动收入和资本收入中获得，所以，用税前值衡量，收入法核算 GDP 的公式为：

$$Y＝劳动收入＋资本收入 \tag{2-4}$$

在我国目前的统计实践中，用"收入法"核算 GDP 的公式为：

$$收入法 GDP＝劳动者报酬＋固定资产折旧＋生产税净额＋营业盈余 \tag{2-5}$$

在上式中，固定资产折旧和营业盈余（企业的营业利润）是资本收入。生产税净额是生产税减去生产补贴后的差额。生产税指政府对企业生产、销售和从事经营活动以及因从事生产活动使用某些生产要素所征收的税、费。在我国，这部分税大部分是对生产者征收的，它相当于我国间接税的一部分（不是对收入直接征收的税款）。生产补贴是政府对企业单方面的收入转移，包括政策亏损补贴、粮食价格补贴、外贸企业出口退税等。生产税净额是政府的净税收收入，用税前值衡量，它包含在劳动收入和资本收入中。

以上三种方法从不同角度衡量与计算 GDP，从理论上来说，三种方法计算的 GDP 是相等的，但由于存在统计误差，实际结果难免有出入。一般把支出法作为 GDP 统计的基本方法。

三、另外四个相关的总量指标

在国民收入核算中，除了 GDP 之外还有其他各种衡量国民收入的总量指标，这里介绍这些收入衡量指标中的最重要的四种。

1. 国内生产净值（NDP）

国内生产净值（net domestic product，用 NDP 表示）是扣除了折旧后一国居民的总收入。它等于 GDP 减去折旧后的余额，公式为：

$$NDP＝GDP－折旧 \tag{2-6}$$

折旧是企业厂房和设备的磨损或损耗，比如化工厂的管道被腐蚀。它是经济活动的成本，减去折旧后的 NDP 反映了一定时期生产活动的最终成果。

2. 国民收入（NI）

国民收入（national income，用 NI 表示）概念有广义和狭义的理解。广义的国民收入泛指 GDP、GNP 等经济活动总量。宏观经济学中"国民收入决定"指广义国民收入。这里讨论的是狭义国民收入概念，是指一国一年内用于生产的各种生产要素所得到的全部收入，即工资、利息、租金和利润的总和，公式为：

$$NI＝NDP－企业间接税＋政府对企业的补贴 \tag{2-7}$$

企业间接税不是居民提供生产要素后应得的收入，所以应该把它从 NDP 中减去。对企业的补贴是对企业的馈赠，在计算中应加入这一部分。国民收入中仍包括各种所得税，它们是要素所有者从其报酬中拿出来用于公共支出的收入。

3. 个人收入（PI）

个人收入（personal income，用 PI 表示）是指个人从各种来源得到的收入总和。其计算公式为：

$$PI＝NI－未分配利润－公司所得税＋转移支付＋国债利息收入 \qquad (2\text{-}8)$$

未分配利润是企业赚到的没有分配给生产要素所有者的收入，所以在计算 PI 时应把它从 NI 中减去。同理，公司所得税个人也没有得到，应该把它从 NI 中减去。但是，家庭从政府转移支付项目中得到的收入，如福利补贴、社会保障收入以及国债利息收入，是个人得到的收入，所以应该加上这部分转移支付。

4. 个人可支配收入（DPI）

个人可支配收入（disposable personal income，用 DPI 表示）指个人收入中进行各项社会性扣除之后（如税收、养老保险等）剩下的部分，可通过个人收入减个人所得税和其他非税收支付得到，公式为：

$$DPI＝PI－个人所得税－非税收支付 \qquad (2\text{-}9)$$

四、名义 GDP 与实际 GDP

如前所述，GDP 是用市场价格计算的，因此，如果 GDP 增加了，可能有两种原因，一是经济中生产了更多的物品和劳务；二是价格水平上升了。由产量的增加所引起的 GDP 的变动是真实的，而价格水平上升所引起的 GDP 的变动是虚假的。为了使 GDP 的变动能够准确反映产量的变动情况，从而使不同年份的 GDP 的比较能够反映出生产实际变动的情况，经济学家把 GDP 区分为名义 GDP 和实际 GDP。

名义 GDP（nominal GDP）是按当年价格计算的 GDP。实际 GDP（real GDP）是按不变价格计算的 GDP，即我们可确定某一年为基年，以该年的价格为不变价格，用不变价格乘以现期产品数量就可获得实际 GDP。因此，实际 GDP 反映了经济中产量的实际变动。

为了说明如何计算实际 GDP，我们来看一个简单经济的例子。

假定一个经济主体只生产白菜和萝卜，2000 年和 2001 年这两种物品的产量和价格见表 2-4。根据表中的数据，我们可计算出这个经济的名义 GDP 和实际 GDP，并可说明它们之间的相互关系。

表 2-4　一个简单经济的有关数据

物品	2000 年			2001 年		
	价格（元/千克）	产量（千克）	GDP	价格（元/千克）	产量（千克）	GDP
白菜	4	50	200	6	75	450
萝卜	6	75	450	8	100	800

我们把表 2-4 中白菜和萝卜的产量乘以各自当年的价格，可从总支出角度计算历年名义 GDP：

2000 年　　　（4 元/千克×50 千克）＋（6 元/千克×75 千克）＝650 元

2001 年　　　（6 元/千克×75 千克）＋（8 元/千克×100 千克）＝1250 元

可见，从 2000 年到 2001 年，名义 GDP 增加了，增长的幅度为 92％（［1 250－650］/650）。这种增加部分是由于白菜和萝卜的产量增加了，部分是由于白菜和萝卜的价格上升了。

为了得到不受价格变动影响的产量增长的度量指标，我们需要计算实际 GDP。以 2000 年为基年，用基年的价格计算各年的 GDP。

2000 年　　　（4 元/千克×50 千克）＋（6 元/千克×75 千克）＝650 元

2001 年　　　（4 元/千克×75 千克）＋（6 元/千克×100 千克）＝900 元

在上述计算中，由于 2000 年为基年，基年的价格就是当期的价格，所计算出的实际 GDP 与名义 GDP 是相等的。但是用基年的价格乘以 2001 年的产量，实际 GDP 由 650 元增加到 900 元。这种增加完全是由于生产的产量增加了，增长幅度为 38％（［900－650］/650）。

根据以上数据，可知道名义 GDP 增长超出实际 GDP 增长的部分，是由物价上涨造成的。名义 GDP 是用当年价格计算的全部最终产品和劳务的市场价值。实际 GDP 则衡量在价格不变时，由产量的变动所引起的 GDP 的变动。因此，实际 GDP 的变动能够准确地反映一国经济实际增长的情况。各国常用的经济增长的衡量指标是实际 GDP 而不是名义 GDP。

知识拓展

中国的经济规模有多大？

可以用本章介绍的 GDP 数据描述中国的经济规模。根据国家统计局最终核实的数据，2007 年我国的 GDP 总量为 257 306 亿元，是 1978 年的 70 倍；人均 GDP 为 19 474 元，是 1978 年的 51 倍。但是，如果与其他国家比较，我国的经济规模有多大呢？这个问题有些复杂，需要把人民币换算成美元。如果用官方汇率换算，能否反映不同货币的真实购买力？

1993 年，世界银行按购买力平价（参见本书第六章）估计，1992 年中国的 GDP 为 2.87 万亿美元，而 1993 年中国用人民币统计的 GDP 仅为 31 380 亿元，按官方汇率折算，约合 3 692 亿美元。世界银行估计的数据是中国官方数据的 7.8 倍！按世界银行购买力价的算法，1992 年中国占世界 GDP 的 6％，仅次于美国、日本。

国际上对中国经济规模的估计为什么会与中国的官方统计存在这么大的差距呢？这是由于中国的统计数据存在高估的因素。例如，地方政府为夸大政绩虚报经济增长数据。但整体上，2005 年以前公布的中国经济统计数据是低估的。这除了官方汇率不能真实反映购买力，以及存在地下经济、偷税漏税的因素之外，最主要的是由于对服务业产值的低估。2005 年 12 月 31 日国家统计局根据经济普查，修正了 2004 年的 GDP。修正后的 GDP 增加了 2.3 万亿元，增加了 16.8％。主要调整的是第三产业增加值的向上修正。经调整，第三产业占 GDP 的比重由 32％提高到 41％。这意味着中国经济增长对制造业和出口的依赖减少。

调整后，2005 年中国的 GDP 按汇率计算，合 2 万多亿美元，超过英国，成为世界第四大经济体。

（资料来源：2007 年 GDP 最终核实数据.国家统计局网站；易纲，张帆.宏观经济学.北京：中国人民大学出版社，2008）

>>> 知 识 拓 展

两种国民收入核算体系

历史上有过两种国民收入核算体系：一种是适用于市场经济各国的国民经济核算体系（SNA）；另一种是前苏联、东欧使用的适用于中央计划经济的物质产品平衡体系（MPS）。这两种国民统计体系都用于反映国民经济活动水平，但它们的区别主要表现在三个方面：

首先，理论基础不同。SNA 平衡体系的理论基础是西方主流经济学，尤其是以瓦尔拉斯的一般均衡理论、边际生产力理论和凯恩斯理论为基础。MPS 平衡体系则主要以马克思劳动价值论和再生产理论为基础。

其次，统计范围不同。SNA 体系统计所有部门的产品和劳务。而 MPS 体系仅仅反映所谓五大物质生产部门，即工业、农业、建筑、运输邮电和商业的经济活动，不包括金融保险、科技文教、信息咨询等非物质生产部门活动，因而忽略了整个第三产业部门的经济活动。

最后，统计口径不同。SNA 体系中的 GDP 指标统计一个国家在一定时期生产的最终产品和劳务的价值。但 MPS 体系中的社会总产值、工农业总产值等指标把中间产品的价值也计算在内，因此存在重复统计的问题。

我国在 20 世纪 50 年代建立了计划经济体系，国民经济核算采用了 MPS 平衡体系。

改革开放以后，随着市场化改革的推进，以及第三产业的迅速发展，我国在继续开展
MPS 核算的同时，于 1985 年开始 SNA 体系的国内生产总值核算。经过了一个时期的
SNA 与 MPS 并存的阶段，从 1993 年起，我国政府统计部门逐渐放弃 MPS 体系，转而采
用了 SNA 体系。

［资料来源：卢锋．经济学原理（中国版）．北京：北京大学出版社，2002；易纲，张帆．宏观经济
学．北京：中国人民大学出版社，2008］

五、GDP 指标的局限性

在宏观经济研究中，GDP 是最为常用且重要的指标。它能够反映一国经济的整体水
平，比较不同国家之间的经济发展水平。一国的 GDP 与人均 GDP，是反映一国的贫富状
况和人们生活质量的重要指标。通常富国与穷国人均 GDP 差异极大，人均 GDP 较高的国
家，人们可以得到更好的医疗保健，孩子们能够受到更好的教育，人们不用过多地为一日
三餐操劳，这有利于提升国民的文化素养，使人们有能力过上更有意义的生活。但是，我
们也要看到，GDP 并非一个完美的指标。

第一，GDP 不能反映增长的代价。采伐树木可以增加 GDP，过度放牧也可以增加
GDP，把污染物越多地排放到空气和水中，GDP 就越高。GDP 反映了产量的增长，但在
产量增长的同时，环境恶化，土壤沙化，空气和水严重污染影响了生活的质量。由于生活
质量无法在市场上买卖，所以 GDP 无法反映经济增长带来的这些负面影响。

第二，GDP 不能衡量人们的经济福利。例如，汽车产量增加增加了 GDP，但 GDP 无
法计算严重的交通堵塞占用了人们多少生命；人们加班加点地工作就能增加 GDP，但闲
暇的减少引起的福利损失也许抵消了生产更多的物品和劳务所带来的福利。城市的扩张与
发展以空间、树木、生活宁静的减少为代价。还有那些能使 GDP 增长的赌场、监狱、离
婚诉讼都可能使社会福利水平下降。

第三，GDP 不能衡量实际国民财富。例如，洪水泛滥破坏了堤坝、房屋和道路，但
GDP 并不会因此而下降，而灾后重建的大量投资增加了 GDP；城市不断修路、修桥、盖
大楼，由于质量规划等原因，没多久就要推倒拆除重建或翻修；马路"拉链"每次豁开，
挖坑填坑，GDP 都增加。但是，国家总财富并没有随之而增加。

由于 GDP 指标的上述缺陷，一些经济学家和联合国都提出对 GDP 的统计项目进行调
整，既衡量生产带来的好处，也衡量生产带来的坏处。

▶▶ 知识拓展

绿色 GDP

绿色 GDP 是衡量一国可持续发展能力的指标。1993 年，联合国经济和社会事务部统

计处在修改后的《国民经济核算体系》中，首次提出这一新的统计概念。

绿色 GDP 是在传统 GDP 概念的基础上，考虑外部影响和自然资源等因素后得出的新 GDP 数值。它能够比较真实地反映一国经济发展所带来的福利水平的变化，也被称为可持续发展的国内生产总值。其计算方法可以表示为：

$$绿色\,GDP = GDP - 环境成本 \tag{2-10}$$

在上述等式中，环境成本包括环境污染带来的价值损失和生态破坏带来的价值损失。按照这一计算方法，当绿色 GDP 的增长快于 GDP 时，意味着自然资源得到节约、环境条件得到改善，这种发展方式具有可持续性，有利于福利水平的不断提高；反之，当 GDP 的增长快于绿色 GDP 时，则意味着经济的发展是以自然资源过度消耗、环境条件不断恶化为条件的，这种发展方式是不可持续的，不利于福利水平的提高。

当前绿色 GDP 核算体系的实行仍然存在一些技术上的难题，主要是它涉及对无形成本的估价问题。如人们很难为环境恶化和由自然资源消耗造成的生态破坏确定一个合理的价格，因此难以准确地统计绿色 GDP 的数值。到目前为止，还没有哪个国家正式公布绿色 GDP 的数据。2004 年，中国环保总局提出了一个量化环境成本的标准，即通过公众对环境质量、空气质量、饮用水质量变化的评价，以及森林覆盖率、公众对环境问题的投诉等方面确定环境成本。这可看成是对解决环境成本计算问题的有益尝试。可以肯定地说，采用绿色 GDP 的指标是发展的必然趋势。

第二节　失业的衡量

在我们生活的经济社会中，人们关心的另外一个宏观经济指标是失业率。失业率是度量劳动力市场状况的敏感性指标。当失业率较高时，人们可能会丢掉工作，寻找新的工作也很困难。伴随高失业率的是工资收入下降和穷人的增加。我们将在第八章详细讨论失业问题。本章只介绍失业率以及一些相关统计指标的含义和度量。

一、人口劳动力分类

按照各国劳动就业统计的惯例，一个经济体的总人口分为两个部分：劳动年龄人口和非劳动年龄人口。劳动年龄人口通常是指 16～60 岁之间的人口，我国则将 16 周岁作为劳动年龄人口的年龄下限，将法定退休年龄即男性 60 周岁、女性 55 周岁作为年龄上限。年龄太小不能工作者或退休者属非劳动年龄人口。

劳动年龄人口又分为劳动力人口（labor force）和非劳动力人口（not inlabor force）。

劳动力是劳动年龄人口中正在工作的人以及那些没有工作但正在积极寻找工作的人。而军人、在校学生、家务劳动者、丧失劳动能力者、犯人等不是劳动力人口，他们被列入非劳动力人口。

　　劳动力人口也分为两部分：就业者和失业者。就业者是指一个成年人在规定时间内的大部分时间有工作的人。有工作可有两种情况：一是受雇于企业或政府部门；二是处于自我雇佣状态，劳动者以个人或家庭为单位进行劳动，如某男生大学毕业后开一家网络公司。劳动力人口中除去就业者的部分就是失业者。联合国国际劳工局给失业者下的定义是：在一定年龄范围内，有工作能力、愿意工作、正在寻找工作的人。这一定义对失业者给出三条界定标准：①一定年龄以上没有工作；②愿意工作；③近期正在积极寻找工作。这三条必须同时成立，才能被列为失业者。图 2-2 显示了总人口的划分。

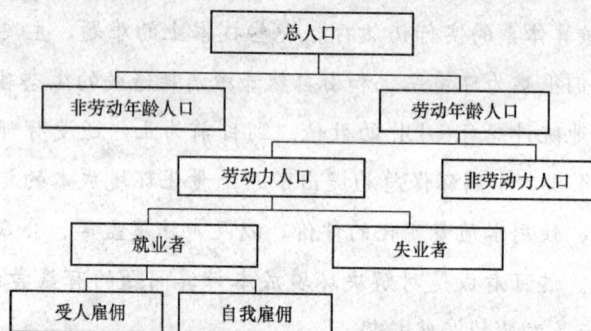

图 2-2　总人口划分示意图

（资料来源：陆铭. 劳动经济学——当代经济体制的视角. 上海：复旦大学出版社，2002）

　　目前我国的统计实践中反映劳动力市场供求状况的主要指标有三个，即经济活动人口、就业人员和在岗职工人数。经济活动人口包括就业人员和失业人员，反映了我国总的劳动力供给。就业人员是指 16 周岁以上从事一定社会劳动并取得劳动报酬或经营收入的人员，包括全部职工、再就业的离退休人员、私营和个体从业人员、乡镇企业从业人员、农村从业人员、其他从业人员（如民办教师、宗教职业者、现役军人等）。这一指标反映了一定时期内劳动力资源的实际利用情况。在岗职工人数指在国有、城镇集体、联营、股份制、外商和港澳台投资企业工作的人员，不包括民营企业就业人员和个体劳动者。

　　2007 年我国大陆总人口中，有 7.86 亿人为经济活动人口，约占总人口的 59.5%。在这个庞大的劳动力供给中，2007 年的全部就业人员合计将近 7.7 亿。在岗职工人数为 1.14 亿人，只占总就业人员的 14.8%，而这一比例在 1991 年高达 24.9%。这反映出自 20 世纪 90 年代以来我国的"非国有部门"有了迅速的发展，吸纳了大量新增就业人口。见表 2-5。

表 2-5　2007 年我国大陆劳动力有关数据

项　目	数　量
经济活动人口（万人）	78 645
就业人员合计（万人）	76 990
在岗职工人数（万人）	11 427
城镇登记失业率（%）	4.0

（资料来源：《中国统计年鉴（2008）》）

二、失业的衡量

一旦统计部门把劳动年龄人口归入不同类别，就可以计算出概括劳动力市场状况的各种统计数字。

劳动年龄人口中减去非劳动力人口是劳动力。劳动力是有劳动能力而且愿意就业的人。在现实生活中，并不是所有的劳动力都能找到工作，总有一部分人无事可做。所以，劳动力通常定义为就业者和失业者之和，于是有：

$$劳动力人口＝就业者人数＋失业者人数 \tag{2-11}$$

失业率（unemployment rate）被定义为失业人口在劳动力中所占的比例，即：

$$失业率＝\frac{失业人口}{劳动力}×100\% \tag{2-12}$$

除了失业率之外，劳动力参与率也是衡量劳动市场状况的指标。劳动参与率（labor force participation rate）被定义为劳动力在劳动年龄人口中所占的比例，它告诉我们劳动年龄人口中选择参与劳动市场的人数。其公式为：

$$劳动参与率＝\frac{劳动力}{劳动年龄人口}×100\% \tag{2-13}$$

根据美国劳动统计局资料，2005 年 4 月美国的劳动年龄人口为 22 544 万人，其中就业人口 14 110 万人，失业人口 766 万人，非劳动力人口 7 668 万人。根据我们前面的分析和定义，在 2005 年 4 月，美国的劳动力人口为：

$$劳动力人口＝14\ 110＋766＝14\ 876 万$$

失业率为：

$$失业率＝\frac{766}{14\ 876}×100\%＝5.2\%$$

劳动力参与率为：

$$劳动参与率＝\frac{14\ 876}{22\ 544}×100\%＝66.0\%$$

以上统计数据表明，在 2005 年 4 月，美国有三分之一的劳动年龄人口参与了劳动市场，这些劳动市场参与者中有 5.2%的人没有工作。

事实上，能够提供一个具有国际可比性的失业率数据是件很困难的事情，主要原因是各国统计数字的来源不同。一些国家采用定期抽样调查的方法获得信息，一些国家利用领取失业救济人数等社会保险数据，还有的根据利用官方就业数据和劳动力数据推算失业数据。

发达国家一般采取住户调查的方式获取失业统计数据。通常由调查员入户询问调查对象各种问题，例如过去几周是否在就业介绍所登记？是否向雇主申请工作？抽样调查的办法相对科学，但实行起来的成本较高，而且仍不能保证数据的绝对准确。一方面，失业数据可能包括那些自愿离职，但是为了得到失业补贴，还是向调查者表示在积极寻找工作的人，这会高估了失业人数。另一方面，有些失业者愿意工作，但是长期找不到工作，失去了信心而停止了寻找工作，这种情况有可能被看作是自愿离职而不被统计为失业者，因而低估了失业人数。

目前我国的官方失业统计仅仅包括城镇登记失业人员（指非农业人口中在一定劳动年龄内，有劳动能力，无业而要求就业，并在当地就业服务机构进行求职登记的人员）。这一失业统计制度存在许多问题，并不能真实反映我国失业问题的严重情况。第一，失业统计范围仅包括城镇经济而没有包括农村，即失业统计体系尚未覆盖经济整体。第二，失业统计对象仅包括有城市户口的失业人口，没有包括失去工作的"农民工"，更没有把农村大量过剩劳动力考虑在内（从事农业生产的人口是作为"实现就业"来统计的）。这实际上低估了我国的就业压力。第三，失业统计中判断人们是否失业，是以是否在就业服务机构求职登记为标准，有些没有工作并积极寻找工作但没有在相关机构正式登记的人员就会被失业统计所遗漏。第四，官方失业统计没有包括下岗人员。由于上述原因，我国现有的失业统计数据存在低估经济人口中失业人员数量的问题。即使是城镇失业人口规模也存在低估问题。

表 2-6　我国城镇失业统计数据

年　份	失业人数（万人）	失业率（%）
2000	595	3.1
2001	681	3.6
2002	770	4.0
2003	800	4.3
2004	827	4.2
2005	839	4.2
2006	847	4.1
2007	830	4.0

（资料来源：《中国统计年鉴（2008 年）》）

第三节　价格水平与通货膨胀的衡量

　　1985 年，刚参加工作的本科毕业生月工资为 68 元，而 2007 年参加工作的大多数本科生月工资能拿到 2 000 元以上。哪个时期本科毕业生的生活水平更高？这个问题的答案并非显而易见。因为我国的物价水平从 1982 年到 2007 年经历了较大幅度的上升。在 1985年，3 角钱可以买一张电影票，2 角钱可以买一个红豆雪糕，而在今天同样是这两种商品却分别标价为 50 元和 2 元。为了能够比较不同时期的经济状况，比较 1985 年本科毕业生的工资和今天的工资，我们应该了解如何对价格水平和通货膨胀进行度量，以及如何通过价格水平的衡量指标调整货币额来消除通货膨胀的影响。

一、衡量价格水平的指标

1. 消费物价指数

　　度量经济中价格水平和通货膨胀程度最常用的指标是消费物价指数（consumer price index，用 CPI 表示）。一定时期的消费物价指数是衡量普通消费者所购买的物品和劳务的费用变动指标。它通常是根据与人民生活直接相关的食物、衣服、住房、燃料、交通、教育、医疗等物品和劳务的价格变动状况而编制的。让我们来看 CPI 的编制过程：

　　第一，选择基年并确定普通消费者购买的一篮子物品和劳务。如果我们想把今年家庭的生活费用和 2005 年相比，那么就把 2005 年作为基年（或基期），即其他各年与之比较的基准。然后确定基年普通消费者所消费的一篮子物品和劳务（我们无法把一个国家人们所消费的所有物品和劳务都作为比较对象，这在操作上是不可行的）。各国在统计实践中通常选择那些消费量大的有代表性的消费品和规格品作为比较对象。这被形象地称为固定基年篮子。不仅要确定品种，而且要确定权数，即确定哪些物价对消费者是最重要的。如果大多数消费者购买的猪肉比牛肉多，那么，猪肉的价格就比牛肉的价格重要，因此在衡量生活费用时就要加大猪肉的权数。

　　第二，确定基年篮子里物品和劳务的现期价格。基年那一年一篮子物品和劳务的价格水平为基准价格。要比较以后各年与基年相比消费者生活费用的变动情况，还要找出每个时点上篮子里每种物品和劳务的现期价格。通常国家统计局每个月都会派人进行大量调查来确定基年篮子里物品和劳务的现期价格。

　　第三，计算指数。CPI 的计算是先用现期价格计算消费者当年购买一篮子物品和劳务的费用。然后用当年一篮子物品和劳务的价格除以基年同样一篮子物品和劳务的价格，再把这个比率乘以100，所得出的数据就是 CPI。对任一给定年份的 CPI，其计算公式为：

$$\text{CPI} = \frac{\text{基年一篮子物品和劳务的当年费用}}{\text{基年一篮子物品和劳务的基年费用}} \times 100 \tag{2-14}$$

下面用一个简化的例子来说明 CPI 的计算，有关数据见表 2-7。

表 2-7　一个简化计算 CPI 例子的有关数据

基期篮子	基　年			现　期	
	数量	价格	支出	价格	支出
白菜	2.5 千克	0.8 元	4 元	1.2 元	6 元
理发	6 次	11 元	66 元	12.5 元	75 元
乘公交车	200 次	0.7 元	140 元	6.75 元	150 元
总支出			210 元		231 元

在上表的例子中，一篮子物品和劳务只包括三种：白菜、理发、乘公交车。该表表示基年的数量以及基年和现期的价格。用每一种物品和劳务的基年价格乘以基年数量，可得出基年一篮子物品和劳务的总费用是 210 元。然后，找出现期物品和劳务的价格，用每一种物品和劳务的现期价格乘以基年数量，可得出基年一篮子物品和劳务在现期的总费用为231 元。CPI 是基年一篮子物品的现期费用与基年费用的比率，再乘以 100。我们可用这种方法计算现期的 CPI：

$$\text{现期的 CPI} = \frac{231}{210} \times 100 = 110$$

计算结果表明，消费相同一篮子物品和劳务，从基年到现期普通消费者的生活费用高出 10%〔（231－210）/210×100%〕。也就是说，为了使现期的生活维持在基年的水平，消费者多支出了 10% 的费用。需要说明的是，基年的 CPI 总是等于 100。这是因为该年CPI 计算公式中的分子和分母相同。一定时期内（一个月或者一年）的 CPI 可用于度量相对于基年而言现期的生活费用。

▶▶ 知 识 拓 展

CPI 和生活费用变动不完全一致

计算 CPI 所选择的一篮子物品和劳务是消费者最常用的，CPI 的变动应该反映消费者生活费用的变动。但实际上，这两者之间虽密切相关，但并不完全相同。在很多情况下，CPI 的上升会高于真实生活费用的上升，原因如下：

首先，CPI 不考虑消费者替代。由于价格的变动，消费者总是愿意多买价格上升少甚至下降的物品，少买那些价格上升幅度较大的物品。这就是说，消费者往往用价格低的物品替代变得昂贵的物品。但是计算 CPI 时假设一篮子物品和劳务是固定不变的。由于没有考虑到相对价格变动会引起消费者替代，CPI 高估了从某一年到下一年生活费用的增加。例如，消费者购买猪肉和牛肉，如果猪肉价格上升幅度很大而牛肉价格没变，消费者会用牛肉替代猪肉，他们的生活费用没有增加，但 CPI 一定是上升了。

其次，CPI 不考虑新产品出现对生活费用的影响。现代社会新产品层出不穷，但计算 CPI 的一篮子物品和劳务要若干年才调整一次。这样，就无法正确反映生活费用的变动。例如，统计部门在做出 1989—1990 年消费支出调查时，移动电话尚不存在。假定 2003—2004 年的消费支出调查把移动电话列入其中，但数码相机、DVD 播放机尚未包括在内，而这些产品的价格在不断下降。由于基年并不存在这些新产品，因而也就没有用来与这些产品现期价格相比较的基年价格。这种由于消费者篮子物品构成不能及时调整的做法常常因忽略新产品导致 CPI 偏高。

最后，CPI 不能及时反映产品质量的变动。例如，汽车的价格上升了 10%，这可能是因为汽车的安全性更高、更省油，或者减少了尾气污染。尽管消费者购买这种汽车的支出增加了 10%，但他们得到的是质量提高了 10% 的汽车，这如同多花了 10% 的钱去购买增大了 10% 的面包。但 CPI 只反映出物价水平上升了，却没有反映出是由于什么原因上升。电视机的情况也是如此。当今电视机的价格比 2000 年更高，但是现在的电视机轻薄而功能多，画面更大而且减少了辐射。但电视机价格上升往往夸大了生活费用的上升，因为较高的电视机价格代表产品质量更好了。

减少 CPI 与生活费用变动不一致的办法是，统计部门应该经常调整用于计算 CPI 的一篮子物品和劳务，并且经常性地进行消费支出调查，以便根据质量变化调整 CPI。美国劳工统计局通常两年修改一次消费者篮子里物品和劳务的构成。

2. GDP 平减指数

由于 CPI 是按固定的一篮子物品和劳务计算的，因此，当篮子里的物品或劳务的价格或数量发生变动时，CPI 不能反映消费者真实的消费支出。

另一种价格指数可以避免这一问题，这就是 GDP 平减指数（GDP deflator）。它也是衡量价格水平变动的一个重要指标。GDP 平减指数是名义 GDP 和实际 GDP 的比值，它衡量的是和基期相比，现期物价水平的变动。公式为：

$$\text{GDP 平减指数} = \frac{\text{名义 GDP}}{\text{实际 GDP}} \tag{2-15}$$

假定一个经济体只生产一种物品。该经济现期的名义 GDP 为现期价格（P_t）和现期销售量（Q）的乘积（名义 GDP $= P_t \times Q$）；实际 GDP 为基期价格（P_0）和现期销售量（Q）的乘积（实际 GDP $= P_0 \times Q$），去除销售量的影响后，GDP 平减指数 $=$ 名义 GDP/实际 GDP，即 P_t/P_0，也就是现期价格相对于基期价格的变动。GDP 平减指数可以告诉我们，名义 GDP 增加在多大程度上是由于物价上升而不是由于产量的增加。在生产多种产

品的情况下，GDP 平减指数是各种产品现期价格变动的加权平均，即 GDP 平减指数 =

$$\frac{\sum P_t \times Q}{\sum P_0 \times Q}。$$

把公式（2-15）稍加变换，可用名义 GDP 除以 GDP 平减指数计算出实际 GDP，即：

$$实际 GDP = \frac{名义 GDP}{GDP 平减指数} \tag{2-16}$$

名义 GDP 是总产出的现期价值，实际 GDP 是用不变价格衡量的产出的价值，GDP 平减指数是相对于基期价格的产出的价值。

知识拓展

GDP 平减指数与 CPI 的差别

GDP 平减指数与 CPI 存在以下的差别：

第一，从统计范围看，CPI 只衡量消费者购买的物品和劳务；而 GDP 平减指数包括国内生产的所有最终物品和劳务。也就是说，企业和政府购买的物品和劳务包括在 GDP 平减指数中，但不包括在 CPI 中。

第二，从价格加总方法看，CPI 是使用固定权数计算；GDP 平减指数使用可变的权数计算。

第三，从数量来看，CPI 是用固定的一篮子物品和劳务来计算的；GDP 平减指数计算的物品和劳务的数量是变动的。

第四，从国别上看，CPI 包括进口消费者购买的进口品；GDP 平减指数不包括进口品。

知识拓展

中国的价格指数

除了 CPI 之外，国家统计局经常公布的价格指数还有：商品零售价格指数、农产品收购价格指数、工业品出厂价格指数、原材料购进价格指数、固定资产投资价格指数等。这些主要的价格指数的年度资料可以在《中国统计年鉴》上找到。

中国的价格指数统计由国家统计局城市社会经济调查总队组织实施，各省、自治区、直辖市及抽选的市、县城市社会经济调查队按照国家统计局指定的价格统计调查制度在基层采集原始数据，汇总后上报国家统计局。

编制居民消费价格指数和商品零售价格指数的资料采用抽样调查和重点调查相结合的方法取得，即在全国选择不同经济区域和分布合理的地区，以及有代表性的商品作为样本，对其市场价格进行定期调查，以样本推断总体。

二、通货膨胀的衡量

CPI 可以度量相对于一篮子物品和劳务的基年价格，这些同样物品和劳务在当期的价格水平。那么，当前价格水平与基年价格水平相比，变动的幅度是多少呢？这涉及对通货膨胀的衡量问题。计算 CPI 的主要目的是衡量通货膨胀的严重程度。这种衡量很有用。例如，可作为工资水平调整的依据，也可用于确定养老保险金的调整。

宏观经济学中把物价水平的持续上涨称为通货膨胀。通货膨胀的严重程度可用通货膨胀率来衡量。通货膨胀率（π）是指从一个时期到另一个时期物价水平变动的百分比。其计算公式为：

$$\pi = \frac{（今年\ CPI - 去年\ CPI）}{去年\ CPI} \times 100\% \tag{2-17}$$

在前面的例子中，基年的 CPI 为 100，现期的 CPI 为 110。因此现期的通货膨胀率是：

$$\pi = \frac{(110 - 100)}{100} \times 100\% = 10\%/年$$

计算结果表明，从基年到现期，物价水平上升了 10%，这意味着人们收入的 1/10 被通货膨胀吞噬掉了，没有形成真正的购买力。另外，这也表明，从基年到现期，人们的工资收入增长率应该不低于 10%，否则通货膨胀会使其在这段时间的福利状况变得更坏，而不是更好。

还可用另一种方法衡量通货膨胀，即在以上公式中用 GDP 平减指数替代 CPI。由于 CPI 和 GDP 平减指数的统计范围不同，所以用这两种价格指数计算出的通货膨胀率不太一致。但在大多数情况下，这两个衡量指标是相似的。

三、基于通货膨胀的调整

CPI 是一个十分有用的工具。它不仅能够用于衡量生活费用的变动，而且还可以用于调整经济数据以消除通货膨胀的影响。例如，我们可以用 CPI 把人们现期名义收入转变为实际收入，从而可比较不同时期人们的生活水平；也可以用 CPI 把实际收入转变为现期名义收入，从而防止通货膨胀削弱人们的购买能力。前者被经济学家称为名义量的缩减化过程，后者则被称为指数化过程。此外，我们还可以根据通货膨胀校正利率，进而可计算出投资的实际回报率。

1. 名义量的缩减化过程

CPI 的一个重要作用是对名义收入进行调整，以消除通货膨胀的影响。例如，假设居住大城市的某普通家庭 2000 年的收入为 50 000 元，2007 年的收入为 55 000 元，这是否意味着 2007 年该家庭的经济状况比 2000 年好？

如果仅比较不同时期人们的名义收入，我们会对这个问题做出肯定的答复。毕竟，在这7年期间，他们的收入提高了10%。但是，这一期间物价也上涨了，甚至上涨的速度比收入的提高还要迅速。假设家庭所消费物品和劳务的价格在这期间上涨了25%。由于家庭的收入只提高了10%，我们可以断定，虽然家庭的名义收入提高了，但是用他们货币工资的购买力衡量，他们的生活水平下降了。

通过计算2000年和2007年的实际收入，我们能够对这两年家庭的购买力进行准确的比较。把名义收入变为实际收入的方法是：用名义收入除以相应的价格指数。这一计算过程称为名义量的缩减。如表2-8所示。表中的计算结果显示，2000—2007年，家庭的实际收入下降了6 000元，下降幅度占其2000年名义收入的12%。

表2-8　2000—2007年家庭实际收入的比较

年份	名义家庭收入（元）	CPI	实际家庭收入＝名义家庭收入/CPI
2000	50 000	1.00	50 000元/1.00＝50 000元
2007	55 000	1.25	55 000元/1.25＝44 000元

在这个例子中，家庭生活水平下降的原因在于，他们的收入只是名义上的提高，并没有与通货膨胀保持同步。

还可以用名义量除以价格指数求得实际收入的方法，对其他的名义量（如养老保险金、政府的教育经费支出等）进行比较，以消除通货膨胀的影响。运用这种方法的原理是，只要你知道在某种物品上所花费的费用和这种物品的价格，就可以计算出你所购买的该物品数量。同样，我们用家庭的名义收入除以衡量所购买的物品和劳务平均价格的价格指数，即可得出所购买的物品和劳务的实际数量。这一实际数量就是经过通货膨胀调整的量。

知识拓展

比较不同时期本科毕业生的收入

让我们回到本节一开始的例子。与今天大多数普通本科生毕业后2 000元的月工资相比，1985年月工资为68元的本科生毕业生收入是高还是低呢？

回答这个问题，我们需要把本科生的名义收入转变为实际收入。根据中国统计年鉴的数据，以1978年为基年，这一年的CPI为1，则1985年的CPI为1.095，而2007年的CPI为4.936。将1985年本科生的月薪除以1.095，求出的结果约为62元。这是1985年本科毕业生用"1978年人民币"衡量的月薪水平。也就是说，为了在1985年获得与1978年相同的购买能力，本科毕业生需要有62元的月薪。将2007年本科毕业生的月工资2 000元除以4.936，得到2007年本科毕业生用"1978年人民币"衡量的月薪为405元。

显然，经过通货膨胀调整之后，2007 年与 1985 年本科生的月薪数字变得很接近，但即使用实际收入衡量，2007 年本科毕业生的月收入仍然是 1985 年本科毕业生的 6.5 倍。

2. 维持购买能力的指数化

我们还可用 CPI 把实际收入转变为名义收入。比如，假定 2005 年政府向退休者支付 800 元的养老保险金。为了使这些养老保险金领取者的购买能力不因通货膨胀而下降，从而使他们能够维持原来的生活水平，在 2008 年，政府应该把每月支付的养老保险金设定在什么水平上呢？这要考虑 2005—2008 年的通货膨胀率。假设这一期间 CPI 上升了 20%，也就是说消费者所购买的物品和劳务的平均价格水平在这段时间上涨了 20%。那么，为使养老保险金领取者的购买能力与通货膨胀"保持同步"，2008 年的养老保险金应该为 800 ＋0.2×800＝960 元，比 2005 年提高了 20%。

上述使名义收入与价格指数同步变动以防止通货膨胀降低购买能力的过程，被称为指数化。美国法律就对救济金的自动校正做出规定，在政府不采取任何措施的前提下，每年救济金的增加速度会与 CPI 上升的百分比完全一致。美国企业和工会之间的一些劳动合同也有类似的指数化规定，即当 CPI 上升时，工人的工资按照合约条款自动地增加。

3. 根据通货膨胀校正利率

假设 A 国和 B 国相邻。A 国的通货膨胀率为零，预期在未来时间也会为零。B 国的通货膨胀率为 10%，预期在未来时间也会维持在 10%、A 国银行存款年利率为 2%，而在 B 国则为 10%。存款人在哪个国家可以得到更高的回报呢？

如果直接比较银行存款的年利率，B 国银行存款的回报更高。但考虑到通货膨胀的影响，我们会看到，A 国的条件比 B 国更加优惠。我们可以比较一下两个国家一年以后存款实际购买力的变化。在 A 国，某位存款人在 1 月 1 日把 100 元货币存入银行，到 12 月 31 日 100 元存款会变为 102 元。这是因为 A 国没有通货膨胀，年初到年末的物价水平没有变化。而在 B 国，年初存入银行 100 元，到年末存款将变为 110 元，回报率为 10%。但在这一年物价水平也上升了 10%，这等于 B 国存款人的购买能力没有增加。所以说，A 国存款人的待遇更好一些。

经济学把银行支付的利率称为名义利率，把根据通货膨胀校正后的利率称为实际利率。我们可以把名义利率、实际利率和通货膨胀的关系用以下公式表示：

$$实际利率＝名义利率－通货膨胀率 \tag{2-18}$$

实际利率是名义利率和通货膨胀率的差额。上例中，A 国的实际利率为 2%（2%－0%）。B 国的实际利率为 0%（10%－10%）。实际利率反映了随着时间的变动我们银行存款购买力的变动情况。

本章小结

1. 度量一国总产出的基本指标是国内生产总值（GDP），它是指一个国家在一定时期生产的所有最终产品和劳务的市场价值。

2. 由于总支出、总收入和总产出相等，所以我们可以用支出法、收入法和生产法来衡量 GDP。支出法是把消费支出、投资、政府购买和净出口加总求和。收入法是把税前的劳动收入和资本收入加总求和。生产法是把生产过程中每个企业创造的增加值加总。

3. 名义 GDP 是用当年价格计算经济中物品与劳务的生产。实际 GDP 用不变价格来计算经济物品与劳务的生产。我们用实际 GDP 变动的百分比衡量经济增长率。GDP 平减指数是衡量物价总水平的指标，可用名义 GDP 和实际 GDP 的比率计算。

4. 实际 GDP 是衡量一国经济整体状况的重要指标，但并不是一个完美的指标。

5. 失业率是衡量失业严重程度的指标，可以用失业人员的数量除以劳动力总数计算得到。劳动参与率是劳动力占劳动年龄人口的比率。

6. 消费价格指数（CPI）是度量通货膨胀的基本工具。CPI 衡量的是相对于基年购买的一篮子物品和劳务的费用，在当年购买同样一篮子物品和劳务的花费情况。我们可用 CPI（或 GDP 平减指数）变动的百分比衡量通货膨胀率。

7. 可用 CPI 调整经济数据以消除通货膨胀的影响。用 CPI 把人们现期名义收入转变为实际收入，以比较不同时期人们的生活水平，这称为名义量的缩减化过程。用 CPI 把实际收入转变为现期名义收入，以防止通货膨胀削弱人们的购买能力，这称为指数化过程。实际利率反映某种金融资产购买能力年增长的百分比，它是名义利率减去通货膨胀率的差额。

复习与思考

一、名词解释

国内生产总值	消费	投资	政府购买
净出口	最终产品	中间产品	国民生产总值
国民收入	个人收入	个人可支配收入	名义 GDP
实际 GDP	消费物价指数	GDP 平减指数	劳动力
失业率	劳动力参与率	通货膨胀率	名义利率
实际利率			

二、选择题

1. GDP 是一个国家一年内所生产的(　　)。

　　A. 所有产品的市场价值总和　　　　　B. 国内各部门新增加的价值

　　C. 境内的最终产品和劳务的市场　　　D. 境内外的最终产品和劳务的价值

2. 下列应计入中国的 GDP 的是(　　)。

　　A. 食品厂购买的面粉　　　　　　　　B. 个人购买的 1 000 股银行股票

　　C. 国航购买的一架波音飞机　　　　　D. 汽车厂购买的轮胎

3. 用支出法计算 GDP 时,不属于投资的是(　　)。

　　A. 上海大众购买政府债券　　　　　　B. 上海大众购买了一台新机床

　　C. 上海大众建立了一条新装配线　　　D. 上海大众增加了 500 辆汽车的存货

4. 实际 GDP 反映的是(　　)。

　　A. 价格水平的变动　　　　　　　　　B. 实际产量的变动

　　C. 产品量与价格的交替变动　　　　　D. 既是价格水平的变动也是产量的变动

5. 假定某国在 1991 年至 1999 年间,GDP 从 10 000 亿元增加到 15 000 亿元,价格指数从 100 下降到 50,如果以 1991 年价格计算,1999 年的实际 GDP 应是(　　)。

　　A. 7 500 亿元　　　　　　　　　　　B. 10 000 亿元

　　C. 15 000 亿元　　　　　　　　　　　D. 30 000 亿元

6. 假设一国人口为 2 000 万,就业人数 900 万,失业人数 100 万,这个经济的失业率为(　　)。

　　A. 11%　　　　　　　　　　　　　　B. 10%

　　C. 8%　　　　　　　　　　　　　　　D. 5%

7. 如果 2000 年的消费物价指数是 128,2001 年年底的消费物价指数是 136,那么 2001 年的通货膨胀率是(　　)。

　　A. 4.2%　　　　　　　　　　　　　　B. 5.9%

　　C. 6.25%　　　　　　　　　　　　　　D. 8%

三、问答题

1. 下列购买活动中哪些应该列入 GDP,哪些现行统计没有列入但应该列入?

　　A. 奇瑞汽车公司自制发动机并安装在奇瑞轿车上。

　　B. 奇瑞公司向某内燃机厂购买发动机准备安装在奇瑞轿车上。

　　C. 你购买了海尔的股票。

　　D. 你在旧货市场上买了一件瓷器。

　　E. 警察加班得到加班费。

　　F. 你太累了,没有上班,在家睡觉,感觉很好。

　　G. 很多人随地吐痰。

2. 农民种小麦，卖给面粉厂，收入 1 元。面粉厂把小麦磨成面粉，卖给馒头店，收入 3 元。馒头店蒸成馒头，卖给小贩，收入 5 元。小贩卖给工人，收入 6 元。工人把馒头吃了。每个人的增加值是多少？如果这个经济在一个月中只进行了这几项活动，这个月的 GDP 是多少？

3. 在 2001 年，某个经济体生产 100 个盒饭，每个售价为 5 元。在 2002 年，这个经济体生产 200 个盒饭，每个售价为 7 元。计算每年的名义 GDP、实际 GDP 和物价指数（2001 年为基年）。从一年到下一年这三个统计数字的百分比分别提高了多少？

4. 张三的擦鞋店去年为 1 000 双皮鞋上油，今年服务总量为 1 200 双。去年他对每次服务的收费为 3 元，今年服务价格上升为 4 元。如果把去年作为基年，试分别计算张三在这两年对名义 GDP 和实际 GDP 的贡献值。如果你要衡量过去一年张三生产率的变化，采用哪种度量指标会更好？为什么？

5. 美国 GDP 的数据见表 2-9。

表 2-9

年份	名义 GDP（单位：100 亿美元）	物价指数（以 1987 年为基年）
1993	6343	124
1994	6738	126

根据表 2-9 数据计算：

　　A. 1993 年到 1994 年间名义 GDP 的增长率是多少？（增长率是一个时期到另一个时期百分比的变动）。

　　B. 1993 年到 1994 年间，物价指数的增长率是多少？

　　C. 按 1987 年的价格衡量，1993 年的实际 GDP 是多少？

　　D. 按 1987 年的价格衡量，1994 年的实际 GDP 是多少？

　　E. 1993 年到 1994 年实际 GDP 的增长率是多少？

　　F. 名义 GDP 增长率高于还是低于实际 GDP 增长率？为什么？

6. 根据以下资料计算中国 2001—2006 年居民消费价格变动的百分比。

表 2-10

年份	居民消费价格指数	上年＝100
1992	106.4	
1993	114.7	
1994	124.1	
1995	117.1	

（续表）

年份	居民消费价格指数	上年＝100
1996	108.3	
1997	102.8	

7. 甲乙两国只有建筑业一项经济活动，建筑业只进行旧房重建活动。甲国的房子质量好，每年只有5座房子需要推倒重建。乙国的房子质量差，每年有10座房子需要推倒重建。假设每座房子建好后价值一样，房子1年内即可建好，哪国的GDP更高？这种情况合理吗？为什么？

8. 根据表2-11的资料回答下列问题：

（1）计算国内生产总值。

（2）计算净投资。

（3）计算净出口。

（4）计算可支配收入。

（5）计算储蓄。

表 2-11

项　目	金额（亿元）
消费支出（C）	6 000
税收（T）	4 000
转移支付（TR）	2 500
出口（X）	2 400
进口（M）	2 200
政府购买（G）	2 000
总投资（I）	1 500
折旧（D）	600

第三章 简单的国民收入决定模型

本章进入宏观经济学的核心问题：短期经济波动。经济波动是现代市场经济中周期性出现的一种现象，经济由繁荣、衰退、萧条和复苏按顺序周而复始地出现，影响着每一个雇主和雇员的利益。就我国来说，从 2007 年下半年由猪肉价格上涨开始逐渐显现出来通货膨胀倾向，到 2008 年下半年由美国次贷危机引发的全球性经济衰退背景下的经济下行，中国经济呈现出如过山车般的令人炫目的波动，它给无数企业和家庭带来了不安和烦恼。

如前所述，短期是指价格水平对供求关系的变动来不及做出反应，很多价格黏在原来的水平上，不能做出灵活的变动。价格不能及时调整对经济运行会产生重要的影响，从而使宏观经济政策的效果有很大不同。本章从宏观经济均衡的研究开始，说明短期内总需求在国民收入决定中的重要作用。这里暂不考虑货币因素的影响，即假定利率和投资都是不变的，只研究产品市场上总需求对国民收入的决定，因此称为简单的国民收入决定模型。

第一节 宏观经济均衡及其实现

均衡是指一个系统内部相反力量的作用互相抵消，不再变动的相对静止状态。宏观经济均衡就是指当各种相互作用的宏观经济变量之间达到某种平衡，彼此不再变动时，经济处于一种相对稳定的状态。本节将说明各种宏观经济变量如何相互作用并达到均衡，以及均衡条件下国民收入是如何决定的。为了分析的简便，假设经济中价格水平固定不变。即在短期内，企业并不是根据供求情况的变动连续不断地改变价格，而是倾向于保持价格不变，并在现有价格下通过调整产量满足需求。

一、两类宏观经济变量

在宏观经济学中，总供给与总需求是用来说明均衡国民收入决定，以及通货膨胀、失业等问题的最重要的宏观经济变量。为了说明均衡国民收入水平的决定与变动，我们不仅要了解这两个变量的含义，在此基础上，还要把这两个理论概念转换为统计概念，从而在总供给和总需求的理论概念和国民经济核算的统计概念之间建立联系，以方便我们本章的分析。

总供给（aggregate supply，用 AS 表示）是一个经济在一定时期内所生产出来的所有物品和劳务的数量，也就是一个经济的总产出，通常当我们度量总供给水平时习惯使用总产出 Y 的指标。总供给属于理论概念，总产出是统计概念，这两者是同一的，其市场价值总和就是用生产法统计的 GDP。总供给的度量也可使用总收入的统计指标，因为产出过程的同时也是收入的形成过程。总收入就是用收入法统计的 GDP，即资本、劳动、土地等不同要素所有者收入的总和。

总产出和总收入分别从产出和收入角度反映了一定时期经济社会所生产（供给）的总量，因而它们都是总供给的度量指标，这两个量是相等的，它们代表的都是总供给。在我们以后的分析中，我们经常用"总产出"（总收入）的概念，而不是"总供给"的概念，但 GDP、国民收入、总产出、总收入、总供给等概念可以相互转换。

可把总产出简单定义为：

$$Y \equiv Y_d + T \tag{3-1}$$

式（3-1）表示总产出 Y 恒等于总收入。总收入为可支配收入 Y_d 与政府税收 T 之和。

总需求（aggregate demand，用 AD 表示）是指在价格和收入既定条件下消费者、企业、政府和国外愿意支出的数量。愿意的支出是指既有需求的愿望，又有货币支付能力。度量总需求的统计指标称为总支出（AE）。总支出是经济中用于人们的物品和劳务支出总量，是用支出法计算的 GDP，包括家庭消费（C）、企业投资（I）、政府购买（G）和净出口（NX）。家庭和政府需要购买物品与劳务，企业需要以投资的形式购买设备、电力能源等，这些都构成经济内部的需求，加上外国人对我们生产的物品和劳务的购买构成经济中的总需求，用总支出这个统计指标来度量，就可以得到另一个恒等式：

$$AE \equiv C + I + G + NX \tag{3-2}$$

在总支出的四个组成部分中，消费占的比例最大，在发达国家占总支出的三分之二左右。最小的部分是净出口。投资的比例在不同的国家有所不同，通常发展中国家投资的比例大一些。政府购买则取决于政府规模的大小和对经济的干预程度。一般来说，各国政府购买大于投资，并且有上升趋势。

二、总需求决定总供给

在微观经济学中，如果某种商品的供给与需求相等，则供求关系就达到了均衡，此时该商品的价格和产量称为均衡价格和均衡产量。与此类似，当经济中的总供给等于总需求，或者说总产出（总收入）等于人们愿意的支出时，就实现了宏观经济均衡，此时的价格水平和产出水平称为均衡价格水平和均衡产出水平。

我们用总产出、总收入度量总供给，用总支出度量总需求，那么，当总供给等于总需求时，总产出、总收入、总支出必然相等，即：

$$Y \equiv 总收入 \equiv 总支出 \tag{3-3}$$

这个恒等式表示均衡产出（或均衡收入）是与总支出相等的产出水平，当总供给等于总需求，或者说总产出或总收入等于总支出时，宏观经济就处于均衡状态。

那么，总供给和总需求这两个宏观经济变量是怎样相互作用的呢？在均衡国民收入的决定中，哪个经济变量处于主导地位，并引致其他变量发生改变以与之相适应呢？

凯恩斯认为，总需求是经济中占主导地位的经济变量，总需求决定总供给，均衡的国民收入是由总需求决定的。凯恩斯观点的理论依据是，在短期内，由于价格难以调整，不能通过价格变动来保持总供给和总需求的平衡，这会造成总需求不足，从而使资本、劳动等各种资源得不到充分利用。因此，凯恩斯认为，短期中，决定宏观经济状况的关键因素是总需求。当总需求变动时，会引起产量和收入的变动，从而使供求相等。所以，是总需求决定了总供给，进而决定了均衡国民收入水平。显然，凯恩斯的国民收入决定理论是短期分析，通常适用于对宏观经济的年度间运行情况的分析。

知识拓展

宏观经济学中的长期与短期

微观经济学采用了长期和短期的分析方法。与此类似，宏观经济学同样涉及长期和短期的划分。区别宏观经济学的长期和短期，关键在于当供求关系发生变动时，价格（包括工资）是否实现了比较充分的调节。

宏观经济的短期，是指价格不能随着供求关系变动而得到及时的调整。即存在"价格黏性"，价格的变动慢于供求关系的变动。短期中，由于价格黏性的存在，当经济环境发生某种外生性变动时，通过市场机制调节不能实现新的宏观经济均衡状态，经济中会出现衰退或通货膨胀。因而需要通过政府干预来矫正市场不均衡带来的问题。这些均属于宏观经济学的短期问题。一般来说，短期适用于对宏观经济的年度间运行情况的分析。

宏观经济的长期，是指价格能够根据供求关系的变动得到充分调整。即价格调整的迟滞只在短期中存在。从长期来看，价格具有伸缩性，经济靠市场价格机制调节就能自发实现宏观经济均衡。长期中，资本与劳动的数量，以及技术水平都是不变的，因此总供给水平也是不变的。一般把三年作为长期。

宏观经济学还有超长期的概念。在超长期中，资本、劳动和技术水平都会发生变动，这样总供给水平也会发生变动。这适用于对几十年甚至更长时期宏观经济运行情况的分析。

凯恩斯的观点也有其现实依据。20 世纪 30 年代初，西方国家的经济处于大萧条之中，供给过剩，凯恩斯认为这是由于价格不能及时调整带来的总需求不足造成的。他认为解决这场危机的办法是增加总需求，这会使闲置的资源得到利用，产量增加，但资源价格、产品成本和价格大体能保持不变。凯恩斯甚至还开玩笑地建议，如果实在没有支出的办法，可以由政府把钱埋在废弃的矿井中，然后让人们投资把这些钱挖出来也可以刺激经济增长。凯恩斯的幽默实际上是在说明一个严肃的命题：增加总需求可以增加国民收入，使经济走出萧条。这正是凯恩斯主义宏观经济学的主题。

三、宏观经济均衡的实现过程

宏观经济均衡是在总需求与总供给的相互作用中实现的，当经济中的总供给等于总需求，也就是当经济社会的产出正好等于人们想要有的支出时，宏观经济处于均衡状态。

需要说明的是，在宏观经济实现均衡的过程中，实际发生的总产出和总支出可能是不相等的。例如，假定企业由于预测失误，生产了 100 万元的产品，但市场实际的需求只有 80 万元的产品，我们把这多出来的 20 万元产品称为企业非意愿存货投资 IU。这部分存货投资在国民收入核算中是投资支出的存货投资部分，但不是意愿存货投资。如前所述，均衡产出是指与人们愿意的支出相一致的产出。因此，只有当企业的实际存货投资等于意愿存货投资，即当非意愿存货等于零时，宏观经济才处于均衡状态。

可用图 3-1 说明宏观经济均衡的实现过程。图中，横轴表示总供给，用总产出（总收入）Y 度量，纵轴表示总需求，用总支出 AE 度量，45°线表示经济中总产出等于总支出，也就是说，该线上的任何一点都表示经济中的均衡，线外的任何一点都表示非均衡的状态。

如图所示，假定经济中的总支出为 80 万元，水平线表示这里不考虑总支出的变动情况。如果实际总产出达到了 100 万元，企业非意愿存货投资增加，在价格不变的条件下，企业会减少生产，非意愿增加的存货减少；如果企业的总产出为 60 万元，则存货非意愿地减少 20 万元，存在物品与劳务的短缺，企业将增加生产，使存货恢复到意愿的水平；只有当实际产出水平为 80 万元，与总支出相等，非意愿存货投资等于零，企业的产出不再调整，存货不再发生变化，这时就实现了宏观经济的均衡，均衡的国民收入为 80 万元。

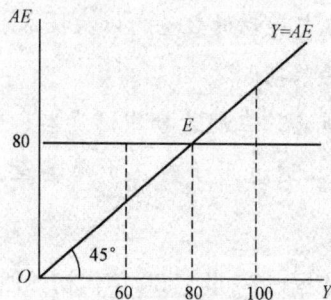

图 3-1　宏观经济均衡的实现

思　考

如何实现均衡的产出？什么因素调整实现了均衡？

知识拓展

实现宏观经济均衡的产量调节机制

可用以下等式描述宏观经济均衡的实现

$$\Delta IU = Y - AE \tag{3-4}$$

这里，ΔIU 表示非意愿存货投资，Y 和 AE 是指经济中实际发生的产出和支出，二者的差额是 ΔIU。ΔIU 有多种情况：

当 $Y > AE$ 时，$\Delta IU > 0$，产品供过于求，存在积压，企业减少投资，引起实际产出下降，国民收入随之减少；

当 $Y < AE$ 时，$\Delta IU < 0$，产品供不应求，存在脱销，企业增加投资，引起实际产出增加；

当 $Y = AE$ 时，$\Delta IU = 0$，产品供求相等，既不存在积压，又不存在脱销，企业保持投资不变，导致实际产出水平不变。这种 Y 不变的情形，就是宏观经济的均衡。

在研究国民收入决定时，需要把均衡的国民收入和潜在的国民收入区分开来。均衡国民收入是宏观经济均衡时的收入水平，或者说是和总需求相一致的产出，也就是经济社会的产出正好等于全体居民和企业想要有的支出（非意愿存货投资等于零）。在上例中，企业生产 80 万元的产品，人们愿意购买的产品支出也是 80 万元，则此 80 万元的产出就是均衡的国民收入或者说均衡的产出。潜在的国民收入是指经济中既定资源充分利用时所能达到的国民收入水平，通常可用劳动力实现充分就业代表经济中资源实现充分利用的状态，所以又称为充分就业的国民收入。当宏观经济实现均衡时，此时的国民收入水平一定是均衡的国民收入，但并不一定实现了充分就业。宏观经济均衡会高于或者低于充分就业均衡，所以，均衡的国民收入并不一定等于潜在的国民收入。国民收入决定理论是要说明总需求与总供给如何使国民收入水平趋于均衡状态。

第二节　总支出构成及其决定

宏观经济学假设短期内价格不变，总需求或总支出是处于主导地位的经济变量。因此，研究均衡产出或收入如何决定，我们需要介绍总支出的构成。总支出包括用于消费、投资、政府购买和净出口的支出。在本章将要建立的简单的国民收入决定模型中，为了简化分析，我们假定经济是封闭的，因此可以忽略净出口，在只包括居民消费、企业投资和政府购买支出的总支出构成中，最大的组成部分是消费，本节将分析消费函数，而投资、政府购买支出则假设为模型以外因素决定的外生变量。

一、消费

1. 消费函数

消费（C）是指家庭购买物品和劳务的行为。我们买一张 CD，看一场电影，购置一台电脑都是消费行为。消费者的支付意愿对很多行业的销售和利润有很大的影响。在给定的时间内，是什么决定人们用于日常支出费用的高低？影响的因素很多，但最重要的是可支配收入。

可支配收入（Y_d）是指消费者实际带回家的收入。这是家庭总收入在扣除税收、接受转移支付后仍保留的手中的那一部分。通常当可支配收入增加时，消费支出也会增加。消费函数是指消费和可支配收入（Y_d）之间的依存关系。我们可用下面的等式描述消费函数：

$$C=a+bY_d \tag{3-5}$$

公式（3-5）被称为线性消费方程。式中，a 代表自发消费，它与可支配收入无关，是受除可支配收入之外的其他因素影响的变量。例如，当消费者对未来更加乐观，在当前任何可支配收入的水平上，他们都会增加消费。在可支配收入既定时，消费意愿的增加在公式（3-5）中表现为自发消费 a 的增加。生活中股票市场的突然繁荣或房价的大幅上涨都会让消费者觉得自己拥有的财富增多，因而倾向于增加现期消费。同样，股价和房价的下跌，让消费者感觉自己变穷了，这些都会引起 a 的下降。

公式（3-5）右边的 bY_d 为引致消费，它是由可支配收入决定的消费，会随着收入的变动而变动。在引致消费 bY_d 中，b 是一个常数，代表边际消费倾向。边际消费倾向

(marginal propensity to consume，MPC）是指当可支配收入增加 1 元时，人们愿意增加的消费。凯恩斯认为，一般来说，当人们的收入增加时，人们会增加消费，但是增加的数额少于收入的增加额。也就是说，增加的收入没有全部花掉，有一部分被储蓄起来了。因此边际消费倾向大于 0（收入的增加会引起消费的增加）但是小于 1（消费的增加少于收入的增加）。用数学方法表示就是 $0 < b < 1$。

用 ΔC 代表消费支出的增量，ΔY_d 代表可支配收入的增量，边际消费倾向的计算公式为：

$$MPC = \frac{\Delta C}{\Delta Y_d} \tag{3-6}$$

例如，当可支配收入由 1 000 亿元增加到 1 100 亿元时，消费支出从 960 亿元增加到 1 024亿元。增加的收入为 100 亿元，增加的消费为 64 亿元。边际消费倾向 MPC 为 0.64（64 亿/100 亿）。

在一个经济社会，消费者如何决定总的可支配收入有多少用于消费呢？这取决于平均消费倾向。平均消费倾向（average propensity to consume，APC）是指消费在可支配收入中所占的比例。它反映了经济中的消费规模，其计算公式为：

$$APC = \frac{C}{Y} \tag{3-7}$$

例如，当收入为 1 000 亿元时，消费支出为 960 亿元，平均消费倾向 APC 为 0.96（960 亿/1 000 亿）。凯恩斯认为，平均消费倾向会随着收入的增加而减少。收入越多的人，储蓄越多。因此，富人收入中用于消费的比例低于穷人。考虑到富人的消费在消费总量中的比例远远大于富人在人口中的比例，富人消费的多少对经济有着举足轻重的影响。富人的消费不足是整个经济消费不足的一个原因。

可用图 3-2 表示线性消费函数。图中横轴表示可支配收入（Y_d），纵轴表示消费（C）。短期消费曲线 C 在纵轴的截距等于自发消费 a，表示当收入为零时，消费为不依存于收入的自发消费。消费曲线 C 向右上方倾斜，表示消费函数中引致消费部分随着收入的增加而增加。其斜率为边际消费倾向 b，b 的取值在 0 与 1 之间。所以消费曲线的斜率小于 1。

假定 a 等于 100，b 等于 0.75，则 $C = 100 + 0.75Y_d$。表明收入增加 1 元，其中有 0.75 元用于消费；当收入为 800 元时，全部消费为 700 元。

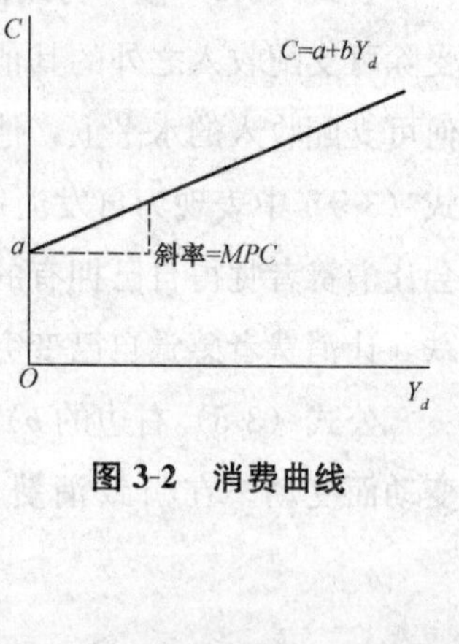

在消费函数 $C = a + bY_d$ 中，如果 a 的值或者 b 的值发生变动，消费曲线的位置会发生移动。自发消费增加，消费曲线会向上平行移动。边际消费倾向发生变动，消费曲线的斜率就会发生变化。

图 3-2　消费曲线

2. 储蓄函数

与消费函数相联系的一个概念是储蓄函数。储蓄是可支配收入中没有被消费的部分，即：

$$S=Y_d-C \tag{3-8}$$

代入消费函数 $C=a+bY_d$，经整理得到储蓄函数：

$$S=Y_d-a+bY_d=-a+(1-b)Y_d \tag{3-9}$$

储蓄函数反映的是储蓄与可支配收入的关系。上式中，$-a$ 是自发储蓄。$(1-b)Y_d$ 表示收入引致的储蓄。其中，$1-b$ 代表边际储蓄倾向。边际储蓄倾向（marginal propensity to saving，用 MPS 表示）是指收入每增加 1 元所增加的储蓄。用 ΔS 代表储蓄的增量，ΔY_d 代表可支配收入的增量，其计算公式为 $\Delta S/\Delta Y_d$。例如，可支配收入增加 1 元，其中 0.75 元用于消费，0.25 元必然用于储蓄。那么边际储蓄倾向（MPS）等于 0.25（0.25/1）。

反映一个经济储蓄规模的是平均储蓄倾向（average propensity to saving，APS），它是指储蓄在收入中所占的比例 S/Y。由于平均消费倾向的递减趋势，平均储蓄倾向会随着收入的增加而递增。

也可用图 3-3 来说明储蓄与收入的关系。图中，储蓄曲线的截距为 $-a$，储蓄曲线任一点的斜率为边际储蓄倾向 $(1-b)$。$(1-b)$ 是一个大于 0 小于 1 的正数。储蓄曲线 S 向右上方倾斜。表示储蓄与收入正相关，收入越多，相应的储蓄水平就越高。S 与横轴相交于 E 点，这时储蓄为零。E 点之左有负储蓄，E 点之右有正储蓄。

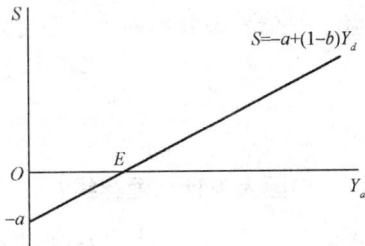

图 3-3　储蓄曲线

◀▶ 知识拓展

消费函数与储蓄函数的关系

由于可支配收入等于消费和储蓄之和，消费函数和储蓄函数存在着一定的联系。

第一，消费函数和储蓄函数互为补数，两者之和总是等于收入。即：

$$C+S=a+bY_d-a(1-b)Y_d=Y_d \tag{3-10}$$

可用图 3-4 表现消费和储蓄的关系。图中的 45°线是收支相抵线，线上的任何一点都表示收入全部用于消费。当消费曲线与 45°线相交于 E 点时，储蓄曲线必定与横轴相交。因为 E 点意味着消费支出等于收入，这时储蓄必然为零。在 E 点左方，消费大于收入，出现负储蓄，消费曲线在纵轴上的截距 a 等于储蓄曲线在纵轴上的截距 $-a$ 的绝对值，$-a$ 表示负储蓄；在 E 点右方，收入大于消费，出现正储蓄，消费曲线与 45°线之差也是储蓄曲线与横轴之差。

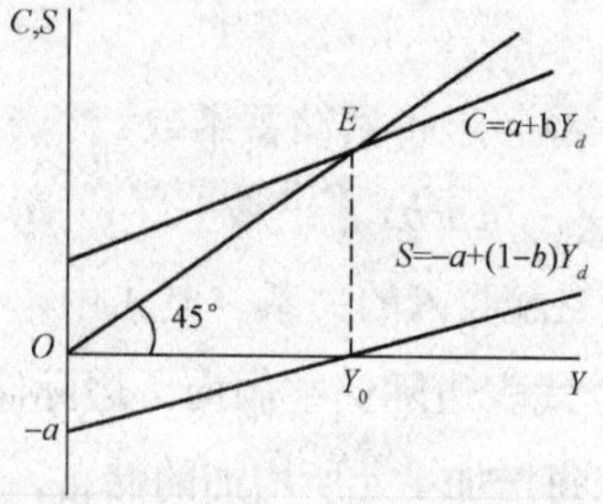

图 3-4　消费曲线和储蓄曲线的关系

第二，APC 和 APS 之和恒等于 1，MPC 和 MPS 之和也恒等于 1。即：

$$APC + APS \equiv 1 \tag{3-11}$$

$$MPC + MPS \equiv 1 \tag{3-12}$$

由此可知：

$$1 - APC = APS，\quad 1 - APS = APC$$

$$1 - MPC = MPS，\quad 1 - MPS = MPC$$

根据上述分析，消费函数和储蓄函数中只要有一个确立，另一个就随之确立。当消费函数已知时，即可求得储蓄函数；当储蓄函数已知时，即可求得消费函数。

▶▶ **知识拓展**

中国人为什么爱存钱？

我国整体居民储蓄水平偏高，20 世纪 90 年代中后期以来城乡储蓄率呈上升趋势。据估算，2007 年中国的国民储蓄率高达 50% 以上，挣 100 元存下 50 元。这是一个重要的宏观经济现象，对此很多学者进行了深入研究，目前主要的看法有如下方面：

首先，在 20 世纪中后期，包括国有企业员工下岗、教育、医疗、住房和养老体系在内的一系列改革措施，大大提高了居民的收入风险，增加了支出的不确定性。在新的适合我国国情的社会保障体系尚未完善的情况下，未来支出中个人负担部分必定增多，致使人们减少现期消费，增加"预防性储蓄"。

其次，我国的储蓄率偏高与收入分配差距较大而且还在继续扩大有关。目前在所有就业人员中，相当一部分是低收入阶层，要么是打工仔、蓝领，年收入平均仅万元左右；要么是还在农村的农民，每年仅 3 000 元。他们的消费倾向很高，储蓄率很低，但在整个经济中，他们收入所占的比重相对较低。每年新增 GDP 只有 40% 左右归这些低收入阶层所有，剩下 60% 的新增 GDP 被高收入群体所获，而这个群体消费倾向很低，储蓄率很高。平均下来，整体储蓄率很难降低。

　　最后，我国的金融市场还很不发达，城乡居民缺乏有效的投资渠道。人们只能根据已实现到手的收入决定消费多少，由"过去的收入"决定今天该花多少，而无法根据未来的收入决定今天的消费。因此存在居民过度储蓄和过度投资的可能性。通过深化金融市场和投资体制改革，提高整体投资效率，将有助于在降低储蓄率的同时提高居民的消费水平，改善社会福利。

知识拓展

另外两种消费理论

　　在宏观经济学中，除凯恩斯的消费理论之外，还有两种消费理论，这就是莫迪利阿尼的"生命周期假说"和弗里德曼的"持久收入假说"。

　　与凯恩斯认为人们各期的消费水平取决于现期收入水平的观点不同，莫迪利阿尼在20世纪50年代提出了消费"生命周期假说"。该理论认为，消费并不取决于现期收入，而取决于人一生所得到的收入。一般来说，理性的消费者青年时期消费大于收入，有负储蓄；中年时期收入大于消费，有正储蓄；老年时期消费又大于储蓄，需要动用工作时期的储蓄支付。从每个人一生来看，中年时期的储蓄要等于青年时期的负债和老年时期的生活费，即一生的消费与一生的收入相等。从整个社会来看，只要人口结构没有重大变动，消费支出与收入之间的函数关系就是稳定的，即平均消费倾向与边际消费倾向相等，是一个稳定的值。统计资料证明，这一结论是正确的。

　　弗里德曼在1957年提出了"持久收入假说"。他认为在每个时点上人们的现期收入包括两部分：一部分是可以预期的、相对稳定的持久收入 Y^P，比如正常的工资收入。另一部分是不能预期的暂时性收入 Y_t^T，比如得到的遗产收入或中彩票的收入。弗里德曼认为，人们各期的消费取决于持久性收入 $C_t = Y^P$，与暂时性收入无关，也不随暂时性收入而变化。根据该理论，消费比收入更加稳定，暂时性的收入将被分配到各个时期，而消费将保持在稳定的水平。收入的任何暂时性变化都不会对消费水平产生实质性的影响。只有当收入的变动持续一定时间，被认为是持久性的，消费才会调整。

二、投资

　　前面在讨论国民收入核算时，我们把投资定义为物质资本存量的增加。例如，汽车制造商建造一座新工厂或购买一条生产线，是在进行投资。居民为自住和房东为出租而建造的新住房也是投资。另外，存货也是投资的一部分。存货有两类：一是投入品，二是最终产品。例如，汽车制造商会有钢材、轮胎、挡风玻璃等原材料或零部件的投入品存货，同时还有生产出来保存在企业等待销售的汽车存货。存货投资不像厂房设备那样是"固定"的，而是经常变动的。存货的变动是经济周期的一个重要标志。

在现代市场经济中，企业保持一定的库存量是必要的。因为未来的市场充满不确定性，随时会产生影响正常供需衔接的冲击因素。保持存货一是有备无患，避免投入品的断货，也可降低进货成本；二是避免产品脱销，保证市场供给。从而可保证供需的有效衔接，使生产和销售能够连续不断地进行。这对维护企业利益和保证社会的稳定都是重要的。

当企业对市场预期不准确时，实际存货量和计划存货量可能会存在差别。例如，某电视机厂家计划在 2008 年出售 10 万台电视机，并保存 1 万台存货以备不时之需，于是生产了 11 万台。然而，由于消费市场出现没有预料到的变化，结果只卖出了 9 万台。于是，年末存货增加到 2 万台。也就是说，实际存货大于计划存货（电视机存货 2 万台与 1 万台之差）。在这种情况下，企业的实际投资包括了计划外的存货投资，就会大于不包括这部分存货的计划投资额。

我们用 I 代表企业实际投资，实际投资包括计划投资和非计划投资。计划投资也称作意愿投资，用 I_0 表示，它包括固定投资和意愿存货投资。这部分投资由企业自行决定，不受利率和收入变动的影响，而是由本章简单的模型外部给定的变量，因而称为外生变量。非计划投资也称作非意愿存货投资，它是指存货的意外变动，用 ΔIU 表示。于是有：

$$I = I_0 + \Delta IU \tag{3-13}$$

如果企业的实际销售额低于预期的销售额，企业的存货出现了非意愿的增加，这会导致企业的实际投资大于计划投资，即 $I > I_0$；如果企业的实际销售额高于预期的销售额，企业的存货出现了非意愿的减少，这会导致企业的实际投资小于计划投资，即 $I < I_0$。企业意愿存货投资和非意愿存货投资的差别，是宏观经济分析中的一个重要问题。

需要说明的是，在投资所包含的两个部分中（固定投资、存货投资），尽管企业固定投资是企业总投资的主要部分，但它在时间序列变动中却是最平稳的；存货投资的变化起伏则很大。当企业的实际投资与计划投资不相等时，非意愿存货投资的变动最终会使实际投资等于计划投资。正是存货投资的变动使得投资在总支出中虽不是最大的一部分，但却成为 GDP 中变动最大的一部分。在一般的市场经济中，经济衰退时期总支出的下降大部分是因投资支出的下降引起的。由于其频繁波动的特点，投资对经济周期起着至关重要的作用。因此，与消费相比，投资复杂得多。投资的变动与 GDP 的波动密切相关。

【例】计算实际投资和计划投资

假定 A 公司一年内生产了价值 500 万元的服装。当年公司的预期销售额为 480 万元，余下的 20 万元的服装将保存在仓库中用于未来销售。为了扩大生产，公司还购买了价值 100 万元的设备。

试计算实际销售额为 460 万元时 A 公司的实际投资 I 和计划投资 I_0。如果实际销售额为 480 万元呢？如果实际销售额为 500 万元呢？

解： A 公司的计划投资等于购买新设备的 100 万元加上计划存货增加的 20 万元，计划投资额总计为 120 万元（计划投资额与实际销售额没有关系）。

如果 A 公司的实际销售额只有 460 万元，新增库存就是 40 万元，而不是最初计划的 20 万元。此时，实际投资为 140 万元（100 万元新增投资＋40 万元新增存货）。可以看到，这时实际投资（140 万元）大于计划投资（120 万元），$I > I_0$。

如果 A 公司的实际销售额了 480 万元，新增存货等于计划存货，为 20 万元。这时，实际投资等于计划投资，$I = I_0 = 120$ 万元。

如果 A 公司的实际销售额 500 万元，此时存货投资为 -20 万元，企业存在产品脱销。实际投资（只包括购买新设备）为 100 万元，小于 120 万元的计划投资，$I < I_0$。

>> 知识拓展

中国的高投资之谜

在过去的几十年间，美国的投资占 GDP 的比率一直在 20％ 左右。2002 年，日本、德国的这一比例分别为 26％ 和 18％。而中国的投资占 GDP 的比率（投资率）在 2002 年达到 39％，在 2003 年达到 47％。1979—2003 年，除个别年份外，中国投资的真实增长率都大于 GDP 和消费的真实增长率。2003 年，中国投资的真实增长率为 24％，GDP 的真实增长率仅 9.1％。

计划体制下的预算软约束不能解释中国的高投资。因为 1952—1978 年的计划体制时期的投资占 GDP 的平均比率为 22％，而改革以来的 1979—2002 年则达到了 32％，高出 10 个百分点。工业化似乎也不足以解释中国的高投资。工业化需要进行大量的机器设备投资。然而，1981—2002 年，中国的平均设备投资率为 7.7％，低于美国的 7.9％。消费统计的偏低可能是投资率偏高的一个原因，但不是主要原因。

我国经济学者姚枝仲和李扬认为，城市化是中国高投资率的一种解释。他们认为，我国的城市化水平在过去 50 年间迅速提高。1952 年、1978 年和 2003 年城市人口的比例分别为 12.5％、17.5％ 和 40.5％。城市人口的增加要求城市基础设施和房地产投资。1996 年后，中国的城市化出现了加速的趋势。在固定资产投资中，中国的基础设施与房地产投资的比例大大高于美国。与机械产品价格指数相比，中国建筑材料出厂价格指数上升得更快。中国的城市化的潜力还很大，到 2005 年，中国城市人口占总人口的比例为 42.99％。如果城市化是中国高投资的原因，且城市化是未来发展的趋势，那么在相当长的时期内，中国仍将维持较高的投资率。

（资料来源：易纲，张帆. 宏观经济学. 北京：中国人民大学出版社，2008）

三、政府支出

微观经济学从经济角度解释了政府存在的必要性。无论人们对政府行为及政策是否满意，都必须承认，政府是一切国家经济生活中的一个重要角色。在典型的市场经济中，一个负责任的政府会通过支出为家庭和企业提供公共服务，例如国防、外交、法律、警察、消防、城市清洁服务、基础教育和一部分高等教育、图书馆、公路、公园等。并且政府有权力建立产品质量标准，规定环境保护标准和最低工资水平，控制金融市场的交易行为，制定贸易政策，等等，特别是政府的政策调控对于熨平经济周期性的波动发挥着重要作用。因此政府实际上对经济产生十分重要影响。近几十年以来，发达国家中政府参与经济活动的规模有了显著的增长。拿政府支出来说，现在美国政府支出大约占 GNP 的 1/3。而在 1913 年，政府支出还不足 GNP 的 1/10. 尽管支出急剧增加，美国政府支出占 GNP 的比重仍低于其他发达国家，例如，在英国、法国、德国和意大利，政府支出都占 GNP 的 40％以上，瑞典甚至占到 GNP 的 50％以上。与一般的市场经济国家比，我国政府财政支出的范围更为广泛，如国内基本建设支出、国有企业流动资金和挖潜改造费用在国家财政支出中都占有较大的比重。

政府支出包括两大部分：政府购买和转移支付。政府购买（G）是政府对物品和劳务的购买。比如购买军需品、机关公用品、公务员薪金、公共项目工程的支出，它是市场物品和劳务的实际交易。政府购买多少是由财政部等政府部门的政策所决定的，因此在我们简单的模型分析中它是外生变量，即 $G=G_0$。转移支付（TR）是政府向个人和企业的无偿支付，如政府的社会保障支付、失业保险金、农产品的价格补贴等。转移支付是接受者的收入，它并没有使政府得到物品或劳务，因而不是市场的实际交易。

为了提供公共服务，政府必须筹集资金。在本章的简单模型中，我们假定政府仅仅靠税收获得收入。政府对经济活动包括赚取收入和消费产品的活动征税，还对房屋和其他财产征税。这些税收有定量税和比例税两种形式。定量税是指税收是一次性支付的一个固定数额，与收入水平无关。比例税是指随收入增加而增加的税收量，税率由政府部门决定。为了分析的简便，假定政府只采用定量税（T）的方式征税。税收量是外生给定的，即 $T=T_0$，并且假定 T_0 为净税收（扣除了转移支付的税收），同时假定政府购买与净税收相等（$T_0=G_0$），即实行平衡财政。

第三节　均衡国民收入的决定

一、均衡条件

根据上一节的分析，在一个封闭的经济中，总支出包括用于居民消费、计划投资、政府购买的支出。即：

$$AE = C + I_0 + G_0 \tag{3-14}$$

经济中的总产出是由各种生产要素提供的，可用各生产要素的收入来表示。这些收入可分为居民收入和政府收入两部分，居民收入又包括消费和储蓄，所以：

$$Y = Y_d + T_0 = C + S + T_0 \tag{3-15}$$

在均衡时，总产出必然等于总支出，因此，宏观经济均衡的条件为：

$$C + I_0 + G_0 = C + S + T_0 \tag{3-16}$$

均衡条件之一

$$Y = C + I_0 + G_0 \tag{3-17}$$

均衡条件之二

由

$$C + I_0 + G_0 = C + S + T_0$$

得

$$I_0 = S \text{（因为：} T_0 = G_0 \text{）} \tag{3-18}$$

可见，只要总产出等于总支出，或者说投资等于储蓄，均衡就能成立。

二、国民收入的决定：几何图形

可以用两种简单的图形方法说明均衡收入的决定。

1. 使用总产出等于总支出（$Y = AE$）的条件确定均衡国民收入

已知封闭经济中的总支出曲线为：

$$AE = C + I_0 + G_0$$

消费函数为：

$$C = a + bY_d = a + b(Y - T_0)$$

代入总支出曲线，得到：

$$AE = a + b(Y - T_0) + I_0 + G_0$$

重新排列等式右边的项，分为与产出 Y 相关以及与产出 Y 不相关的两部分，得到：

$$AE = a - bT_0 + I_0 + G_0 + bY = A + bY \tag{3-19}$$

式中，$A = a - bT_0 + I_0 + G_0$，是总支出中与产出无关的部分，不随产出的变化而变化，我们把它称为自发支出（autonomous spending）。bY 为引致支出，是总支出中由产出（或收入）决定的部分。

图 3-5 是一个横轴表示总产出 Y，纵轴表示总支出 AE 的平面坐标系。图中，45°线上的每一点都代表总支出 AE 等于总产出 Y，总支出线为一条向右上方倾斜的直线，如图 3-5 所示。总支出曲线在纵轴上的截距为自发支出，表示即使收入为 0，也有总支出。自发支出不依赖于收入，为有无收入都必须支出的部分。总支出曲线的斜率为边际消费倾向 b，即可支配收入每增加 1 元消费的增量。由于 b 是大于 0 小于 1 的数值，因此，总支出曲线的斜率小于 1。图中 45°线的斜率为 1，总支出曲线比 45°线更平坦。总支出曲线与 45°线的

交点 E 是宏观经济的均衡点，这时总产出正好等于意愿的总支出，由此决定的均衡收入为 Y_0。

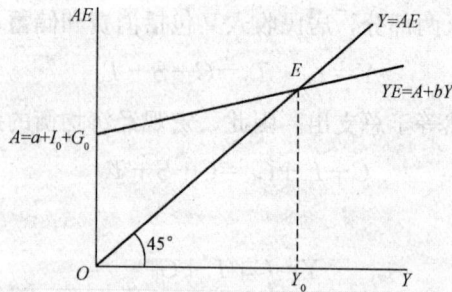

图 3-5　总产出等于总支出决定收入

如果经济运行出现非均衡状态，企业如何反应即如何进行调节呢？我们可以从存货的变动说明经济对非均衡状态的市场调节机制。

首先看 E 点之左，总支出大于总产出，存在经济过热的情况。这时企业的销售额会大于它们的产出，即非意愿存货 ΔIU 为负值，存在产品脱销，这会引起企业增加产出，从而使存货调整到意愿存货的水平。产出增加导致收入的增加，并最终回复到总产出与总支出相等的均衡状态。

同样，E 点之右，总支出小于总产出，经济中出现不景气的状态。这时企业的销售额会小于它们的产出，非意愿存货 ΔIU 增加，即存在产品积压，这会使企业减少生产，从而使存货调整到意愿存货的水平。产量的减少导致收入减少，从而逐步使经济回复到均衡状态。

在 E 点上，总支出等于总产出，经济中既没有短缺又没有过剩，企业乐意保持现状而不再改变产量，非意愿存货变动为零，国民收入处于均衡状态。

图 3-5 也称为凯恩斯交叉图（Keynesian cross）。凯恩斯交叉图形象地说明了在价格不变的前提下，短期均衡是如何实现的。

2. 使用投资等于储蓄 $(I_0 = S)$ 的条件确定均衡国民收入

如图 3-6 所示。图中，横轴代表总收入，纵轴代表投资和储蓄。S 为储蓄曲线，I 为投资曲线。由于 I 是不随收入而变动的计划投资，因而投资曲线与横轴平行。储蓄曲线与投资曲线相交于 E 点，决定了均衡的国民收入为 Y_0。E 点之左，储蓄小于投资 $(S<I)$，意味着总产出小于总支出 $(Y<AE)$，经济出现过热的非均衡状态，企业非意愿存货投资为负值，这时企业会增加生产，直到达到均衡的产出水平。E 点之右，储蓄大于投资，$(S>I)$，意味着总产出大于总支出 $(Y>AE)$，经济处在不景气的非均衡状态，企业不能把生产的产品全部售出，仓库里积压的存货增加，出现了非意愿存货投资增加，于是企业会减少生产，产量一直会下降到均衡产出水平。

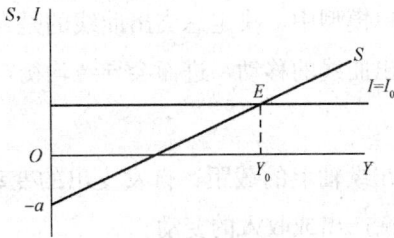

图 3-6　投资等于储蓄决定收入

在以上图形中，存货变动在调整过程中起着关键的作用。只要偏离均衡状态，就会出现非意愿的存货变动，进而引起生产的变动，最终达到均衡状态。

三、国民收入的决定：代数方法

可以用代数方法求解均衡的国民收入。在本章简单的模型中，总支出为：

$$AE = a - bT_0 + I_0 + G_0 + bY$$

其中，自发消费、计划投资、政府购买支出和净税收都是自发支出，不随产出的变化而变化。bY 是引致支出。把收入恒等式 $Y = AE$ 代入上式，可得到国民收入的均衡条件：

$$Y = a - bT_0 + I_0 + G_0 + bY \tag{3-20}$$

把包含 Y 的项目移到等式的左边，得到：

$$Y - bY = a - bT_0 + I_0 + G_0$$

或者

$$(1-b)\,Y = a - bT_0 + I_0 + G_0$$

等式两边同时除以 $(1-b)$，得到：

$$Y = \frac{a - bT_0 + I_0 + G_0}{1-b} = \frac{1}{1-b}A \tag{3-21}$$

式中，Y 为均衡的国民收入。总支出曲线的斜率为边际消费倾向 b，总支出曲线的截距为自发支出（$A = a - bT_0 + I_0 + G_0$）。均衡国民收入由边际消费倾向、自发消费、计划投资、政府购买支出和净税收决定。实际求解中，只要知道消费函数、投资支出、政府购买支出和净税收，就可以算出均衡的国民收入。

例如，假设消费函数为 $C = 150 + 0.5Y_d$，投资支出 $I_0 = 100$，政府购买支出 $G_0 = 110$，净税收 $T_0 = 50$，则均衡国民收入为：

$$Y = \frac{150 + 100 + 110 - 0.5 \times 50}{1 - 0.5} = 670$$

结论是在封闭的经济中，均衡的国民收入为 670 亿元。

四、均衡国民收入的变动

以上分析说明，均衡产出或收入是由总支出决定的，因此，总支出的变动必然引起均衡收入的变动。在本章的简单模型中，决定总支出曲线的是自发支出和边际消费倾向。这两个因素的变动会引起总支出曲线的移动，进而会导致均衡产出或收入的变动。

1. 自发支出的变动

自发支出是总支出曲线在纵轴上的截距，自发支出的变动会使总支出曲线上下移动，而其斜率不变，这会引起均衡产出或收入的变动。

图 3-7 表示自发支出变动所产生的影响，总支出曲线的截距代表自发支出的水平。假定股市的繁荣使家庭增加了现期消费支出，或新技术的出现使企业增加了购置新设备的计划投资额，或恐怖主义猖獗使政府增加军费开支，这都会增加现有收入水平下的支出，自发支出增加了。这种增加对该经济的总支出有什么影响呢？如图 3-7 所示，总支出曲线在纵轴上的截距变大了。自发支出的增加使总支出曲线由 AE_1 向上平行移动到 AE_2。当 AE_2 与 45°线相交于 E_2 点时，国民收入在 Y_2 的水平上达到新的均衡。

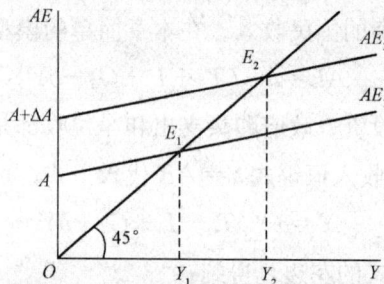

图 3-7 自发支出变动对收入的影响

2. 边际消费倾向的变动

总支出曲线的斜率表示随着收入的增加支出增加多少。总支出曲线的斜率等于边际消费倾向 b，边际消费倾向越大，斜率越大，总支出曲线越陡峭，由此引起的产出或收入的增加也越大。如图 3-8 所示。假设当收入变动时，家庭改变了原来的消费支出计划，引起边际消费倾向的提高。这意味着由收入引致的消费支出增加了。在自发支出不变的条件下，总支出曲线由 AE_1 向上旋转至 AE_2，AE_2 比 AE_1 更加陡峭。这时，AE_2 与 45°线相交于 E_2，均衡产出或收入由 Y_1 增加到 Y_2。同理，如果边际消费倾向下降，总出曲线 AE_1 会向下旋转，变得更加平坦，表明总支出减少了，会引起均衡产出或收入的减少。

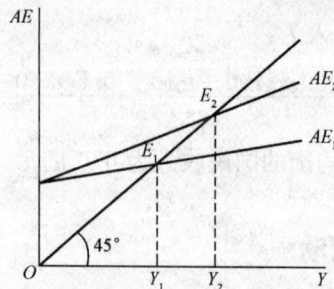

图 3-8 边际消费倾向变动对收入的影响

知识拓展

节约的悖论

储蓄即是节约，从一个家庭的角度看，在既定的收入中，储蓄越多，也越富有，因为把储蓄的收入存于银行，或购买有价证券可以获得利息或红利收入。但是，如果所有的家庭都节约，这会导致边际消费倾向下降，总支出曲线会向下旋转引起均衡产出或收入的减少。

由储蓄的增加引起的均衡国民收入减少被称为节约的悖论，它之所以是一个悖论，是因为储蓄对个人来说是件好事，但对整个社会来说却是坏事，因为储蓄增加使消费减少，总支出减少，从而使国民收入减少；相反，浪费对个人来说是坏事，但对整个社会来说却是好事，因为挥霍浪费可以使总支出增加，从而使国民收入增加。

应该指出的是，节约的悖论仅仅存在于经济衰退时各种资源大量闲置的情况。这时，储蓄增加引起消费减少，而增加的储蓄又不能转化为投资，经济更加萧条。因此，节约的悖论是一种短期现象。在长期内，当各种资源逐渐得到充分利用时，经济增长主要依靠更多的资本投入和技术进步时，社会需要有较高的储蓄率，这时，提倡节约对社会是有利的。

第四节　乘数理论

一、乘数

前面的分析说明，总支出决定总产出，如果总支出增加，必然会带来总产出的增加。但是，一定量的总支出增加会引起总产出多大的变动呢？或者说，总支出增加 100 亿元是不是总产出也增加 100 亿元？

我们可以用凯恩斯交叉图来探讨这个问题。图 3-8 显示了自发支出的变动通过移动总支出曲线来增加均衡收入的情况。

图 3-9 中，初始的均衡点为 E，在这一点，收入为 Y_0。如果投资支出增加了，这将增加自发支出 ΔA，总支出曲线从 AE_1 移动到 AE_2。与初始收入水平 Y_1 比，总支出大于产出或收入。非意愿存货减少，企业会做出反应，增加生产，直至总产出水平从 Y_1 增加为 Y_2。从图中可以直观地看出，ΔY 大于 ΔA，即自发支出的变动导致大于自身的产出的变动。

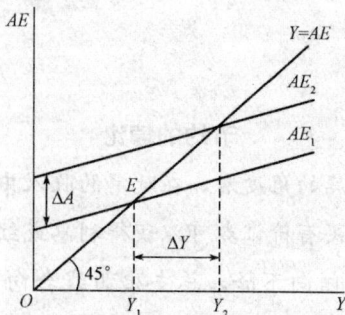

图 3-9 乘数

经济学家把这一数量关系用乘数表示。乘数（multiplier）是指由自发支出增加 1 单位所引起的均衡产出的变动量。我们把自发支出的增加引起的经济中总产出的这种放大效应称为乘数效应（multiplier effect）。如果自发支出中的投资支出增加引起总产出数倍的增加，则称为投资支出乘数。相似地，政府购买支出、自发消费变化也会对均衡产出变动产生乘数效应。

> **思 考**
> 什么是乘数？乘数决定了什么？为什么乘数重要？

二、乘数效应的形成机制

为什么会产生乘数效应呢？原因在于，如果投资支出增加，投资对总支出的影响不是一次性的，而是会通过一系列影响形成一个再支出的链条。支出的连续变动会引起收入不断地变动，最后会使整个经济总收入的增加数倍于最初投资的增加。

我们可以用一个例子说明乘数效应的发生机制。假设某汽车公司投资 1 000 万元建立了一条生产线，产生了 1 000 万元的支出。然而，投资对经济的影响并没有结束。这最初的 1 000 万元支出会转化为设备厂人员、设备安装人员以及新增加工人的收入，这增加的 1 000 万元收入的一部分会被用于消费，从而引发第二轮新的支出。假设边际消费倾向为 0.8，新增加的 1000 万元收入中会有 800 万元用于消费，这样，总支出又增加了 800 万元，必然会带来国民收入增加 800 万元。新增收入中又有 800 万元×0.8＝640 万元用于消费，从而形成又一轮总支出的增加，总支出的增加又会带来产出和收入的增加。如此循环往复，汽车公司最初的 1 000 万元投资支出的增加会引起总支出的多次增长，使得 1 000 万元投资在经济系统中对总支出的影响显著大于 1 000 万元，因而从总需求角度对国民收入的拉动作用大于 1 000 万元，结果导致投资乘数大于 1。

在上面的例子中，乘数有多大呢？可以用一点高中代数推导出投资乘数的计算公式。

在这个公式中一个重要的数字是边际消费倾向（b）——家庭增加的收入用于增加消费的比例。在边际消费倾向为 0.8 时，将所有循环增加的支出和收入加总起来是一个收敛的等比数列，即：

$$\Delta Y = 1\,000\,万 + 1\,000\,万 \times 0.8 + 1\,000\,万 \times 0.8^2 + 1\,000\,万 \times 0.8^3 \cdots$$
$$= 1\,000\,万 \times (1 + 0.8 + 0.8^2 + 0.8^3 + \cdots)$$
$$= \Delta I (1 + b + b^2 + b^3 + \cdots)$$
$$= \Delta I [1/(1-b)] \tag{3-22}$$

上式中最后一列是每轮收入变化的累积值。它告诉我们，无穷轮变化之和等于 [1/$(1-b)$] 乘以投资支出的初始变动 ΔI。其中，$1/(1-b)$ 就是投资乘数的计算公式。在我们的例子中，边际消费倾向为 0.8，代入乘数计算公式，可算出投资乘数为 $k_i = 1/(1-0.8) = 5$，说明投资支出增加 1 元，会使得均衡收入增加 5 元。

根据无限几何级数之和 $\Delta I [1/(1-b)]$，在 $b = 0.8$ 时，由投资支出变动对总支出和总收入的总效应为：

$$1\,000 \times \frac{1}{1-0.8} = 1\,000 \times \frac{1}{0.2} = 1\,000 \times 5 = 5\,000（万元）$$

即汽车公司初始投资 1 000 万元，在乘数的作用下，最终使均衡产出变为 5 000 万元。

需要指出的是，总支出减少也能产生乘数效应，它会起到成倍减少国民收入的作用。在上述例子中，投资乘数为 5，意味着如果汽车公司的投资支出减少 1 000 万元，那么国民收入也将减少 5 000 万元。

三、几个主要的乘数

我们把总产出 Y 看作总支出各部分的函数，分别求总支出各个部分与总产出的偏导，从而可以得到几个主要的乘数。

从国民收入均衡条件出发：

$$Y = \frac{a + I_0 + G_0 - bT}{1-b}$$

对 I 求偏导数为：

$$\frac{\partial Y}{\partial I} = \frac{1}{1-b}$$

这就是投资乘数，即： $\qquad k_i = \dfrac{1}{1-b}$ $\tag{3-23}$

对 a 求偏导数为：

$$\frac{\partial Y}{\partial a} = \frac{1}{1-b}$$

这就是自发消费乘数，即： $\qquad k_a = \dfrac{1}{1-b}$ $\tag{3-24}$

对 G 求偏导数为：

$$\frac{\partial Y}{\partial G} = \frac{1}{1-b}$$

这就是政府购买支出乘数，即：　　$k_g = \frac{1}{1-b}$　　　　　　　　　　　　　(3-25)

对 T 求偏导数为：

$$\frac{\partial Y}{\partial T} = \frac{b}{1-b}$$

这就是税收乘数，即：　　$k_T = -\frac{b}{1-b}$　　　　　　　　　　　　　　(3-26)

以上分析可以得出如下结论：

第一，乘数的大小取决于边际消费倾向 b。如果 b 很大，收入的增加会引起人们大幅度增加消费支出，增加的收入中没有被消费的储蓄的"漏出"较少，这时乘数效应也很大。如果 b 很小，收入的增加不会引起人们大幅增加消费支出，增加的收入中没有被消费的储蓄的"漏出"较多，乘数也就比较小。

第二，投资乘数 k_i、自发消费乘数 k_a 和政府购买支出乘数 k_g 完全相等。这是因为计划投资、自发消费和政府购买支出对总产出 Y 的影响是直接的，它们的变动直接影响总支出，进而引起总产出或总收入的变动。

假设边际消费倾向 $b=0.8$，$k_i = k_a = k_g = 1/(1-0.8) = 5$。这意味着，如果计划投资、自发消费和政府购买支出这三个变量中任何一个变量若变动 1 个单位，会引起均衡国民收入同方向变动 5 个单位。

第三，税收乘数不同于其他乘数。一是它为负值。表明 T 与 Y 反方向变动。即税收增加，国民收入减少。这是因为税收增加，会减少人们可支配收入，从而消费支出减少，这等于减少了总支出，从而使均衡收入水平下降。二是税收乘数较小。这与税收对 Y 有反方向的间接影响有关。用边际消费倾向 $b=0.8$ 的例子：

$$k_T = 0.8/(1-0.8) = 4$$

⫸ 知 识 拓 展

中国的乘数是多少？

经济学家根据中国 1980—2003 年的资料，计算了中国的消费函数：

$$C = 1\,545.4 + 0.44Y$$

式中的数据告诉我们，我国全社会的边际消费倾向 MPC 较低，仅有 0.44。这意味着国民收入每增加 1 亿元，消费增加 0.44 亿元。在国民收入为 0 的情况下，消费为 1 545 亿元。变量的真实值是按 2003 年价格计算的。由于 MPC 较低，经济学家估算中国的乘数也较低，只有 2.27，表明当自发支出（如政府购买支出）增加 1 亿元，最终引致均衡国民收入或 GDP 增加 2.27 亿元。

式中的估算是否符合中国实际的宏观统计数据呢？根据 2006 年的中国统计年鉴，1978 年居民消费支出占支出法 GDP 的 48%，2003 年则占 43.4%。这里消费和 GDP 都是按当年价格计算的。应当说，这一估算非常接近消费在 GDP 中所占的比重。

据学者们的研究，我国居民的边际消费倾向 MPC 一度非常高，1952—1977 年间，边际消费倾向高达 0.985 3，1978—1986 年，边际消费倾向降至 0.831 9。这说明，随着居民可支配收入的提高，居民收入的增量中，用于消费支出的份额在减少，而用于储蓄的份额在增多，这种变化的趋势非常明显。

考虑到自 1992 年我国正式确立建立社会主义市场经济体制的改革目标以来，各项改革措施陆续出台，如教育、医疗、社会保障体制的改革，使得居民对于未来的收入和支出存在大量的不确定性预期，出现了以往所没有的"有钱无处花、有钱不敢花、有钱不愿花"的现象，导致居民现期消费更加谨慎，加大了储蓄的比重，最终使全社会自发支出的乘数效应没有很好地发挥出来。

本章小结

1. 宏观经济均衡是指当各种相互作用的宏观经济变量之间达到某种平衡，彼此不再变动时，经济处于一种相对稳定的状态。凯恩斯认为，在短期，总需求决定与总供给，当经济中的总供给等于总需求，即总产出等于总支出时，经济就处在均衡状态。

2. 均衡产出或收入是与总支出相等的产出。产出多于支出称为非意愿存货增加，产出少于支出称为非意愿存货减少。在均衡产出水平上，产出等于支出，非意愿存货为零。

3. 封闭经济中的总支出包括消费、计划投资和政府购买支出。实际投资和计划投资并不总是相等，因为企业的实际销售额可能大于或小于预期销售额。实际投资和计划投资的差额为非意愿存货投资。存货投资的变动使得投资是 GDP 中变动最大的一部分。

4. 消费是总支出中最大的组成部分。凯恩斯的消费理论的要点是：消费由收入而不是利率决定；边际消费倾向在 0~1 之间；平均消费倾向会随着收入的增加而减少。收入中用于消费之外的部分是储蓄，收入也是影响储蓄的主要因素，两者是正相关关系。

5. 总支出可以分成两部分：自发支出和引致支出。自发支出是指总支出中与产出无关的部分，引致支出是指总支出中随产出变动而变动的部分。

6. 凯恩斯交叉图包括两条线：一条是总支出曲线，它向右上方倾斜，表示收入增加，支出也增加。总支出曲线的斜率为 MPC，0<MPC<1。总支出曲线在纵轴上的截距为自

发支出。另一条是总支出等于总产出的 45°线。短期均衡产出由这两条线的交点决定。

7. 封闭经济中，均衡产出或收入决定的公式是 $Y = \dfrac{a - bT + I_0 + G_0}{1 - b}$。

8. 乘数是自发支出增加 1 单位所引起的均衡国民收入的变动量。乘数产生的原因是国民经济活动的相互关联性。投资乘数 k_i、自发消费乘数 k_a 和政府购买支出乘数 k_g 完全相等，$k_i = k_a = k_g = 1/(1-b)$。税收乘数 $k_T = b/(1-b)$。

复习与思考 ///

一、名词解释

宏观经济均衡	总需求	总供给	总支出
均衡产出	消费函数	边际消费倾向	平均消费倾向
储蓄函数	边际储蓄倾向	平均储蓄倾向	计划投资
政府支出	自发支出	引致支出	乘数
乘数效应			

二、选择题

1. 假定某居民户每年的可支配收入为 2 万元，如果该居民户的消费支出为 1.7 万元，那么（　　）。

　　A. 边际消费倾向为 0.70　　　　B. 边际消费倾向为 0.85

　　C. 平均消费倾向为 0.75　　　　D. 平均储蓄倾向为 0.15

2. 根据 APC、APS、MPC、MPS 之间的关系，下面说法正确的是（　　）。

　　A. 如果 MPC 增加，那么 MPS 也增加　　B. $MPC + APC = 1$

　　C. $MPC + MPS = APC + APS$　　　　D. $MPC + MPS > APS + APS$

3. 消费函数的斜率等于取决于（　　）。

　　A. APC　　　　　　　　　　B. APS

　　C. MPC　　　　　　　　　　D. 自发消费

4. 自发支出的增加将引起（　　）。

　　A. 总支出曲线向上方移动，其斜率不变

　　B. 总支出曲线向上方移动，而且更加倾斜

　　C. 总支出曲线向下方移动，其斜率不变

　　D. 总支出曲线向下方移动，而且更加倾斜

5. 政府支出使国民收入增加 120 亿元。如果乘数为 3，政府的购买应该增加（　　）。

　　A. 30 亿元　　　　　　　　　B. 40 亿元

　　C. 120 亿元　　　　　　　　　D. 360 亿元

6. 可以使投资乘数增大的因素是( )。

  A. 企业投资增加   B. MPC 上升

  C. 企业赋税增加   D. MPS 上升

三、问答题

1. 在均衡产出水平上，是否意愿存货投资和非意愿存货投资都必然为零？

2. 表 3-1 为老王一家不同年份的税前收入、税收和消费支出数据。

表 3-1   元

税前收入	税收	消费支出
25 000	3 000	20 000
27 000	3 500	21 350
28 000	3 700	22 070
30 000	4 000	23 600

(1) 列出老王一家的消费函数，找出家庭的边际消费倾向。

(2) 如果老王一家的收入为 32 000 元，并且支付了 5 000 元的税收，你认为他们会将多少元用于消费？

3. 一个经济可以用下面的等式描述：

$$C = 1\ 800 + 0.6\ (Y - T)$$
$$I_0 = 900$$
$$G_0 = 1\ 500$$
$$T_0 = 1\ 500$$
$$Y = 9\ 000$$

(1) 写出总支出和总产出之间的数量关系式。

(2) 找出经济中的自发支出和引致支出。

(3) 如果政府支出增加到 1 600，或税收下降到 1 400，或计划投资下降到 800，均衡收入分别是多少？

4. 定义乘数，并从经济角度解释为什么乘数的取值大于 1？

5. 已知某社会的消费函数为 $C = 50 + 0.85Y$，投资 $I = 610$ 亿元。

(1) 计算均衡收入。

(2) 储蓄 S 是多少？

(3) 如果投资减少到 550 亿元，均衡收入是多少？

(4) 在 (1) 和 (3) 中，乘数是多少？

6. 在习题 5 (1) 中，如果消费函数变为 $C = 50 + 0.7Y$，其含义是什么？这对均衡收入有什么影响？为什么？如果在习题 5 (1) 中，投资增加到 800 亿元对均衡收入有什么影响？为什么？

7. 产出与销售总是相等吗？为什么是？为什么不是？在经济周期中两者如何变化？

第四章　*IS—LM* 模型

简单的国民收入决定模型解释了产品市场上总支出或总需求对总产出或总收入的决定作用，在这里，没有考虑货币和利率的因素。但是，现实经济中不仅存在产品市场，而且还存在货币市场，而且这两个市场是互相影响、互相依存的。为了说明货币和利率对总产出的影响，我们需要更复杂的模型。本章介绍的 *IS—LM* 模型通过利率把产品市场和货币市场联系起来，货币市场中的货币需求与利率有关，产品市场的投资也与利率有关，因而就有了 *IS—LM* 模型这样一个分析框架，用以讨论两个市场同时均衡时均衡收入的决定。该模型是宏观经济学的核心模型，它可被用来分析财政政策和货币政策的相对有效性。因而本章的内容为下一章分析政府经济政策效果提供了一个有用的工具。

第一节　产品市场的均衡：*IS* 曲线

我们首先考察产品市场。在简单的国民收入决定模型中，投资是被假定为给定不变的外生变量。现在，经济中有了货币市场，货币市场中利率的变动会影响投资，因此，在本章中，我们假设投资不再是外生决定的，而是由模型中的利率决定的。

一、投资函数

在现实经济中，利率是影响投资最重要的因素，两者之间是负相关关系，利率提高，企业意愿投资就会减少。这是因为投资的目的是获得利润，准确地说是扣除各项投资成本后的净利润。而利息是最重要的投资成本，因为企业主要通过借贷来投资（购买设备或修建厂房）。常见的是企业向银行借贷，或者通过发行债券在资本市场上借贷，做小本买卖的可能会向亲友借贷。利率规定了一笔借贷在特定时期内需要还多少钱，因而决定了投资成本。如果利率提高，企业从投资收入中支付的利息成本会增加，支付利息后剩下的纯利润减少，企业就不愿意投资。因此，投资与利率具有负相关关系。

需要说明的是，即使企业使用自有资金投资，投资与利率的负相关关系仍然存在。对企业来说，使用自有资金投资所放弃的利息是投资的机会成本。如果利率足够高，企业完全可能放弃投资，而把资金存入银行或者购买债券以赚取利息收入。

假定投资与利率存在线性关系，即投资函数是线性方程，则有：

$$I = I_0 - dr \tag{4-1}$$

式中，I 为投资；I_0 为计划投资，这部分投资与利率无关，它是企业为了正常的生产必须进行的投资；r 为利率；d 为投资的利率弹性，即当利率变动1单位时（如1%），投资变动的敏感程度，如果 d 比较大，则表示投资对利率的变动反应灵敏，利率微小的变动就会引起投资的较大的变动；如果 d 比较小，则表示投资对利率的变动的反应不灵敏，利率的较大变动只能引起投资较小的变动。

也可以用图形表示投资与利率之间的负相关关系。我们用横轴表示投资，用纵轴表示利率，根据投资函数可得到图 4-1 中的投资曲线。投资曲线向右下方倾斜，表明投资与利率的反向关系。投资曲线的斜率取决于投资的利率弹性 d，如果投资对利率的变动反应灵敏，则投资曲线比较平坦；如果投资对利率的变动反应不灵敏，则投资曲线比较陡峭。投资曲线的位置取决于自发投资的大小。自发投资增加，投资曲线就向右平移；自发投资减少，投资曲线就向左平移。

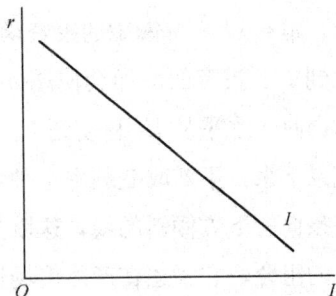

图 4-1　投资曲线

▶▶ 知识拓展

中国的投资曲线

中国的私人投资对利率的变动是否敏感呢？经济学家利用中国 1981—2003 年的资料，估算了中国的总投资函数：

$$I = -1\,677.8 + 0.40Y - 186.4r$$

式中，I 为实际投资，Y 为国民收入，r 为实际利率。该式表示，全社会的实际投资与总收入正相关，与实际利率负相关。公式中的数字说明，实际 GDP 每增加1亿元，实际投资增加 0.40 亿元；实际利率每上升1个百分点，实际投资下降 186.4 亿元。2003 年我国资本形成总额约占支出法 GDP 的 42%。这与式中的估算是十分接近的。

二、IS 曲线的推导

有两种方法可以得到 IS 曲线，一是直观的几何图形推导；二是逻辑严密的代数证明，下面分别来讨论。

1. 几何图形

如前所述，封闭经济中的总支出为：

$$AE=C+I+G_0 \Rightarrow AE=a+b(Y-T)+I+G_0$$

代入表示投资函数的线性方程，总支出函数的表达式就可以写为：

$$AE=a+b(Y-T)+(I_0-dr)+G_0$$

把等式右边的项分为与产出 Y 相关以及与产出 Y 不相关的两部分，得到：

$$AE=a+I_0+G_0-bT-dr+bY$$

用 A 表示自发支出（$a+I_0+G_0-bT$），上式可简化为：

$$AE=A-dr+bY \tag{4-2}$$

图 4-2 展示了如何把凯恩斯交叉图和企业的投资曲线结合起来，得到 IS 曲线。图 4-2（a）是 r—I 坐标图中的投资函数，当利率从 r_1 下降到 r_2 的时候，企业的投资支出从 I_1 增加到 I_2。投资的增加会使图 4-2（b）中的总支出曲线向上移动到 $A-dr_2+bY$，相应地，均衡收入水平从 E_1 移动到 E_2。在图 4-2（c）中，我们把每一个利率水平和均衡收入水平记录下来，不断改变利率水平，就会有许多这样的均衡点，把它们连接起来，就可以得到一条向右下方倾斜的线，这就是 IS 曲线。IS 曲线包括了所有使产品市场均衡的利率和收入的组合，它描述在产品市场达到均衡时（即 $I=S$ 时），利率 r 与均衡收入 Y 之间的反方向变动关系。

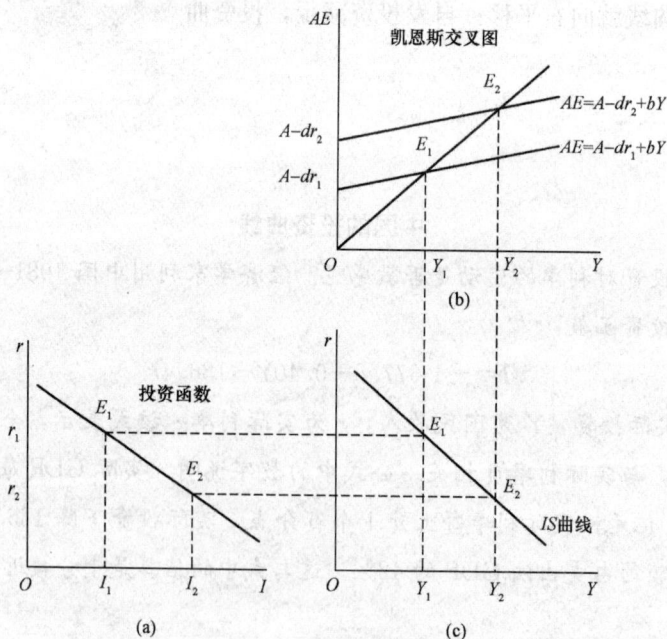

图 4-2　IS 曲线的图形推导

2. 代数方法

产品市场上总支出等于总收入的均衡条件为：

$$Y=AE=A-dr+bY$$

把等式最右边包含 Y 的项目移到等式的左边，得到：

$$Y-bY=A-dr$$

或者

$$(1-b)\ Y=A-dr$$

等式两边同时除以（$1-b$），得到：

$$Y=\frac{1}{1-b}(A-dr) \tag{4-3}$$

令

$$\alpha=\frac{1}{1-b}$$

$$Y=\alpha\ (A-dr) \tag{4-4}$$

公式（4-3）或公式（4-4）就是 IS 曲线的数学表达式（以 Y 为因变量，r 为自变量）。从公式中可以看出，要使产品市场保持均衡，即总产出等于总支出，均衡的国民收入和利率之间存在反方向变动关系。

现在举一个例子来说 IS 曲线。假定消费函数为 $C=50+0.8Y$，投资函数为 $I=100-5r$。这样，产品市场均衡时，$Y=\dfrac{50+100-5r}{1-0.8}$，解得 IS 曲线为 $Y=750-25r$。

当 $r=1$ 时，$Y=725$；

当 $r=2$ 时，$Y=700$；

当 $r=3$ 时，$Y=675$；

……

计算结果表明，IS 曲线是一条向右下方倾斜的曲线。其经济含义是，由于总支出中投资与利率负相关，降低利率可以增加投资，从而导致总支出增加，进而要求总收入同样增加来保持产品市场的均衡。因而，要实现产品市场的均衡，r 和 Y 必须相互配合、一一对应，这种相互配合、一一对应的反方向变动的关系，是维持产品市场均衡的必要条件。在第三章简单的国民收入决定模型中，投资等于储蓄是产品市场的均衡条件，即给定利率水平，当投资（I）等于储蓄（S）时，收入就处于均衡状态。因而我们把表现产品市场实现均衡时（即 $I=S$），利率 r 与收入 Y 之间的反方向变动关系称为 IS 曲线。它描述了产品市场实现均衡的道路。

三、IS 曲线的移动

IS 曲线的位置取决于自发支出，如图 4-3 所示。图中，给定同一利率水平，原来的总支出曲线 AE 对应的 IS 曲线在左边。假设政府决定更新全国中小学校的教学设备，自发支出增加，在给定利率水平下，总支出曲线由 AE 向右上方移动到 AE'，相应地，均衡产出也由 Y_1 增加到 Y_2。从图 4-3（b）中可以看出，较高的均衡产出（或收入）与给定的利率水平的组合点移动到右边，即 IS 曲线向右方移动至 IS'。所以，自发支出增加会使 IS 曲线的位置发生移动。政府的减税政策也有同样的作用效果。

IS 曲线会向右移动多少？或者说均衡收入会变动多少？从图 4-3（a）中可以看出，均衡收入的增加等于乘数 α 乘以政府购买支出的增量。

同样，如果一个经济的居民出于对新政府的信心而增加了他们的现期消费，这意味着在相同的利率水平上，自发支出和均衡收入都增加了，也会导致 IS 曲线向右方移动。右移的幅度则等于乘数乘以自发消费的增加量。

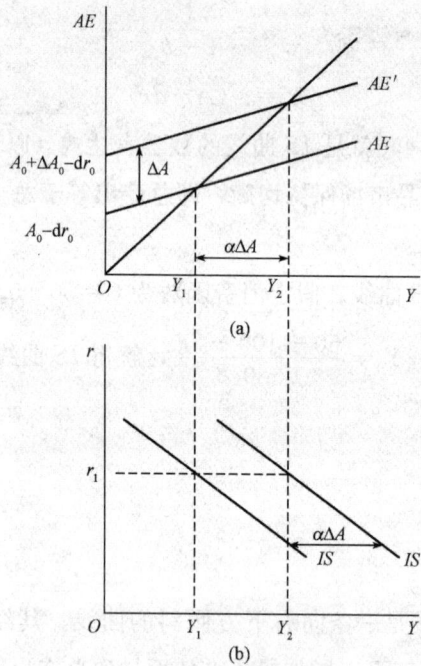

图 4-3　IS 曲线的移动

相反，金融海啸使企业家对投资预期收益变得悲观，在同样的利率水平上，投资减少，自发支出下降，这会引起总支出曲线向左方移动，导致 IS 曲线向左方移动。左移的幅度等于乘数乘以自发投资的减少量。

总之，一切自发支出的变动都会引起 IS 曲线的移动。在其他条件不变的情况下，自发支出增加使 IS 曲线向右方移动，表示利率既定时，利率与更高水平的均衡收入组合实现了产品市场的均衡。自发支出减少使 IS 曲线向左方移动，表示利率既定时，利率与更低水平的均衡收入组合实现了均衡。决定 IS 曲线位置的是自发支出水平。IS 曲线位置移动使均衡收入的变动等于乘数 α 乘以自发支出的变动量。

┌───┐
│ **思 考** │

在现实当中，政府的一个重要职能是通过转移支付进行收入的再分配。如果穷人的边际消费倾向大于富人，那么从有利于提高消费、增加产出的角度来看，你认为政府转移支付的方向应该是从富人那里征税补贴给穷人呢？还是相反？为什么？
└───┘

四、IS 曲线的斜率

IS 曲线具有负斜率，表明利率 (r) 和收入 (Y) 之间是负相关关系。IS 曲线斜率的大小取决于两个因素：投资对利率的敏感程度 (d) 以及乘数。

如果投资对利率的变动很敏感，即 d 的值较大，说明一定的利率变动，会引起投资的较大幅度的变动，从而会引起总支出曲线较大距离的移动，从而使均衡收入的增加较大才能与总支出相等，以达到产品市场的新均衡。在这种情况下，小幅的利率变动引起均衡收入较大幅度的变动，体现在图形上就是 IS 曲线比较平坦。反之，如果投资对利率的变动不敏感，即 d 的值较小，一定的利率变动只能引起均衡收入较小幅度的变动，IS 曲线就比较陡峭。

乘数越大，一定的利率变动引起的投资变动，会引起总支出较大的变动，进而带来较大幅度的均衡收入的变动，IS 曲线就会比较平坦；反之，如果乘数较小，一定的利率变动引起的投资变动，只会带来总支出和均衡收入较小的变动，IS 曲线就会比较陡峭。

图 4-4（a）和（b）中 IS 曲线的斜率不同，表明两幅图中由于投资对利率变动的敏感程度和乘数不同，因而对于同样的利率下降，所引起的均衡收入的增加不同。当利率从 r_1 下降到 r_2，图 4-4（a）中均衡收入增加的幅度显然大于图 4-4（b）中均衡收入的增加幅度。这是因为，图 4-4（a）中的 IS 曲线代表投资对利率的变动更敏感或者乘数更大，同样的利率下降能够引起均衡收入更多的增加。

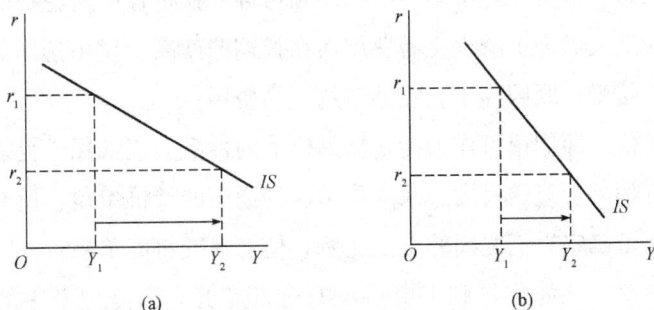

图 4-4　IS 曲线的斜率

从 IS 曲线的表达式 $Y = \alpha(A - dr)$ 中也可以看出，IS 曲线的斜率取决于 Y 的参数 α

和 d，即乘数和投资对利率变动的敏感程度。乘数越大，投资对利率变动的敏感程度越大，IS 曲线越平坦。

第二节　货币市场的均衡：*LM* 曲线

上一节讨论了产品市场均衡时，利率 r 和均衡收入 Y 的关系。现在转到货币市场，讨论货币市场均衡时 r 和 Y 之间的关系。既然是货币市场的"均衡"分析，就要涉及货币的定义、货币的需求和货币的供给，本节在介绍货币及货币供求理论的基础上，再来探讨货币供求平衡时 r 和 Y 的关系。

一、货币的定义与职能

在经济学中，货币是指人们普遍接受的交换媒介。凡是人们经常用于购买物品和劳务的东西都是货币。如我们钱包里的现金可以用来买东西、还债，大家都愿意接受它，显然它符合货币的定义。但是，我们不能用所拥有的某家公司的股票或债券购买物品和劳务。因此，货币是在物品和劳务的交换中被广泛接受的财富形式。

理解货币的定义需要了解货币的职能。货币有三个最基本的职能：

第一，交易媒介。交易媒介是在买者购买物品与劳务时给予卖者的东西。当你在快餐店买盒饭时，快餐店给你盒饭，你给快餐店货币。货币就履行了交易媒介的职能。有了货币这种交易媒介，使交易变得方便易行。设想现实经济中若是没有货币，人们只能采取物物交换的方式会是怎样。假设你是一位语文教师，你想用公文写作的授课换盒饭吃，好不容易找到愿意以盒饭做交换的人，你可能会发现他们并不需要你的授课，这意味着你想吃顿盒饭是一件很困难的事情。经济学中把物品和劳务交换过程中所花费的时间和精力称为交易费用。货币就是人们为了减少交易费用而在长期的商品交换中选择的交易媒介，货币之所以被人们广泛接受，原因在于它能够节约交易费用。

第二，计价单位。即货币可作为衡量物品价值的标准。正如用千克表示重量一样，我们用货币作为衡量物品价值的尺度。采用货币这种通用的计价单位，所有物品与劳务的价值一目了然，从而可确定它们之间的交换比例，使交易变得简单易行。

第三，价值储藏。比如你领到工资后没有全部花光，而是把其中的一部分存到银行里，这部分货币就是价值上的储藏。当然，除货币之外，经济中还有股票、债券、金银首饰、不动产、艺术品等资产形式，所有形式的资产都可以成为价值储藏，但并不是任何一种资产都可以成为货币。哪一种资产可以作为货币取决于这种资产的流动性。所谓流动性是指一种资产兑换为交易媒介的容易程度。货币是经济中的交易媒介，它是流动性最大的资产，股票和债券必须卖掉才能转变为交易媒介，因此，它们是较有流动性的资产。而出售一座房子、一幅张大千的国画，则需要更多的时间和努力，所以，股票、债券和艺术品这类流动性较小的资产不是货币。

二、货币需求

如前所述，货币和其他财富形式都是资产。在现实经济生活中，当某人拥有一定量的财富时，他可以选择多种资产形式持有该笔财富，除了货币形式外，还可选择以股票、债券、不动产、艺术品等实物资产的形式持有财富。为了分析的方便，我们把资产分为两部分：货币和有息资产。我们可把有息资产简化，假设为债券。债券是承诺在未来偿还持有者本金和利息的借据。

如何持有资产是一个选择问题，每个人都需要决定如何把财富分摊在不同的资产形式上，即决定持有多少货币、多少债券。持有货币没有收益，而持有债券则可以给人们带来利息收入，债券的利息收入构成了持有货币的机会成本。那么，人们为什么需要不能生息的货币呢？凯恩斯认为，这是因为存在"流动性偏好"（liquidity preference）。即人们持有货币的偏好。人们之所以产生对货币的偏好，是由于货币是流动性或者说灵活性最大的资产。持有货币，人们在需要购买东西的时候就不愁缺钱花，货币随时可用于日常交易，可应付不测之需，也可做投机之用，因此人们便产生对货币的需求。所以，凯恩斯假定人们对货币的需求出于以下三个动机。

第一，交易动机，是指企业或个人为了应付日常交易而愿意持有一部分货币。这是由货币的交易媒介职能而导致的一部分需求。人们总是在固定的时间取得收入，但是日常支付却需要经常进行，收入和支出有一个时间间隔，在这段间隔内，为了支付的方便，人们必须持有一定量的货币，而不能把全部流动性资产都转换成债券。例如，当你月初领到工资之后，总会留出一部分工资以货币形式保存着，以备日常的开销。企业为应付小额现金周转，也需要经常保持一定数量的货币。出于交易动机的货币需求取决于收入水平，收入越高，交易数量越大，我们需要购买的商品价值会增加，那么就需要有更多的货币用于交易，所以对货币的需求就增加了。

第二，预防动机，是指人们为了应付意外事件而愿意持有的一部分货币。实际中，人们持有的货币量远远超过交易需要。这是因为，我们面临的未来充满着不确定性，企业和家庭都会遇到临时性的不可预料的开支，比如原材料涨价、赊销款不能按时收回、生病、失业，或遇到意外的购买机会（商品减价）。因此，人们在日常的支出计划之外，留出一部分机动的货币以应付不可预见的支付，或者及时捕捉一些突然出现的有利时机。凯恩斯认为，因预防动机而需要的货币仍然与收入成正比。

我们把由交易动机和预防动机所产生的货币需求称为货币的交易需求，用 L_1 表示，用 Y 表示实际国民收入，则货币交易需求 L_1 与实际国民收入 Y 的关系可以表示为：

$$L_1 = L_1\ (Y)$$

或者　　　　　　　　　　　　　$$L_1 = kY \tag{4-5}$$

公式（4-5）中的 k 代表货币交易需求的收入弹性。可用来衡量 L_1 对 Y 变动的敏感程度。它反映当收入变动 1 个单位，导致的交易性货币需求的变动量。例如，若实际国民收入 $Y=100$ 万元，$k=0.3$（即收入增加 1 元，货币的交易需求增加 0.30 元），则 $L_1=100 \times 0.3=30$ 万元。

第三，投机动机，是指人们为了抓住有利的购买债券的机会愿意持有的一部分货币。如前所述，假设人们以货币和债券两种资产形式持有财富，债券能带来收益，人们持有债券不仅能够得到利息收入，还可以通过债券的低买高卖获得价差收入（资本利得），但是债券的流动性较低；闲置货币没有收益，但货币具有较高的流动性，人们持有货币可以方便地用于支付各种交易。投机活动就是人们比较持有这两种财富形式的成本和收益，在适当时机买进和卖出债券以获利。

在实际生活中，债券价格与利率之间呈反方向变动关系。利率越高，债券价格就越低；利率越低，债券价格就越高。例如，一张年利息为 5 元的债券，如果价格为 100 元，则利率为 5%，如果价格为 50 元，则利率为 10%。因而，从资本利得角度看，影响人们是否购买债券的因素，主要是预期债券价格变动：当人们预期债券价格将上涨（即预期利率将下降）时，就会在现期价格较低时用货币买进债券，以备日后以更高的价格卖出获得价差收益；反之，当人们预期债券价格将下跌（即预期利率将上升）时，就会在高价位卖出债券保留货币以备日后债券价格下跌时再买进。人们期待债券价格下跌（即利率上升）而在手中保留的货币就是货币的投机需求。显然，货币的投机需求与利率反方向变动，即利率越高，债券价格就越低，当人们认为这一价格水平已降低到正常水平以下，预期很快会上升，就会抓住机会用货币买入债券，相应地会减少投机性货币需求；反之，当利率水平很低时，债券价格较高，人们将持币观望，当人们认为这一价格水平已涨到正常水平以上，预期很快会下跌，于是会抓住时机卖出债券，从而会增加投机性货币需求。

有两种极端的情况，一种是当利率极高的时候，此时债券的价格很低，人们相信利率即将下降，债券的价格即将上升，因而将所持有的货币都用来购买债券，这时货币的投机性需求为零。另一种是当利率低到很低的水平时（如接近于零），债券价格也不大可能再上升。人们预期利率肯定将上升，或者说债券价格肯定将下跌，因而会将持有的债券全部换成货币，或者手里有货币也不会去购买债券，此时货币的投机性需求无限大，以至于无论银行如何新增加货币供给都会被人们所持有，而不会增加对债券的需求。这就是著名的"流动性陷阱"（liqudity trap）或"凯恩斯陷阱"（the Keynesian trap）。

总之，货币的投机性需求与利率反方向变动，或者说，货币的投机性需求是利率的函数。如果用 L_2 表示货币投机需求，用 r 表示利率，则这一货币需求量和利率的关系可表示为：

$$L_2 = L_2\ (r)$$

或者　　　　　　　　　　　　　　$$L_2 = -hr \tag{4-6}$$

公式（4-6）中的 h 是货币投机需求的利率弹性，可用来衡量 L_2 对 r 变动的敏感程度。它反映利率每增加 1 个单位，导致的投机性货币需求的变动量。负号表示投机性货币需求与利率变动呈负相关关系。

知识拓展

日本经济是否陷入流动性陷阱

1991 年，日本的经济泡沫破灭，随后经济陷入长期的萧条之中，经济增长率持续低迷，个别年份甚至出现负的增长率；与此同时，物价水平和平均工资水平也不断下降，导致日本居民的消费能力下降，而国内消费占到日本 GDP 的 60% 左右。国内消费的萎缩使总需求严重不足，日本经济缺乏增长的动力。

整个 20 世纪 90 年代，日本经济一直处于萧条的状态，日本的国民财富持续下降，2001 年底日本的净资产为 2 907.6 万亿日元，比上一年减少了 56.2 万亿日元，以致有人感叹这是"失去的十年"。

面对这样的情况，日本政府想方设法刺激经济的复苏，其中最主要的措施就是实行扩张性的财政政策和货币政策，但是政策的效果并不明显。

扩张性的货币政策包括降低利率、增加货币供应量。日本的中央银行连续下调利率，1995 年日本的货币市场利率下降到 1% 的水平，1998 年下降到 0.37%，1999 年 2 月至 2000 年 8 月甚至实行了零利率政策，但是经济并没有因此而复苏。正因为如此，国内外很多经济学家认为日本经济陷入了"流动性陷阱"。

"流动性陷阱"源于 20 世纪 30 年代的大萧条，当时利率接近于零，人们的投机性货币需求无限大，增加货币供给不能降低利率，更不能增加经济中的产出。对比日本的情况，可以说日本的经济的确具备了"流动性陷阱"的一些特征。

虽然日本银行不断地降低利率、增加货币供应量，但是并没有刺激经济中的投资，中央银行增发的货币只是在商业银行内部流动，没有进入到经济循环中，这有两个方面的原因：一是因为经济的不景气，增加了企业破产的风险，银行不愿意向企业发放贷款。这样做的负面影响是比较大的，因为日本企业的融资方式主要就是通过银行进行间接融资，如果银行不愿发放贷款，相当多的企业就难以生存发展。

另一方面，银行为了提高自身的抗风险能力，倾向于增加存款准备金，从而把大量的货币滞留在银行系统内部。这样造成的后果就是货币乘数下降，虽然日本银行不断增加基础货币，但是经济中的货币供应量并不能相应扩张，货币政策归于无效。

把上述三种动机的分析归纳起来，可以得到凯恩斯的货币需求函数（money demand function）：

$$L = L_1 + L_2 = L_1 (Y) + L_2 (r) = kY - hr \qquad (4\text{-}7)$$

式中，L、L_1、L_2 都是代表货币的实际需求，即具有不变购买力的实际货币需求量。实际货币需求是从名义货币需求（仅计算票面值的货币量）中扣除价格变动的因素。用 M_d 表示名义货币需求，用 P 表示价格水平，则实际货币需求可以表示为 $\dfrac{M_d}{P}$。

实际货币需求包括两部分：货币的交易需求和投机性需求。因此实际货币需求正相关 Y，负相关于 r，是收入和利率的函数，于是有：

$$\frac{M_d}{P} = L (Y, r)$$

公式（4-7）代表货币需求函数，式中 k 是货币交易需求的收入弹性，可衡量收入增加时货币交易需求变动多少。h 是投机性货币需求的利率弹性，用来衡量利率变动时投机性货币需求变动多少。如果知道了 k、h、Y 和 r，就可以求得实际货币需求量。

还可用图表示货币需求函数。图 4-5（a）中，横轴表示实际货币需求量 L，纵轴表示利率 r，垂线 L_1 表示货币交易需求，它和利率无关，因而垂直于横轴。L_2 表示投机性货币需求，它起初向右下方倾斜，表示货币的投机需求是随利率的下降而增加，最后为水平状，表示"流动性陷阱"。此时利率极低，投机性货币需求趋于无限大。图 4-5（b）中的 L 线是 L_1 和 L_2 之和，因此是全部货币需求曲线，它向右下方倾斜，表示在收入不变的情况下，货币需求量和利率之间的反方向变动关系，即利率上升，货币需求量减少，利率下降，货币需求量增加。这是因为利率是持有货币的机会成本，一旦你选择持有现金而不购买有利息的债券时，你就失去本来可以赚到的利息。利率提高增加了持有货币的成本，货币需求就减少了。

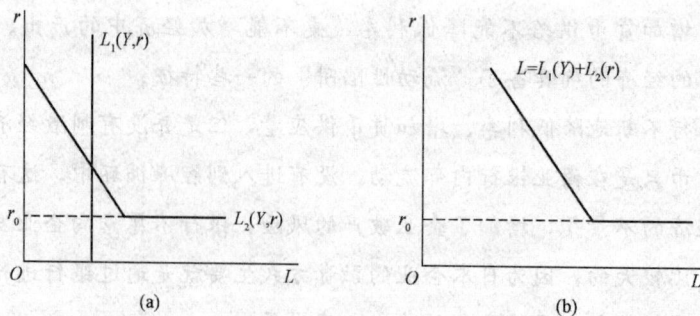

图 4-5　货币需求曲线

如何表现货币需求量和收入水平的同方向变动关系呢？如图 4-6 所示。在利率保持不变的情况下，收入的增加使同一利率水平上的货币需求相应增加，表现为货币需求曲线向右移动。例如，在利率水平为 r_1 时，由于收入的增加，货币需求由 L_1 增加到 L_2 的水平。收入每增加 ΔY，都将使货币需求曲线向右移动 $k\Delta Y$ 个单位。可见，货币需求量和收入之间的同方向变动关系通过货币需求曲线向右或者向左移动来表示，而货币需求量与利率之间的反方向变动关系通过每一条货币需求曲线向右下方倾斜来表示。

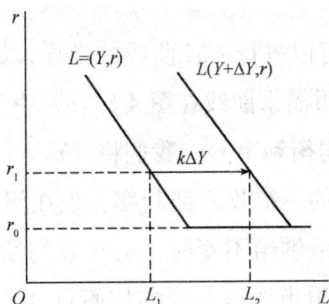

图 4-6　不同收入的货币需求曲线

三、货币供给与货币市场均衡

为了分析的简便，我们假定名义货币供给由中央银行决定，它与利率变动无关，因而是一个外生变量，用 M_0 表示。价格水平 P 固定。因此，实际货币供给就是 M_0/P。货币市场的均衡条件就是：实际的货币供给等于实际的货币需求，即：

$$\frac{M_0}{P} = \frac{M_d}{P} \tag{4-8}$$

我们把货币供给曲线和货币需求曲线画在图 4-7 中。图中，横轴表示货币需求和货币供给，纵轴表示利率。货币供给曲线是一条垂直于横轴的直线，表示货币供给量与利率无关。一旦中央银行做出了关于货币供给量的政策决策，无论现行利率是多少，货币供给量都不会变动。货币供给曲线与货币需求曲线的交点就是货币市场均衡点，这时的利率水平就是均衡利率。它表示，只有当货币供给恰好等于人们愿意持有的货币量，货币市场才达到均衡状态。如果市场利率不等于均衡利率，人们就会调整自己的资产组合，最终会使利率水平趋于均衡状态。

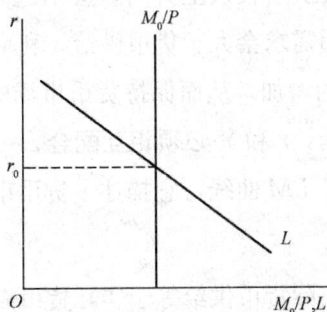

图 4-7　货币供给和需求的均衡

货币需求曲线和货币供给曲线会移动。收入增加会使货币的交易需求增加，货币需求曲线会向右移动，均衡利率水平就会上升；如果中央银行增加了货币供给量，货币供给曲线会平行向右移动，均衡利率水平就会下降。

四、LM 曲线的推导

1. 几何图形

从货币市场的均衡中我们可以进行 LM 曲线的推导，如图 4-8 所示。假定收入水平为 Y_1（见图 4-8（b）），对应的货币需求曲线在图 4-8（a）中为 L_1。货币需求曲线 L_1 与垂直的货币供给曲线的交点决定了均衡利率 r_1。我们将 (Y_1, r_1) 这一点记录为图 4-8（b）中的 E_1，它是使得货币市场均衡的一组收入和利率。现在假定收入上升到 Y_2，这会使货币需求曲线向右移动至 L_2，在货币供给不变时，会导致均衡利率上升到 r_2。新的均衡点为图 4-8（a）中的 E_2。我们把货币市场这一新的均衡点 (Y_2, r_2) 记录为图 4-8（b）中的 E_2。同样，我们可以通过继续改变收入水平来得到新的均衡利率，并把他们记录在图 4-8（b）中，把这些点连接起来，就可以得到一条货币市场均衡曲线，即 LM 曲线。

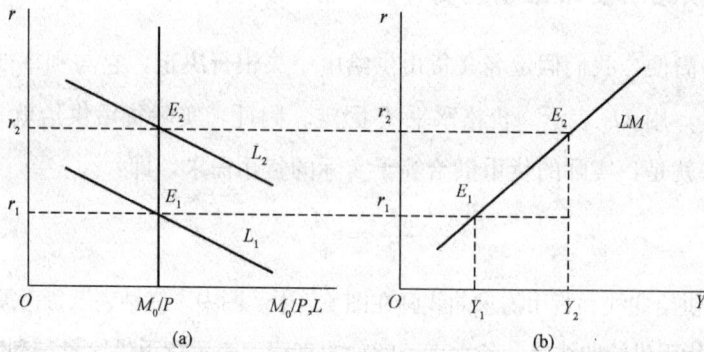

图 4-8　LM 曲线的图形推导

LM 曲线又称为货币市场均衡曲线，它显示的是货币市场均衡时的所有收入和利率的组合。它描述在货币市场达到均衡时，利率 r 与国民收入 Y 之间的同方向变动关系。

LM 曲线向右上方倾斜，表示当收入上升时，会引起货币的交易需求 L_1 增加，在货币供给不变的情况下，此时货币需求会大于货币供给，利率水平必然上升，这会引起投机性货币需求 L_2 减少来抵消 L_1 的增加，从而保持货币市场的均衡。所以，LM 曲线的经济含义是：要实现货币市场的均衡，r 和 Y 必须相互配合、一一对应，这种相互配合、一一对应的同方向变动的关系，就是 LM 曲线，它描述了货币市场实现均衡的过程。

2. 代数方法

货币市场的均衡条件是，实际货币供给等于实际货币需求，即：

$$\frac{M_0}{P}=\frac{M_d}{P}$$

实际货币需求可以表示为：

$$\frac{M_d}{P}=L\ (Y,\ r)\ \Rightarrow=L_1\ (Y)\ +L_2\ (r)\ =kY-hr$$

用 m 代表实际货币供给量，则：

$$m=\frac{M_0}{P}$$

采用代入法，可以得到：

$$m=kY-hr \tag{4-9}$$

公式（4-9）表示当 m 给定时，满足货币市场均衡条件下的收入 Y 与利率 r 的变动关系。由货币市场均衡条件 $m=kY-hr$，可推导出 LM 曲线的数学表达式。

公式（4-9）两边均除以 h，得：

$$r=\frac{k}{h}Y-\frac{m}{h} \tag{4-10}$$

或者公式（4-9）两边均除以 k，得：

$$Y=\frac{h}{k}r+\frac{m}{k} \tag{4-11}$$

公式（4-10）和公式（4-11）都是 LM 曲线的数学表达式。从这两个公式中可以看到，要使货币市场保持均衡，即总支出等于总产出，均衡的国民收入和利率之间存在同方向变动关系。

现在举一个例子来说 LM 曲线。假定货币需求函数为 $L=0.2Y-5r$，名义货币供给量为 150 亿元，价格水平 $P=1$，则货币市场均衡条件为：$150=0.2Y-5r$，可求得 LM 曲线为 $Y=750+25r$，或 $r=0.04Y-30$。

当　　　 $Y=1\ 000$ 时，$r=10$　　　（利率为 1%）

当　　　 $Y=950$ 时，$r=8$　　　（利率为 2%）

当　　　 $Y=900$ 时，$r=6$　　　（利率为 2%）

……

计算结果表明，LM 曲线是一条向右上方倾斜的曲线。它表示收入增加时，利率必须上升以保持货币市场的均衡。

```
  思　考

    当货币市场均衡达到供需均衡时，利率和产出之间存在 LM 曲线关系，你可以用图
形的方法进行推导吗？如果更进一步，用代数的方法呢？
```

五、*LM* 曲线的斜率和位置

1. *LM* 曲线的斜率

公式（4-10）给出了 *LM* 曲线的数学表达式 $r=\frac{k}{h}Y-\frac{m}{h}$，式中的 k 和 h 决定了 *LM* 曲线的斜率。这里 k 为货币需求对收入变动的敏感程度；h 为货币需求对利率变动的敏感程度。*LM* 曲线的斜率取决于货币的投机需求曲线和交易需求曲线的斜率。从 *LM* 曲线的斜率 $\frac{k}{h}$ 可以看出，k 不变，h 越大，即货币需求对利率的敏感程度越高，则 *LM* 曲线的斜率 $\frac{k}{h}$ 越小，*LM* 曲线越平坦；h 不变，k 越大，即货币需求对收入的敏感程度越高，则 *LM* 曲线的斜率 $\frac{k}{h}$ 越大，*LM* 曲线越陡峭。

经济学家认为，货币交易需求的收入弹性系数 k 比较稳定。因此，*LM* 曲线的斜率主要取决于货币投机需求的利率弹性系数 h。

如果 h 接近 0，即货币需求对利率变动几乎一点也不敏感，这意味着任凭利率如何变动，投机性货币需求都不变，则 *LM* 曲线几乎是垂直的。这种情况通常发生在利率很高时人们预期利率必然下降，债券价格将会上升，未来持有货币将蒙受损失，人们会减少手持货币，增加债券投入以减少持有货币的成本。货币的投机性需求很低，此时即使利率有所降低，货币需求也不会上升。这种情况是一种理论分析意义上的可能性，然而，以"古典学派"理论为基础的货币主义者则认为这一情形具有现实可能性，因而称为"古典特例"。

如果 h 的值趋于无穷大，表明货币需求对利率的变动很敏感，利率微小的变动，都导致投机性货币需求极大地变动，*LM* 曲线的斜率很小，几乎是一条水平线。这种情况通常发生在利率很低的时候，人们预期利率很难再下降，债券价格将会下跌，未来持有债券将蒙受损失，在给定的利率水平上，人们会抛售债券，持有货币，投机性货币需求趋于无限大。这种情况也是一种理论分析意义上的可能性，然而，凯恩斯主义学派的经济学家则认为这一情形具有现实可能性，因而称为"凯恩斯陷阱"或"流动性陷阱"。

当 h 的值介于 0 和无穷大之间时，由于 k 是一个基本稳定的正值，所以 $\frac{k}{h}$ 为正值，*LM* 曲线是一条向右上方倾斜的曲线。

以上关于 *LM* 曲线有三种情形的结论也可以从 *LM* 曲线数学表达式 $r=\frac{k}{h}Y-\frac{m}{h}$ 中得出。

图 4-9 给出了完整的 *LM* 曲线，它包括三个区域：凯恩斯区域、中间区域、古典区域。

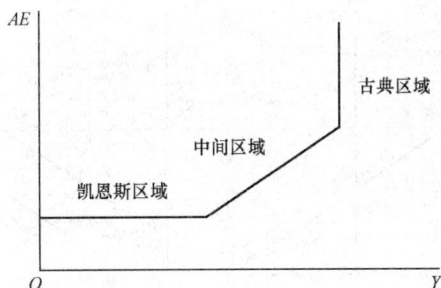

图 4-9　*LM* 曲线的三个区域

从图 4-9 可以看出，当 r 很低时，h 的值趋于无穷大，投机性货币需求趋于无限大，*LM* 曲线接近于一条水平线；当 r 很高时，h 的值接近 0，货币的投机性需求趋于零，故此时 *LM* 曲线也趋于垂直；当 r 既不很低也不很高时，h 的值介于 0 和无穷大之间，货币的投机性需求也在 0 和无穷大间，*LM* 曲线在这一范围内是向右上方倾斜的。

2. *LM* 曲线位置的移动

根据 *LM* 曲线的数学表达式 $r = \dfrac{k}{h}Y - \dfrac{m}{h}$，当 $Y = 0$ 时，$r = -\dfrac{m}{h}$，$\dfrac{m}{h}$ 即是 *LM* 曲线在纵轴的截距。只有当 $\dfrac{m}{h}$ 的数值发生变动，*LM* 曲线才会移动。由于我们这里讨论的是 *LM* 曲线位置的移动，而不是 *LM* 曲线斜率的变动，因此假定 h 不变，*LM* 曲线的移动只能取决于实际货币供给量 m 的变动。实际货币供给量是由名义货币供给 M_0 和价格水平 P 决定的，即 $m = M_0/P$，本章假定 P 不变，因此，造成 *LM* 曲线移动的因素只能是名义货币供给量 M_0 的变动。

如图 4-10 (a) 所示，给定初始收入 Y_1 和货币供给 M_0/P，于是有初始均衡点 E_1 和均衡利率 r_1。假设中央银行增加名义货币供给量，实际货币供给量由 M_0/P 增加到 M_0'/P，相应地，货币供给曲线右移。现在对应于初始均衡点 E_1 来说，出现了多余的货币供给。为了使货币市场保持均衡，利率必须下降，才能刺激货币需求。在收入 Y_1 不变，从而货币需求曲线不变的情况下，均衡利率水平下降到 r_2，这时货币供求相等，形成新的均衡点 E_2。这变化反映在图 4-10 (b) 中，新的均衡点对应于一条新的 *LM* 曲线，也就是说，LM_1 右移到 LM_2。

总之，在其他条件不变的情况下，实际货币供给量增加，货币需求量增加，*LM* 曲线向右移动，利率下降，表示既定的国民收入与较低的利率结合实现了货币市场的均衡；同样，实际货币供给量减少，*LM* 曲线向左方移动，利率上升，表示既定的国民收入与较高的利率结合实现了货币市场的均衡。决定 *LM* 曲线位置的是货币供给量。

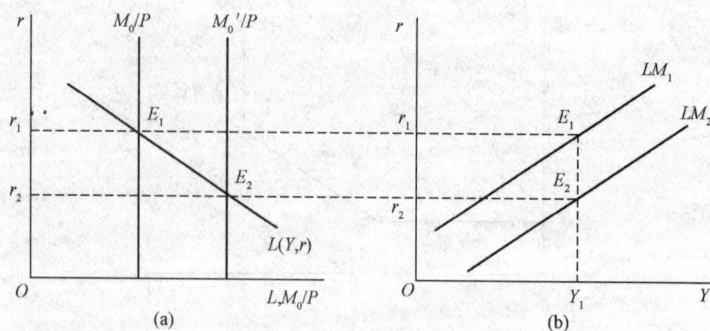

图 4-10　LM 曲线的移动

第三节　产品市场与货币市场同时均衡：*IS—LM* 模型

我们已经推导出 IS 曲线和 LM 曲线。IS 曲线是所有使产品市场均衡时的收入和利率的组合，它反映了产品市场均衡条件下利率与国民收入之间的负相关关系。LM 曲线则代表了所有使货币市场均衡的收入和利率的组合，它反映了货币市场均衡条件下利率与国民收入之间的正相关关系。IS—LM 模型就是把 IS 曲线和 LM 曲线合在一起，分析在产品市场和货币市场同时达到均衡时，利率与国民收入的决定问题。

一、均衡状态的求解

IS 曲线代表了产品市场均衡时利率和国民收入的关系，此时利率是决定性的变量，利率的变动引起国民收入的变动，两者呈负相关关系；LM 曲线代表了货币市场均衡时利率和国民收入的关系，此时收入是决定性的变量，收入变动引起利率变动，两者呈正相关关系。

显然，两个市场是互为条件、互为前提的，国民收入和利率是相互作用的，仅分析一个市场不能说明收入和利率的决定，只有把 IS 曲线和 LM 曲线结合起来，寻找它们的均衡点，才能决定均衡利率与均衡收入水平，这就是 IS—LM 模型。

把 IS 曲线和 LM 曲线放在同一个图形中，得到图 4-11 表示的 IS—LM 模型。图中，IS 曲线上的任一点都表示产品市场的均衡，即总产出等于总支出，也就是投资等于储蓄。LM 曲线上的任一点都表示货币市场的均衡，即货币需求等于货币供给。IS 与 LM 曲线相交于 E 点，E 点就是两个市场同时均衡的均衡点，这时决定了均衡利率 r_0 与均衡收入 Y_0。根据 IS 与 LM 曲线的含义，E 点对应的利率与收入水平，代表了产品市场与货币市场同时处于均衡状态的利率与收入的组合。

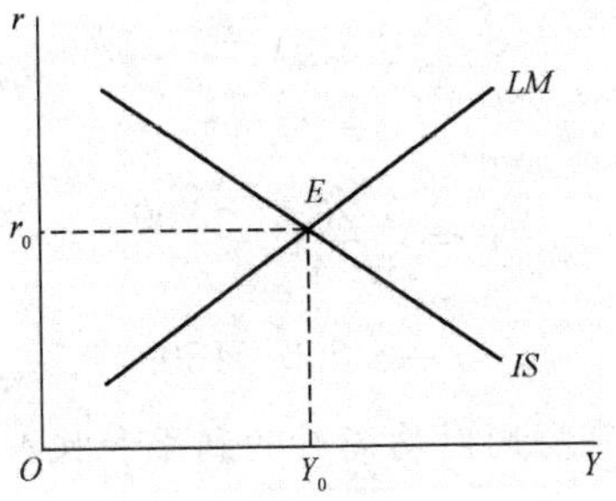

图 4-11 产品市场与货币市场的同时均衡

🔲 知识拓展

均衡状态的求解：代数方法

图 4-10 表明，能够使产品市场和货币市场同时达到均衡的利率和收入的组合只有一个，这一均衡的利率和收入既可以在 IS 曲线和 LM 曲线的交点上求得，也可以用数学方法求解，就是用 IS 曲线和 LM 曲线的数学表达式求解。

从公式（4-4）和公式（4-10）中，我们知道 IS 曲线和 LM 曲线的数学表达式分别为

$$IS：Y=\alpha\ (A-dr)$$

$$LM：r=\frac{k}{h}Y-\frac{m}{h}$$

这两个式子共同决定均衡利率和均衡收入，解这两个式子组成的联立方程组就可以得到均衡利率和均衡收入。

在实际求解过程中，只要从产品市场和货币市场的均衡条件出发，即从总支出（或总收入）等于总产出、实际货币供给等于实际货币需求出发，根据给出的具体条件构建具体的方程，然后可进行求解。

例如，已知经济中 $C=50+0.8Y$，$I=600-50r$，$G=350$，$L=0.25Y-37.5r$，$M_0/P=800$，求 IS 曲线和 LM 曲线的方程，并求解均衡的利率与收入。

首先根据总产出（或总收入）等于总支出，求解 IS 曲线方程：

$$Y=C+I+G=50+0.8Y+600-50r+350$$

把含有 Y 的项目移动到等式的左边，得到：

$$Y-0.8Y=50+600-50r+350$$

或者 $$(1-0.8)\ Y=50+600-50r+350$$

等式两边除以 $(1-0.8)$，得到：

$$Y=\frac{50+600-50r+350}{1-0.8}$$

整理得到 IS 曲线 $$Y=5\ 000-250r$$ ①

再根据实际货币供给等于实际货币需求，求解 LM 曲线方程

$$800=0.25Y-37.5r$$

等式两边除以 37.5，得：

$$r=\frac{0.25}{37.5}Y-\frac{800}{37.5}$$

整理得到 LM 曲线　　　　　　$Y=3\,200-150r$　　　　　　　　　②

联立方程①和②求解两个市场同时均衡时的利率和收入：

$$\begin{cases} Y=5\,000-250r \\ Y=3\,200-150r \end{cases}$$

得 $r=4.5$，$Y=3\,875$

二、均衡状态的变动

当决定 IS 曲线和 LM 曲线的因素发生变动时，IS 曲线和 LM 曲线的位置会发生移动，从而改变均衡利率均衡收入。

1. LM 曲线固定不变，IS 曲线的移动

假定 IS 和 LM 曲线的交点上同时实现了产品市场和货币市场的均衡。然而，这一均衡不一定是充分就业均衡。如图 4-12 所示，IS 和 LM 交点决定的均衡利率和均衡收入是 r_0 和 Y_0，但充分就业的收入是 Y^*，如何实现充分就业均衡呢？

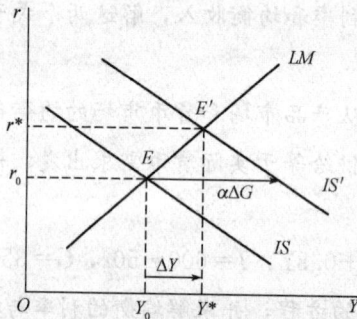

图 4-12　IS 曲线移动改变均衡状态

首先让我们回顾引起 IS 曲线位置移动的因素有：自发消费、计划投资、政府购买和税收的变动。这些因素的变动都会引起 IS 曲线的移动，其中政府购买和税收的影响尤其重要，这两项为政府直接控制，政府可以通过调整政府购买和税收来影响经济的运行。

以政府增加购买支出为例。如图 4-12 所示，这会增加经济中的总支出水平，IS 曲线向右移动，与 LM 曲线相交于 E' 点，就会回到充分就业的收入水平。在新的均衡点 E'，均衡收入和均衡利率都上升了。这是因为政府购买增加首先会使得总收入增加，同时也会使得货币需求上升，由于货币供给是固定的（假定 LM 不变），人们只能出售债券获取所需的货币，这会使债券价格下降，即利率上升，才能平衡货币市场。

从图 4-12 中还可以看出，收入增加的幅度 ΔY 明显小于 IS 曲线移动的幅度 $\alpha \Delta G$，也就是说，政府购买支出增加对总收入的放大效应并没有完全体现出来，收入增加少于政府购买支出与乘数的乘积，这是为什么呢？

这是因为货币市场发挥了影响。政府购买增加使均衡收入相应增加，在货币市场上，收入增加会引起货币需求的增加，在货币供给不变的条件下，货币需求增加将带来利率水平的上升，在图 4-12 中，表现为均衡利率从 r_0 上升到 r^*。利率上升会使产品市场上的私人投资减少，从而部分抵消了政府购买的增加，使收入的增加（ΔY）小于 IS 曲线的移动（$\alpha \Delta G$），这种情况被称为政府购买支出对私人投资的挤出效应。在以后介绍政府经济政策的时候会较为详细地讨论这一内容。

如果政府减少购买支出或增加税收，将减少经济中的总支出水平，IS 曲线将左移，均衡收入和均衡利率水平会共同下降。

2. IS 曲线固定不变，LM 曲线移动

货币供给量的变动会引起 LM 曲线的移动。如图 4-13 所示，初始均衡点在 E，经济处在小于充分就业水平的状态。如果中央银行增加货币供给量，LM 曲线会向右移动。随着 LM 曲线的向右移动，利率会立即下降，这是因为在 IS 曲线不变的情况下，产品市场的供求情况没有发生变化，LM 曲线右移意味着货币市场上供过于求，这必然导致利率下降。利率下降刺激投资增加，从而使收入增加，最终达到新的均衡点 E'，经济回到了充分就业的收入水平。

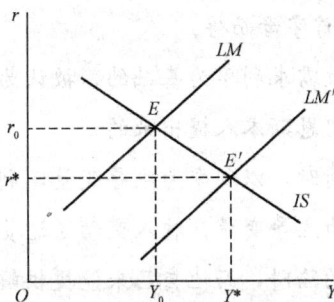

图 4-13　IS 曲线移动改变均衡状态

如果中央银行减少货币供给量，LM 曲线会向左移动，将引起均衡利率上升和均衡收入减少。

3. IS 曲线和 LM 曲线同时移动

如果政府购买和货币供给量同时发生变动，则导致 IS 曲线和 LM 曲线一起移动，均衡收入和均衡利率也将发生变动。具体会产生什么样的变化，这取决于各种政策的力度和方向。图 4-14 显示的是当 IS 和 LM 曲线移动幅度相同时（各种政策的作用力度相同）出现的情况。假定其他条件不变，政府增加购买支出使 IS 曲线由 IS_1 右移至 IS_2，均衡收入

水平从 Y_1 增加到 Y_3，利率从 r_1 上升到 r_2。可以看出，在中央银行没有增加货币供给量的情况下，均衡收入的增加幅度小于 IS 曲线移动的幅度。如上所述，这是因为利率上升把一部分私人投资挤出了。为了加强政策效果，中央银行增加货币供给量，LM 曲线由 LM_1 移动到 LM_2，从图中可以看出，利率下降到 r_1 的水平，被挤掉的投资得以实现，均衡收入进一步增加到 Y_2。

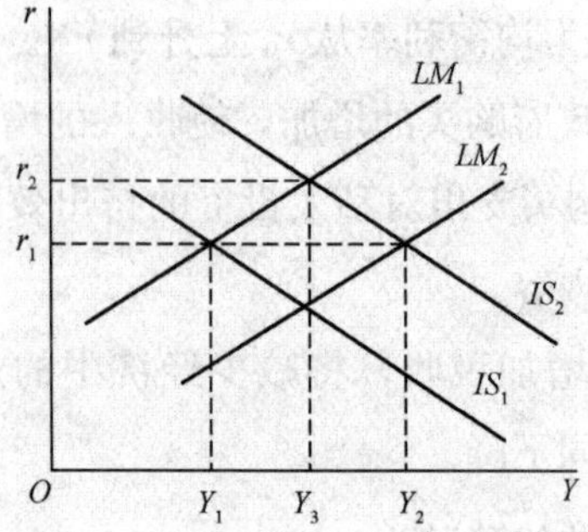

图 4-14　IS 和 LM 曲线同时移动

知识拓展

关于 IS—LM 模型

IS—LM 模型是商品市场和货币市场同时均衡的分析模型，其中 IS 是取投资（investment）和储蓄（savings）的首字母而得，LM 是取流动性偏好（liquidity preference）和货币存量（money stock）的首字母而得。

这个模型是以凯恩斯的有效需求利率为基础的，被认为是对凯恩斯经济理论最经典的诠释，但是这个模型却不是由凯恩斯本人提出来的。

凯恩斯在讨论商品市场均衡时，以利率为主导变量，利率变动通过投资影响收入；在讨论货币市场均衡时，以收入为主导变量，收入变动通过货币需求影响利率。实际上，凯恩斯陷入了逻辑上的循环推论的陷阱，而他自己未能提供解决方案。

完成这项任务的是后来的经济学家希克斯和汉森。1937 年，希克斯发表《凯恩斯先生与古典学派》一书，首次提出 IS—LM 模型。汉森在 1948 年发表的《货币理论与财政政策》、1953 年发表的《凯恩斯学说指南》中进一步完善了 IS—LM 模型。

该模型把两个市场的均衡放在同一个框架内分析，很好地解决了凯恩斯的逻辑问题，又称为"希克斯—汉森"模型。

IS—LM 模型是对简单的国民收入模型的一种发展，它作为一种宏观经济分析的核心工具是很重要的，特别是对考察宏观经济政策的调控力度极为有用。但是，一些经济学家认为该模型存在一些问题，比如这一模型和凯恩斯的国民收入决定于消费和投资的基本理论是矛盾的。但是由于 IS—LM 模型简洁明了、适用性强，这些争论丝毫不能妨碍其成为短期经济分析的核心工具。

三、IS—LM 模型与总需求曲线

1. 总需求曲线的推导

IS—LM 模型研究了在价格水平不变的情况下均衡收入的决定情况。现在我们放弃价格水平固定不变的假定，价格的变化通过产品市场和货币市场的作用会影响总需求，进而影响到均衡的产出水平。因此，我们可以在 IS—LM 模型基础上，分析价格水平变化与均衡产出水平的关系，从而推导出宏观经济中的总需求曲线。总需求曲线（aggregate demand curve，AD）表明当一个经济的产品市场和货币市场同时均衡时价格水平 P 和均衡产出 Y 之间的负相关关系。

推导总需求曲线时，首先要考虑：如果价格水平下降了，对 IS—LM 模型会产生什么影响？显然，不会影响到产品市场的均衡状态，因为我们在设定产品市场均衡条件 $[Y=C(Y)+I(r)+G]$ 时，不包含价格因素，所有的变量都是在给定价格水平下的实际值，所以 IS 曲线不会因价格水平的变动而移动。然而，LM 曲线会受到影响，因为每一条 LM 曲线都是根据给定的名义货币供给量和价格水平画出来的，也就是根据给定的实际货币供给量 (M_0/P) 画出的。因此，如图 4-15 所示，当名义货币供给量不变，价格水平由 P_1 下降到 P_2 时，这会使实际货币供给量增加。在图 4-15 的上半部分，实际货币供给量的增加会使与初始价格水平 P_1 对应的

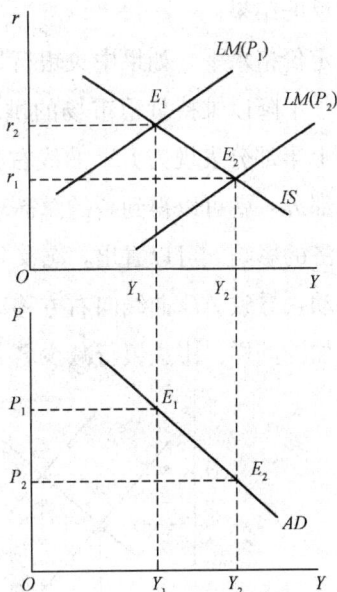

图 4-15　从 IS—LM 模型中推导 AD 曲线

LM 曲线从 LM (P_1) 的位置右移到 LM (P_2)。新的均衡点为 E_2，在该点，利率下降，收入增加。把新旧两个均衡点对应的价格和收入描绘在图 4-15 的下半部分中，我们可以得到表示均衡状态的价格和收入的两组关系。用同样的方法，不断改变价格水平，使得 LM 曲线移动，LM 曲线和 IS 曲线可以有许多交点，每一个交点都会在图 4-15 的下半部分中得到一个特定的价格和收入的组合，于是就有许多 P 和 Y 的组合，构成一系列点，把它们连接起来，就可以得到一条向右下方倾斜的曲线，这就是总需求曲线。总需求曲线上的每一个点都是对应于特定价格水平，使得产品市场和货币市场同时均衡的收入。总需求曲线向右下方倾斜，是因为价格水平越低，实际货币供给量越高，利率越低，总支出和总产出（总收入）水平就越高。

2. 总需求曲线的移动

以上讨论了价格变动引起 LM 曲线移动进而改变了价格和收入的关系，这表现为 AD 曲线上的点沿 AD 曲线的移动。而价格以外任何因素的变动，如果能够移动 IS 或 LM 曲线，都会导致总产出或总收入的变动，这会表现为总需求曲线的移动。

图 4-16（a）表示，如果政府购买支出增加了，IS 曲线向右方移动。如图 4-16（a）的上半部分，在初始价格 P_0，均衡点由 E_0 变为 E_1。在新的均衡点，收入和利率都提高了。我们把初始价格 P_0 和新的收入 Y_1 描绘在图 4-16（a）的下半部分，点 E_1 是新的总需求曲线上的一点。新的总需求曲线反映了增加政府购买对经济的影响。可以看出，政府购买支出增加（价格以外的因素）引起的 IS 曲线向右方移动，导致 AD 曲线向右方移动，这意味着总需求的增加，在价格不变时，产出（收入）增加。同样，政府购买支出减少会引起相反的结果。

给定价格水平，如果中央银行增加了名义货币供给量，这会使实际货币供给量增加。利率必须下降以维持货币市场的供求均衡。利率的下降会使均衡收入增加。这在图 4-16（b）的上半部分表现为 LM 曲线右移。我们把新的均衡收入和价格水平描绘在图 4-16（b）的下半部分，就可以得到新的总需求曲线上的一点。新的总需求曲线反映了增加货币供给量对经济的影响。可以看出，名义货币供给量的增加（价格以外的因素）引起 LM 曲线向右方移动，导致 AD 曲线向右方移动，这意味着总需求的增加，在价格不变时，产出（收入）增加。同样，中央银行减少名义货币供给量会引起相反的结果。

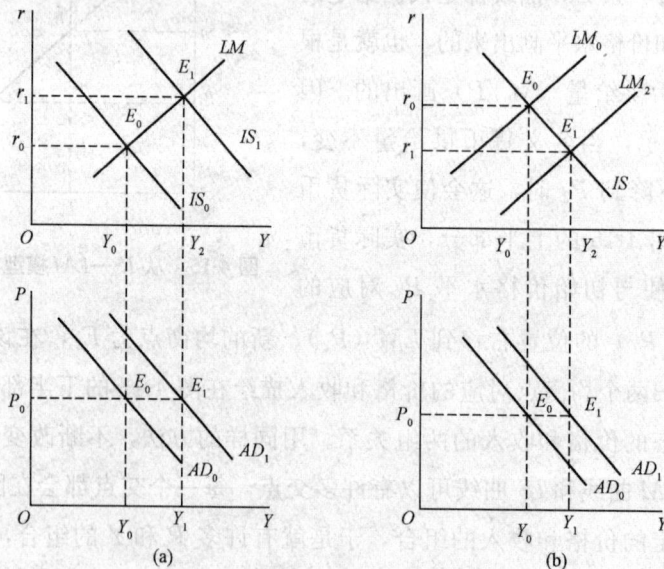

图 4-16 IS 与 LM 曲线移动导致 AD 曲线移动

知识拓展

总需求曲线的推导：代数方法

可以从 IS 曲线方程和 LM 曲线方程推导出 AD 曲线的数学表达式。

IS 曲线方程： $\qquad Y=\alpha\,(A-dr)=\alpha A-\alpha dr$ $\qquad\qquad$ (4-12)

LM 曲线方程： $\qquad M_0/P=L_1\,(y)+L_2\,(r)=ky-hr$ $\qquad\qquad$ (4-13)

把 Y 和 r 当成未知数，其他变量当作参数，对上述两个方程联立求解。所求得的 Y 的解式表示了价格和总需求之间的函数关系。

例如，已知 $C=100+0.6Y$，$I_0=600-1\,000r$，$G_0=300$，$M_d=(0.4Y-3\,000r)\,P$（名义货币需求函数＝实际货币需求函数×价格指数），$M_0=800$。求经济中总需求曲线的表达式。

根据产品市场均衡条件，有：

$$Y=C+I+G_0$$
$$=100+0.6Y+600-1\,000r+300$$

把包含 Y 的项目移到等式的左边，得到：

$$(1-0.6)\,Y=1\,000-1\,000r$$

等式两边同时除以 $(1-0.6)$，得到的 IS 曲线方程：

$$Y=2\,500-2\,500r$$

根据货币市场均衡条件，有：

$$800=(0.4Y-3\,000r)\,P$$

上式两边均除以 $0.4\,(k)$，得：

$$Y=(-3\,000/0.4)\,Y-800/0.4P$$

整理得到 LM 曲线方程式：

$$Y=7\,500r-\frac{2\,000}{P}$$

联立 IS 和 LM 方程，得总需求函数：

$$Y=1\,875+\frac{500}{P} \qquad\qquad (4\text{-}14)$$

总需求曲线反映产品市场和货币市场同时均衡时价格水平和收入之间的反方向变动关系。

本章小结

1. 凯恩斯交叉图是解释总支出对总产出或总收入的作用的简单模型，它的缺陷是没有包括货币和利率。IS—LM 模型包括了产品市场和货币市场，两个市场是通过利率联系起来的。

2. 投资曲线表示投资和利率之间的关系。把投资作为利率的函数以后，意愿的总支出也成为利率的函数。利率的变动通过影响投资，进而影响总支出和产品市场的均衡。

3. IS 曲线又称产品市场均衡曲线，IS 曲线上的每一点表示在产品市场上总支出等于产出（或总收入），即投资等于储蓄时均衡收入和利率的组合。IS 曲线向右下方倾斜，表示利率越高，收入越低。IS 曲线的位置取决于自发支出。IS 曲线的斜率取决于乘数和投资对利率变动的敏感程度。乘数越大，投资对利率变动的敏感程度越大，IS 曲线越平坦。

4. 人们出于交易动机和预防动机的货币需求被称为货币的交易需求，它是收入的增函数；投机性货币需求是利率的减函数。因此，实际货币需求取决于收入和利率。LM 曲线又称货币市场均衡曲线，LM 曲线上的任一点都表示货币市场均衡时收入和利率的组合。LM 曲线向右上方倾斜，表示均衡收入和利率同方向变动。LM 曲线的斜率取决于货币需求对收入变动的敏感程度 k 和货币需求对利率变动的敏感程度 h。当 k 为定值时，h 越大，LM 曲线越平坦。每一条 LM 曲线都对应于一条实际货币供给曲线，实际货币供给的变动会使 LM 曲线移动。

5. IS—LM 模型表示产品市场和货币市场的同时均衡。通过曲线相交、方程联立可以得到均衡收入和均衡利率。当 LM 曲线不变时，政府实施增加政府购买或减税的政策，会使 IS 曲线向右移动，使均衡利率上升，均衡收入增加。由于利率的上升，一部分私人投资会被挤出。当 IS 曲线不变时，中央银行增加货币供给量，LM 曲线向右移动，均衡利率下降，均衡收入增加。

6. 总需求曲线表示对应于每一个价格水平，使产品市场和货币市场同时均衡的产出（收入）水平。用 IS—LM 模型可以推导出总需求曲线。

复习与思考

一、名词解释

投资函数　　　　IS 曲线　　　　货币交易需求　　　货币投机需求
货币需求函数　　LM 曲线　　　　流动性陷阱　　　　IS—LM 模型

二、选择题

1. 投资需求曲线表明了投资与（   ）之间的关系。

    A. 可支配收入   B. 国民收入

    C. 预期利润   D. 利率

2. 在投资和储蓄相等的条件下，均衡利率和均衡收入的变动方向（   ）。

    A. 相反   B. 相同

    C. 没有关系   D. 不能确定

3. 某居民预料债券价格将要下跌而把货币保留在手中，这时对货币的需求被称为（   ）。

    A. 货币交易需求   B. 货币投机需求

    C. 货币预防需求   D. 货币储备需求

4. 在货币供给量等于货币需求量的条件下，均衡利率和均衡收入的变动方向（   ）。

    A. 相反   B. 没有关系

    C. 相同   D. 不能够确定

5. 假定其他条件不变，政府购买支出增加 100 亿元将导致 IS 曲线（   ）。

    A. 右移 100 亿元   B. 左移 100 亿元

    C. 右移支出乘数乘以 100 亿元   D. 左移支出乘数乘以 100 亿元

6. 在实际货币供给不变时，人们对货币的需求取决于收入和利率，则收入增加时（   ）。

    A. 货币需求增加，利率上升   B. 货币需求增加，利率下降

    C. 货币需求减少，利率上升   D. 货币需求减少，利率下降

7. 以下不是引起 IS 曲线向右方移动的原因的是（   ）。

    A. 对未来利润预期变得悲观   B. 政府决定修建一条高速公路

    C. 储蓄减少   D. 政府决定降低个人所得税

三、问答题

1. 从产品市场均衡出发，推导 IS 曲线。在什么情况下 IS 曲线向右移动？

2. 从货币市场均衡出发，推导 LM 曲线。在什么情况下 LM 曲线向左移动？

3. 完整的 LM 曲线应该是怎样的，为什么？

4. 下述情形将使 IS 曲线或 LM 曲线如何移动？

    （1）政府购买增加。

    （2）投资者对前景感到悲观，从而减少计划投资。

    （3）政府增加个人所得税。

    （4）货币供给增加。

    （5）货币需求曲线向右上方移动。

5. 结合图形分析，政府减税和中央银行减少货币供给量同时发生，$IS—LM$ 模型的均衡将如何变动？

6. 假设经济中的消费函数为 $C=150+0.6Y$，投资函数为 $I=100-6r$，政府购买支出为 $G=50$；货币需求函数为 $L=0.2Y-2r$，实际货币供给为 100。

(1) 求解 IS 曲线的表达式。

(2) 求解 LM 曲线的表达式。

(3) 求解双市场同时均衡条件下的收入水平和利率水平。

(4) 画图表示 IS 曲线、LM 曲线、均衡收入和均衡利率。

(5) 如果政府购买增加为 100，经济中的均衡如何变化？

(6) 如果实际货币供给增加到 150，经济中的均衡如何变化？

7. 利用习题 6 的资料，求解总需求曲线的数学表达式（Y 作为 P 的函数）。

第五章　宏观经济政策分析：
IS—LM 模型的运用

2008 年 11 月 5 日，温家宝总理主持国务院常务会议，提出将实行"积极的财政政策和适度宽松的货币政策"，强有力地扩大国内需求，以应对复杂多变的形势，保持经济平稳较快发展。这意味着，大约一年之前中央提出的"从紧"的宏观政策发生了取向性的转变。2002 年以来，我国宏观经济整体保持"高增长、低通货膨胀"的良好运行态势。伴随着经济的高速增长，自 2007 年下半年起，价格水平一路攀升，宏观经济出现总需求大于总供给的通货膨胀倾向，政府实施稳健的财政政策和从紧的货币政策加以应对。然而，时隔数月的宏观经济形势表明，经济迅速下行才是当前宏观经济的主要难题。形势转变客观上要求政府具有宏观调控的应变能力，国务院常务会议的决定表明了政府灵活审慎的调控方针。

在现代市场经济中，政府需要密切观察不同时期总供求关系的变动情况，采取适当的需求管理政策对宏观经济实行短期调节。所谓需求管理，就是在总供给为既定的前提下，政府通过调节总需求实现整体经济的稳定。最常用的需求管理工具包括财政政策和货币政策。这两大政策的作用效果可以通过 *IS—LM* 模型得到清楚的说明。因此，本章在上一章说明 *IS—LM* 模型的基础上，分析财政政策和货币政策的作用机制，并且比较这两种政策的作用效果。

第一节　财政政策工具与运用

一、财政政策工具

财政政策是指通过改变政府支出和收入来影响总需求的政策。政府支出主要包括购买支出和转移支付，政府的收入主要通过税收取得。

1. 政府购买支出

购买支出是指政府对物品和劳务的购买。包括政府兴建水库大坝、高速公路等公共工程的开支，政府对军需品、科技、教育、环保等公共物品生产的投入，以及政府机构建立、维持、运营的费用，比如政府购买办公用品，支付公务员的工资等。

政府购买支出（G）是总需求的一部分，对总需求水平有直接的影响，是决定产出水平的重要因素，因而是政府最常用的财政政策工具。

2. 转移支付

政府的另一类支出是转移支付，转移支付是指政府在社会福利保险、贫困救济、各项补贴，以及公债利息等方面的支出。例如，政府给失业者发放的失业救济金，对低收入居民发放的猪肉补贴、对农业的补贴等。转移支付的特点在于，它不是对物品和劳务的直接购买，而是政府将收入在不同社会成员之间进行再分配。然而，由于转移支付的对象大多是低收入的居民，他们得到收入，通常会用于购买消费品，因此转移支付可以对总支出发生间接的影响，但影响程度不如政府购买强烈。

政府转移支付间接影响总需求的机理是：通常低收入者的边际消费倾向高于高收入者。当政府以税收的形式从较高收入者那里集中一笔钱款，再以转移支付的形式发放给较低收入者后，就会有较大的一部分用于消费，从而间接提高总需求水平。

3. 税收

税收是财政收入的主要来源，它是政府对家庭和企业收入的一种攫取，也可以被政府用作财政政策工具，来调节经济中的总需求。

政府主要通过税率的调整来实施财政政策。税率的高低与变动方向对家庭和企业的收入、消费和投资会产生很大的影响。如果政府提高税率，增加税收，家庭的可支配收入减少，会减少消费支出；企业的收入和利润减少，会减少投资支出，这两方面的作用会导致总需求水平的下降，从而降低均衡产出水平；反之，如果政府降低税率，减少税收，则会拉动总需求从而增加均衡产出。

二、财政政策工具的运用

第四章第三节运用 IS—LM 模型说明均衡状态的变动时曾说到，IS 和 LM 曲线的交点上同时实现了产品市场和货币市场的均衡，但这一均衡不一定是充分就业均衡。如何实现充分就业均衡呢？下面我们将使用 IS—LM 模型来演示财政政策的影响。

以上介绍的三种财政政策工具有一个共性，即它们都在产品市场上发生作用，它们的变动都能够使 IS 曲线的位置发生移动，进而影响均衡产出和利率水平。因此，当宏观经济发生短期波动时，政府可以运用上述三种财政政策工具移动 IS 曲线的位置，进而实现消除失业和通货膨胀，实现宏观经济稳定的目标。

图 5-1（a）表示，经济处在萧条状态，总需求不足，均衡产出水平小于充分就业水平，政府可通过增加购买支出，比如兴建民生工程，或加大环保投入，以刺激总需求的增加，从而增加生产和就业。政府也可以增加出口退税给企业以补贴，或者向低收入阶层发放消费券，刺激企业投资和居民消费，增加生产和就业。政府还可以通过调整税率来实施财政政策，降低税率减少税收可起到增加总需求的作用，因为减税一方面会增加居民可支配收入，从而增加居民的消费需求；另一方面也可增加企业的收益，进而刺激投资需求。因而可从消费和投资两方面拉动总需求来增加均衡产出。以上所有这些能够增加总需求的措施，都被称为扩张性财政政策（expansionary fiscal policy），在我国，扩张性财政政策也被称为积极的财政政策。如图 5-1（a）所示，当经济萧条时，政府实施扩张性财政政策能够使 IS 曲线从 IS 向右方移动到 IS'，均衡产出从 Y_0 重新回到充分就业水平 Y^*。并且，在乘数的作用下，增加政府支出和减税，都会使总需求和均衡产出在乘数作用下发生数倍扩大。这个乘数过程和我们在第三章描述的一样。

图 5-1（b）表示，经济中出现了通货膨胀，总需求过旺，均衡产出水平大于充分就业水平。政府可通过减少购买支出和转移支付，提高税率以便减少总需求，抑制通货膨胀。减少政府购买支出和转移支付，既可直接减少总需求，又可通过抑制私人消费和投资，间接减少总需求。提高税率增加税收可减少居民消费需求和企业投资需求，从而减少总需求。以上所有这些旨在抑制总需求的措施，都被称为紧缩性财政政策（contractionary fiscal policy）。如图 5-1（b）所示，政府实施紧缩性财政政策会使 IS 曲线从 IS 向左方移动到 IS'，均衡产出从 Y_0 重新回到充分就业水平 Y^*。在乘数的作用下，减少政府支出和增税，都会使总需求和均衡产出在乘数作用下发生数倍的收缩，从而抑制经济的膨胀。

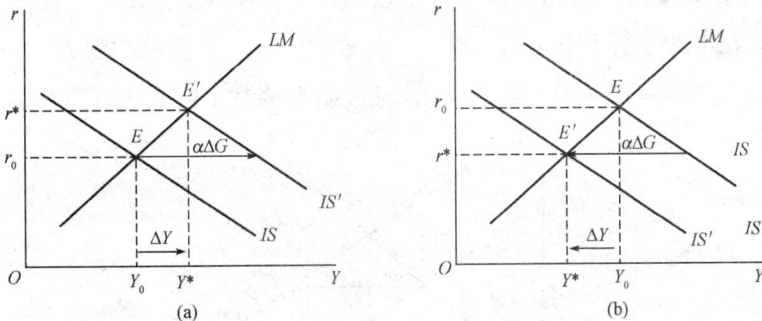

图 5-1 财政政策工具的运用

三、相机抉择的财政政策

上述财政政策工具的作用不是经常性的，而是政府审时度势，根据经济运转的情况见机行事，随时做出其认为是最优的政策选择。即政府根据情况的变化，适时对既定的财政政策进行调整，这种财政政策被称为相机抉择或斟酌处置的财政政策。

相机抉择的财政政策主要采取两种形式。一种形式是增加或减少政府支出。例如，在20世纪30年代的大萧条期间，美国政府出资兴建了一些大型公共工程项目，招收失业工人参加修公路、修水坝等工程，以解决失业，增加总需求。这就是一项扩张性的相机抉择的财政政策。1997—1999年，亚洲金融危机引起中国的通货紧缩，中国政府及时改变了"九五"计划确定的"从紧"的宏观调控政策，转而采取了一系列扩张性的政策，其中包括政府增加对基础建设领域的重点投资等相机抉择的财政政策，成功地遏制了通货紧缩的负面影响。

相机抉择的财政政策的另一种形式是减税或增税。例如，1964年，美国经济停滞，肯尼迪政府采取了减税的政策，个人所得税率从20%～91%降到14%～65%，公司所得税从52%降到47%。此外，还采取了投资减税优惠和加速折旧。这些措施对经济起到了有力的刺激作用，促进了20世纪60年代美国经济的繁荣。肯尼迪的减税政策是运用相机抉择的财政政策促进经济增长的一个成功案例。20世纪60年代后期，由于多年的扩张性财政政策，美国经济过热，通货膨胀加剧。为抑制经济膨胀，1968年，美国总统约翰逊又实行了增税的政策，即对个人所得税加征了一年期10%的附加额。由于附加税只有一年，消费者明白税收变动是暂时的，没有显著改变消费支出，因而这次紧缩性的财政政策是失败的。

四、财政政策的缺陷

1. 挤出效应

如图5-2所示，经济的初始均衡点位于点 E，政府购买支出增加会使得总需求增加，IS 曲线右移，在不考虑货币市场的作用下，利率不变，经济会移动到 E'，均衡产出将从 Y_0 增加到 Y'，增加的幅度为政府购买支出增量 ΔG 和乘数 α 的乘积。

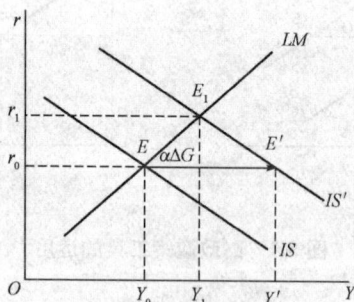

图5-2　挤出效应

现在考虑货币市场的作用。点 E' 在 IS' 曲线上，表示产品市场处于均衡状态。但是，点 E' 不在 LM 曲线上，该点上货币市场不处于均衡状态，点 E' 在 LM 曲线的右侧，货币市场存在超额需求。这是因为，政府购买支出的增加提高了总支出水平，总支出的增加带来总收入水平的提高，而收入提高会增加货币需求，在货币供给不变的情况下，出现货币供不应求。为了平衡货币市场，利率必须上升，利率的上升会减少私人投资支出，进而减少了总需求，这会部分抵消政府购买支出增加所产生的扩张性效果。只有在点 E_1，产品市场和货币市场才同时处于均衡状态。在点 E_1，产出的增加小于 $\alpha\Delta G$。

我们把由扩张性财政政策提高利率所引起的私人投资减少的作用机制称为挤出效应（crowding out effects）。从图 5-2 可以清楚地看到挤出效应对产出的影响。首先比较点 E 与 E_1，我们发现，产出和利率都增加了，产出从 Y_0 增加到 Y_1，利率从 r_0 增加到 r_1。再来比较点 E_1 与 E'，为什么产出不能从 Y_0 一直增加到 Y' 而只增加到 Y_1 呢？这是由于利率上升了，Y_1 到 Y' 的距离表示利率上升所损失的产出。由于存在挤出效应，政府购买支出增加带来的总需求和均衡产出的增加，要比利率不变时的作用小一些。挤出效应使扩张性财政政策的效果减弱了。挤出效应越大，财政政策的效果就越小；反之亦然。

2. 财政政策的时滞

任何一项政策，从决策到对经济发生影响都会有一个时间间隔，这种时间间隔就叫政策时滞。政策时滞分为内部时滞和外部时滞。内部时滞（inside lag）是指从认识冲击发生到制定政策所花费的时间，外部时滞（outside lag）是从政策开始实施到对经济产生影响的时间。

内部时滞又分为认识时滞、决策时滞和行动时滞。认识时滞是确认冲击所花费的时间。与医生看病一样，需要确诊，才能对症下药。然而，情况往往是模糊不清的。例如，2008 年上半年，当时宏观经济的主要危险还被认为是通货膨胀。然而到了 2008 年的下半年，经济所面临的主要危险已经被公认为是防止通货紧缩。决策时滞是指制定政策所花费的时间，行动时滞是从决策完毕到政策付诸实施的时间间隔。

内部时滞过长是财政政策的主要问题，主要体现在决策时滞长。无论是政府支出还是税收的决策，都要经过一个完整的法律过程。尤其是在现代民主国家中，财政政策（如减税、增加政府支出）从设计提出方案，到国会讨论、各利益集团的院外活动，最后经总统批准才能执行。由于任何一项财政政策措施都会涉及不同阶层、不同集团和不同部门的利益，要使各方对要实现的政策目标和政策措施达成一致，或者达到大多人意见一致，是相当不容易的，所需要的时间较长。终于等到实施时，衰退或繁荣的最佳调节时机可能已经过去，甚至经济已经进入相反的周期，原来抑制经济波动的政策可能会引起经济波动。例如，扩张性财政政策在经济衰退时制定，到实施时经济可能已经复苏，扩张性财政政策只会加剧经济波动，引起通货膨胀。

财政政策的外部时滞短。因为财政政策对总需求有较为直接的影响。但不同的财政政策的外部时滞也有差别。某些财政政策对总需求有即时的作用，例如，增加政府购买支出会直接增加总需求。减税会即时增加个人可支配收入，但对消费支出的影响则要经过一定时间后才能产生。财政政策挤出效应的外部时滞最长，因为扩张性财政政策在引起总需求和国民收入的变动后，国民收入的增加又引起货币需求的增加，利率上升，投资减少。一般来说，在短期内，扩张性财政政策产生乘数效应，在较长期时间后才会产生挤出效应。

五、财政政策的效果

扩张性财政政策的效果与挤出效应的大小有关，而挤出效应的大小取决于 IS 曲线和 LM 曲线的斜率以及乘数的大小。以下着重说明，在不考虑 IS 曲线斜率的情况下，财政扩张和挤出效应如何与 LM 曲线的斜率和乘数有关。

第四章第二节说明，LM 曲线的斜率是逐渐变陡的，如图 5-3 所示。一般来说，在经济萧条时，LM 曲线比较平坦，政府增加购买支出时，利率不会上升很多，因而不会对私人投资有很大的挤出，政府增加购买会使国民收入增加较多，财政政策的效果较大。而越接近充分就业时，LM 曲线越陡峭，政府购买支出增加会使利率有较大幅度的上升，因而会对私人投资产生较大的挤出效应，政府增加购买使国民收入增加较少，财政政策的效果较小。图 5-3 表明，随着 LM 曲线的斜率逐渐变陡，政府购买支出同样增加 ΔG，IS 曲线向右移动同样的距离，国民收入 Y 的增加是递减的。

有两种极端的情况。第一种是 LM 曲线为一条水平线，这被称为流动性陷阱。此时，由于利率极低而债券价格极高，人们预期利率不能再降低而债券价格只能下跌不会再涨。因此，在给定的利率水平上，人们愿意持有市场供给的任何数量的货币，货币投机需求变得无限大。图 5-4 流动性陷阱情况下，财政政策非常有效。这时，政府使用扩张性财政政策对收入的作用等于乘数，利率不会上升，不存在对私人投资的挤出，财政政策极为有效。凯恩斯认为，在大萧条时，经济会陷入流动性陷阱，这时人们感到购买债券将蒙受损失，宁愿存短期存款或把钱放在口袋里，中央银行不能用增加货币供给量刺激经济。而政府实施财政政策则会十分有效，因为不必担心利率上升挤出私人投资。

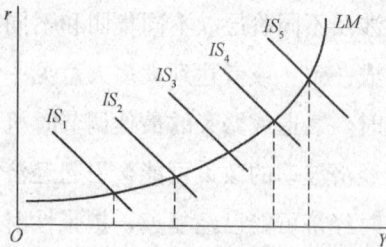

图 5-3　财政政策效果与 LM 曲线的斜率有关　　图 5-4　流动性陷阱时，财政政策有效

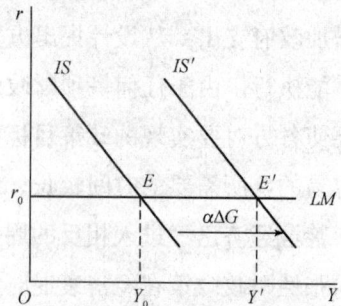

第二种极端的情况，是在 LM 曲线为一条垂线的时候，这被称为古典情况。此时，利率很高，人们预期利率将下降，或者说债券价格将上升，未来持有货币将蒙受损失，因而

将所持有的货币全部换成债券，货币的投机需求等于零，在这种情况下，任凭利率如何变动，货币的投机需求都不变，即货币需求与利率变动无关。如图5-5所示，政府使用扩张性财政政策只能提高利率，不会改变产出或收入的水平。例如，政府购买支出增加1元，私人投资就会被挤出1元，产出没有增加。这被称为完全的挤出。

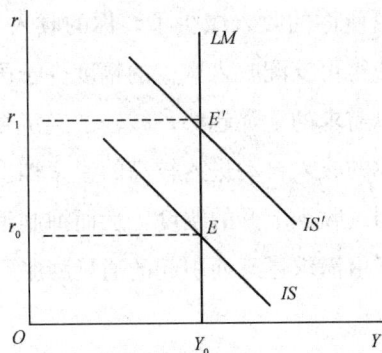

图5-5 垂直的 LM 曲线时，财政政策失效

货币主义学派的经济学家秉承了古典学派的基本观点，认为货币需求取决于收入，与利率变动无关，LM 曲线是垂直的。因此，扩张性财政政策的挤出效应很大，政府增加购买支出或者减税不会增加产出，只会提高利率，即存在完全的挤出，财政政策是无效的。在现实经济中，如果实现了充分就业，LM 曲线是垂直的，政府购买支出增加会提高价格，导致货币需求增加，这又会导致利率的上升和完全的挤出。也就是说，在经济中的资源被充分利用的情况下，政府购买增加1元，就占用了1元的资源，私人部门就少了1元的资源，存在一对一的挤出。

六、自动稳定器

如前所述，相机抉择的财政政策的缺点是缺乏灵活性，具有较长的内部时滞，这使得在短期内通过实施相机抉择的财政政策抑制经济波动的作用是有限的。能否找到一种不存在这类时滞，在财政政策尚未出台前，能够起到抑制经济波动的方法呢？事实上经济学家们在设计的经济制度中就包含着这种方法，这就是自动稳定器。自动稳定器（automatic stabilizers）是在经济波动时决策者不用采取任何有意的行动也会影响总需求的财政政策变动。主要的自动稳定器有以下两种。

1. 税收的自动变化

税收是最重要的自动稳定器。当经济进入衰退时，由于收入减少，税收也会自动减少，因为税收与经济状况密切相关，个人所得税取决于家庭收入，公司所得税取决于企业利润。由于家庭收入和企业利润在衰退时都减少，所以政府的税收也减少了。例如，当你的收入减少时，即使税率未变，你向政府缴纳的税款也会减少。假定扣除免税额之后，你的应纳税收入为 10 000 元，在税率为 10% 时，你需要交税 1 000 元，剩下可支配收入 9 000 元。现在发生了经济衰退，你的应纳税收入减少到 8 000 元，减少了 2 000 元，但是你的可支配收入并没有减少那么多，因为现在你交的税少了。即使税率仍然为 10%，你需要交税 800 元，你的可支配收入为 7 200 元，仅仅减少了 1 800 元。又如，在实行累进所得税的情况下，假定经济衰退使你的收入减少了，你的收入会自动进入较低的税率档次，你要缴纳的税额也少了。这使得可支配收入减少的幅度少于国民收入减少的幅度，从而抑制消费和投资的减少，延缓总需求的下降趋势，减轻了经济衰退的程度。相反，当经济繁荣时，由于你的收入增加，你的收入自动进入较高的税率档次，你交的税也多了。这使得可支配收入上升的幅度小于国民收入上升的幅度，从而抑制消费和投资的增加，减缓总需求的过度增长，这有助于减轻由需求过旺而引起的通货膨胀。

2. 转移支付的自动变化

政府的转移支付包括各种救济支出和其他社会福利支出，这类转移支付有固定的发放标准。当经济衰退时，由于失业人数和需要其他补助的人数增加，这类转移支付会自动增加，这会使人们可支配收入的下降幅度小于国民收入下降的幅度，在总需求不足时延缓了消费支出和总需求的下降趋势，减轻经济衰退的程度。相反，当经济繁荣时，失业人数和需要其他补助的人数减少，这类转移支付会自动减少，这使人们的可支配收入上升幅度小于国民收入上升的幅度，从而在总需求过旺时抑制了消费支出和总需求的过度增长，这有利于减轻通货膨胀的程度。

应当说明的是，自动稳定器对经济的调节作用是有限的，它只能减轻衰退和通货膨胀的程度，并不能改变衰退和通货膨胀的总趋势。但是，没有这些自动稳定器，经济的波动也许会更大。特别是，它可以在财政政策的效应尚未发生时，能够起到稳定经济的作用。因此，尽管自动稳定器不能替代财政政策，但它是决策者不可缺少的，能够自动配合相机抉择的财政政策作用的政策机制。

▶ 知识拓展

当前我国的积极财政政策

受美国金融危机引发的全球性经济衰退的影响，自 2008 年下半年以来，中国经济呈现下行趋势。为抵御国际环境对我国的不利影响，我国政府从 2008 年 11 月起，开始实行"积极的财政政策和适度宽松的货币政策"。就财政政策而言，把此前的"稳健"转变为当前的"积极"，这意味着财政政策将在此轮刺激经济增长的政策措施中处于更为重要的地位。

到目前为止，我国政府就如何实施积极的财政政策已经提出了一揽子计划，具体包括：

第一，大幅度增加政府购买支出。自 2008 年起，两年内政府增加 4 万亿投资，其中，中央政府投资 1.18 万亿元，带动地方政府和社会投资共约 4 万亿元。

这 4 万亿元投资主要用于：

(1) 增加用于保障性住房等民生工程的投资为 4 000 亿元左右。

(2) 实施农村民生工程，包括农村安全饮水、电网改造、道路建设、沼气建设、危房改造和游牧民定居，约为 3 700 亿元。

(3) 加快铁路、公路、机场、水利等基础设施建设，大体投入 15 000 亿元。

(4) 增加教育、卫生、文化、计划生育等社会事业方面的投入，约 1 500 亿元。

(5) 用于节能减排生态工程，约 2 100 亿元。

(6) 调整结构和技术改造，约 3 700 亿元。

(7) 汶川大地震重点灾区的灾后重建投入 10 000 亿元。

上述投入加在一起就是 4 万亿元。

为弥补财政支出增加形成的缺口，2009 年，中央政府拟安排中央财政赤字 7 500 亿元，比上年增加 5 700 亿元。同时由财政部代理地方政府发行 2 000 亿元债券。全国财政赤字合计 9 500 亿元，占 GDP 比重在 3% 以内。

政府增加投资是扩张性财政政策的典型运用。由于投资构成总需求的一部分，政府的 4 万亿投资具有拉动总需求的作用。

第二，增加补贴。主要包括：

(1) 增加对农民的各项补贴，共计 1 230 亿元，比上年增长 19.4%。

(2) 提高对企业退休人员和优抚对象的基本养老金水平和生活补助，共计 2 208 亿元。

(3) 提高全国 1 200 万义务教育阶段教师的工资水平。

(4) 提高粮食最低收购价格。

上述增加补贴的措施将使收入向低收入阶层转移，这有助于提升整体消费需求，具有扩大内需的效果。

第三，实行结构性减税。估计 2009 年减轻企业和居民税负将近 6 000 亿元。减税主要是：

(1) 在全国所有地区、所有行业全面实施增值税转型改革，即增值税由生产型转为消费型，避免重复征税，有利于促进企业技术改造，此项措施可减轻企业负担 1 200 亿元。

(2) 提高出口退税率，以帮助出口企业渡过难关。为什么提高出口退税率属于"减税"？按照我国税法，企业生产经营活动需要交纳 17% 的增值税，但对出口产品可以先征收，出口时再减免，这称为出口退税。出口退税降低了出口企业的实际税负。提高出口退税率，等于企业的实际税负更低了，这会产生扩张性财政政策效果。

（3）适当时候调整个人税负，以增加居民消费，拉动内需。

此外，温家宝总理在十一届全国人大二次会议的记者招待会上提出，政府已准备了应对更大困难的方案，根据形势的变化，将随时出台新的刺激经济的政策。

在世界性经济衰退以及国内经济增速放缓的情况下，相信积极的财政政策对刺激我国经济增长将发挥很大的作用。但是这样的政策是有成本的。长期的大幅财政支出，会形成大量的财政赤字，加重我国的财政负担；扩张性财政政策还会产生挤出效应，不利于民间资本和国外资本的发展。因此，实行积极的财政政策只能是阶段性的。完成其既定目标后，应逐渐淡出。

第二节　货币政策

货币政策是指中央银行通过改变经济中的货币供给量和利率水平来调节总需求，实现经济稳定发展的措施的总称。自我国改革开放以来，货币政策已逐渐成为宏观调控体系的重要手段。那么，在银行体系中，是什么决定了经济中的货币量？中央银行如何改变货币供给量稳定经济呢？它拥有什么政策工具，并如何运用这些工具呢？本节首先解释银行体系如何创造货币，然后，我们将考察中央银行如何使用货币政策工具影响经济。

一、银行体系

银行体系运作涉及三个角色：中央银行、商业银行和公众。下面逐一介绍。

1. 中央银行

中央银行（central bank）是政府的银行，是代表政府管理金融的机构。虽然也被称为银行，但是并不经营银行业务，不以营利为目标，是一个超脱于一般银行之外的金融管理机构。许多国家都有自己的中央银行。例如，美国的中央银行是联邦储备银行，英国的中央银行是英格兰银行，日本的中央银行是日本银行，我国的中央银行则是中国人民银行。

中央银行的主要职能是：

第一，银行的银行。中央银行既是商业银行的监管者，也为商业银行提供服务。中央银行集中保管商业银行缴存的准备金，办理各商业银行在全国范围内的结算业务，在商业银行资金短缺而银行之间的拆借困难时，中央银行充当最后的贷款人，以垫款或贴现的方式对各银行提供贷款，以避免银行破产所引起的金融风波。

▶ 知识拓展

次贷危机

始于 2006 年的美国次贷危机于 2007 年夏蔓延全球。次贷危机是指收回抵押住房的赎回权的"依法拍卖"活动急剧上升所引起的信用危机。消费者在购买住房时往往需要向金融机构申请抵押贷款，金融机构在提供贷款时会将房屋作为抵押物，一旦借款者不能偿还贷款，金融机构就会收回作为抵押物的房屋。次级贷款是指对信用不好的借款者贷款的活动。前几年，美国的住房市场十分火爆，一些金融机构降低标准，对一些不具备借款条件的人贷款。一些信用不佳、无信用甚至不良信用的人都可以得到贷款。据估计，2007 年 3 月，美国的次级抵押贷款约为 1.3 万亿美元。

在房价不断走高时，次级抵押贷款生意兴隆。即使贷款人现金流并不足以偿还贷款，他们也可以通过房产增值获得再贷款来填补缺口。但是当房价持平或下跌时，就会出现资金缺口而形成坏账。2006 年以来，随着利率的上升，一些贷款者的还款额迅速增加，加上房屋市场泡沫的破裂使得不动产价值下跌，借款者无力也不愿偿还借款，使得贷款公司或银行受到损失。

事情还没有到此为止。次贷风险随着金融衍生品的创造而扩大，被更多投资者所分担。这些抵押贷款被银行重新包装成复杂的金融产品，出售给投资者。投资者拥有抵押资产的部分所有权，同时也承担了风险。房主一旦不能偿还抵押贷款，这些抵押资产的价值就会下跌。这就会使得发放次贷的公司和银行受到损失。

2007 年 3 月 13 日，美国房地产市场的问题第一次引发了股市的恐慌，道琼斯指数下跌 242.7 点。经营次级房贷的新世纪金融公司于当日被纽交所紧急终止交易，理由是美国证监会认为其面临巨大的流动性危机。自此，次级房贷的风险开始为人们所认识，但人们仍然没有意识到这会为各大投行带来危机。截至 2008 年 7 月底，次贷危机已使美国银行业损失高达 4 000 亿美元。一些大量发放次贷的公司破产，导致这类公司的股票下跌。美国股市下跌引起全球股市的下跌。很快，美国著名的投资银行贝尔斯登被 JP 摩根（在美联储的信贷支持下）收购。不久，有着 158 年历史的雷曼兄弟公司陷入严重财务危机并宣布申请破产保护。之后花旗集团、美林、摩根士丹利等投行资产负债表纷纷出现问题。

为减轻银行惜贷造成的流动性短缺，美联储对商业银行注入大量资金。另外，还降低了对成员银行的短期贷款的贴现率。2007 年 12 月，布什总统宣布冻结次贷利率，使得未来可能上升的次贷利率稳定在 7％～8％ 的水平（否则几个月内贷款利率就会上升到11％），帮助大批家庭摆脱次贷危机。目前，次贷危机仍在延续中。

（资料来源：易纲，张帆. 宏观经济学. 北京：中国人民大学出版社，2008）

第二，发行的银行。中央银行垄断本国的货币发行权，它可以通过控制货币供给量来影响经济，这就是中央银行的货币政策。中央银行是货币政策的制定者和实施者。

第三，政府的银行。中央银行为政府提供金融服务。这包括经办政府的财政预算收支，代理政府发行公债，管理国家的黄金和外汇，办理政府金融事务。作为最高的金融管理机构，中央银行代表政府制定各种金融法规，执行对商业银行的监督管理。

2. 商业银行

商业银行（commercial bank）是一国银行体系的主体。与其他企业一样，商业银行经营的目的是营利。它主要经营货币业务，包括负债业务、资产业务和中间业务。负债业务是银行所欠的，是银行吸收的存款，包括活期存款、定期存款和储蓄存款。在我国，商业银行的资产业务有两项：一是贷款。例如，为企业购买设备和投资提供贷款，为家庭购买住房等耐用品提供贷款等。二是投资有价证券。商业银行可以购买国债和其他债券，以取得利息收入。银行需要现金时，这些资产可迅速出售并兑换为现金。出售国债没有什么风险，但资产利率较低。出售政府长期债券和其他债券时，由于价格会有波动，因此风险较大，但利率较高。中间业务是指代客结算、理财、信息咨询等，并从中收取手续费的业务。

3. 公众

公众（public）是指家庭、企事业单位和机关团体等。从银行体系运作的角度看，公众如何安排自己的钱财具有重要的意义，因为这一安排决定了公众愿意持有多少现金通货，另外有多少钱财作为存款存入银行。而一个经济的通货（现金）加活期存款就构成了货币供给。用 C 表示现金，D 表示活期存款，经济中的货币供给量 M 的构成为：

$$M = C + D \tag{5-1}$$

正是由于货币供给包括活期存款，所以，在货币供给的形成中，以上所介绍的银行体系的三个主体扮演了重要的角色。

二、银行体系创造货币的机制

1. 中央银行对基础货币的控制

货币供给过程的第一步是中央银行投放基础货币。基础货币（monetary base，用 MB 表示）也称为高能货币，是指流通中的现金（currency，用 C 表示）与银行准备金（deposit reserve，用 R 表示）的总和。即：

$$MB = C + R \tag{5-2}$$

现金（C）也称通货，是指公众手持的货币数量。存款准备金（R）是指商业银行在中央银行存款账户的资金，主要包括法定存款准备金（reserve requirement，用 RR 表示）和超额存款准备金（extra reserve，用 ER 表示）两部分。法定存款准备金是指中央银行规定商业银行吸收的公众存款（D）必须按照法定的存款准备金率（rr）向中央银行交存的最低数量的准备金，计算公式为：$RR=rr\times D$。比如中国建设银行共吸收了 1 000 亿元的公众存款，如果 $rr=10\%$，它就至少要在中国人民银行保存 100 亿元的法定存款准备金余额，如果建设银行的实际存款余额高于法定要求，比如存了 120 亿元，那么多出来的 20 亿元就是超额存款准备金（ER）。相应地，$ER=er\times D$，其中 er 代表超额存款准备金率。

现在假定中央银行从公众手里购买了 100 亿元国债，这意味着增加了 100 亿元的基础货币 MB 的投放。如果国债是面向公众出售的，则公众手中持有的现金增加了 100 亿元；如果国债是面向商业银行等金融机构出售的，则商业银行的超额存款准备金多了 100 亿元（法定准备金是商业银行不能自由动用的）。下面来看这在商业银行体系和公众中会产生什么影响。

2. 商业银行体系创造货币的过程

如果公众手持现金增加了 100 亿元。为了分析的简便，假定：第一，没有现金从银行体系中流失。即公众可能把这部分现金存入银行，或者拿去购物，当商场收到这些现金后又会存入它们在银行开立的账户。总之，公众把现金都存入了银行，并且不从他们的存款账户上提取现金。第二，法定准备金比率为 10%。第三，商业银行不得持有超额存款准备金。

现在假设公众把 100 亿元现金存入 A 银行。根据规定，A 银行应该在中央银行增加 $100\times10\%=10$ 亿元的法定存款准备金，把余下的 90 亿元全部用来向企业和个人发放贷款。这样，在 A 银行发放贷款前，货币供给是公众在 A 银行的 100 亿元存款。但当 A 银行发放贷款以后，货币供给为 100 亿元＋90 亿元＝190 亿元。显然，当银行保留部分准备金时，银行创造了货币。

货币创造并没有到此为止。包括个人和企业在内的公众在取得 90 亿元新增贷款后会做什么呢？个人取得贷款可能会用来买房、买车或者用于支付大学学费，不管用来做什么，这笔钱花出去，会变成别人（房地产商、汽车公司或某所大学）的收入；企业取得了贷款，可能会给工人发工资、购买原材料和机器设备等。这笔钱支付出去，会变成工人和其他企业的收入。在没有现金漏出的情况下，新增加了收入的个人和企业又会把 90 亿元再存入 B 银行的账户。同样地，B 银行把其中的 10% 留作法定准备金，又会把余下的 81 亿元贷给企业和个人。这个过程会一直进行下去，公众最初在 A 银行存入的 100 亿元经过辗转放贷，最后在经济中创造出多少货币呢？我们把各银行增加的存款总量相加：

初始存款 100 亿元

A 银行	90 亿元	（0.9×100 亿元）
B 银行	81 亿元	（0.9×90 亿元）
C 银行	72.9 亿元	（0.9×81 亿元）

……

根据无穷递缩等比数列的求和公式，可知整个银行体系的活期存款增加总额为：

$$100+100（1-10\%）+100（1-10\%）^2+100（1-10\%）^3+\cdots$$
$$=100×1/［1-（1-10\%）］$$
$$=100×1/10\%$$
$$=1\,000（亿元）$$

也就是说，中央银行一开始新增了 MB 的货币量，通过一轮存贷款业务周转又新增加了一部分 $MB（1-rr）$，以后每一轮都以等比增加，最后就是一个等比数列的求和的运算：

$$M=MB+MB（1-rr）+MB（1-rr）^2+MB（1-rr）^3+\cdots=MB/rr$$

3. 简单的货币乘数

以上分析表明，银行并没有创造出无限的货币量。在中央银行投放的基础货币既定时，银行所能创造出的货币量取决于准备金率。在上例中，准备金率为 10%，100 亿元的基础货币产生了 1 000 亿元的货币量，货币总量的增加是基础货币的 10 倍。基础货币变动与货币总量之间的关系就是货币乘数（money multiplier），即货币乘数是指每 1 元的基础货币变动所引起的银行体系货币量增加的倍数。它反映了银行体系创造货币的能力。如果用 km 代表货币乘数，其公式的推导过程如下：

如上所述，整个银行系统的货币量为：

$$M=MB/rr \tag{5-3}$$

等式两边除以 MB，得：

$$M/MB=1/rr$$

简单货币乘数为：
$$km=1/rr \tag{5-4}$$

在上例中，存款准备金比率是 10%，则货币乘数为：

$$km=1/0.1=10$$

由公式（5-4）可知，货币乘数大小取决于存款准备金率，存款准备金率越高，货币乘数越小，因为准备金是对存款的一种漏出，准备金率越高，则存款漏出越多，可用于贷放的存款余额就越少，银行的货币创造能力就越小；反之亦然。

已知货币乘数，我们可以知道中央银行通过对基础货币的调节控制，通过货币乘数的作用对货币供给产生的放大影响。例如，货币乘数为 5 时，如果中央银行希望增加 1 000 万元的货币供给量，它只需增加 200 万元（1 000/5＝200）基础货币就能达到目的。

增加 200 万元基础货币，并不一定需要印刷 200 万元的钞票投放市场，而是中央银行通过实施货币政策工具来实现。具体有哪些货币政策工具，以及如何实施是以下分析的内容。

三、货币政策工具

中央银行有许多责任，这里我们将考察它最重要的责任：调节货币供给量。即当经济出现波动时，中央银行可通过调节货币供给量来解决经济中的失业和通货膨胀问题。那么，中央银行如何控制经济中的货币供给量呢？我们已经知道，中央银行基础货币的发放，会影响商业银行的准备金，商业银行的存贷款行为在部分准备金制度下具有创造货币的机制。因此，中央银行可以通过调整商业银行的准备金间接地控制经济中的货币供给量。中央银行通过三种主要政策工具来达到自己的目的。

1. 公开市场业务

公开市场业务（open market operation）是指中央银行在证券二级市场买卖政府债券，来增加或减少流通中的货币供给量的政策行为。例如，当中央银行认为总需求不足、经济衰退，需要增加货币供给量，它可以在证券市场买进债券。这一操作通过影响商业银行的准备金发挥作用。如果中央银行买进100万元的债券，债券的出售者得到了100万元的货币，这意味着基础货币增加了100万元。新增加的基础货币一部分作为现金持有，另一部分存入银行。作为现金持有的每1元货币正好增加了1元的货币供给，而存入银行的每1元货币创造了新的准备金，通过银行创造货币的机制会使货币供给量成倍增加。相反，当中央银行认为总需求过大经济过热，需要减少货币供给量，它就会卖出债券，公众用他们持有的现金和银行存款向中央银行进行支付，这意味着经济中的基础货币减少了，实际货币供给量在乘数的作用下会减少更多。

公开市场业务具有以下优点：第一，银行可以按照任何规模买入或卖出政府债券，从而比较易于控制银行体系的准备金，使其符合政策目标要求。第二，中央银行可以通过公开市场业务"主动出击"，从而实现政策调控目标。第三，公开市场业务灵活性较高，可以对货币供给量进行微调，从而避免存款准备金率调整的震动效应；也可以在出现政策失误时进行反向操作，从而及时得到纠正。由于上述原因，公开市场业务是各国中央银行最重要也是最常用的货币政策工具。

公开市场业务充分发挥作用需要具备一定的条件。例如，中央银行应具有强大的、足以干预和控制整个金融市场的金融实力，还应有一个证券种类齐全的，并且达到一定规模的全国性的金融市场，缺少这些条件，公开市场业务的效果会大打折扣。

▶ 知识拓展

我国的公开市场业务

1996年4月6日，中国人民银行正式启动人民币公开市场业务，这是建立我国市场经济条件下货币政策实施框架的重要举措，也是我国货币供给量调节从直接方式向间接方式转变，从行政手段向市场手段转变的一个重要标志。

采用公开市场业务来控制货币供给量，表明随着金融市场改革的推进，我国已开始具备开展公开市场业务的条件。这主要表现在：首先，商业银行的构成发生变化。1996年，我国非国有制商业银行的资产总量在全社会货币信用总量中的比重已占约三分之一的比重。与中国人民银行没有再贷款关系的金融机构的资产增加速度很快，市场化程度比较高。中央银行仅控制国有专业银行信贷资产，已不能覆盖全社会信用规模。其次，商业银行的资产结构发生变化。证券资产大量增加，贷款规模和货币供给量差额大幅度上升。这为中央银行通过市场手段控制货币供给量提供了必要性和可能性。

自以国债为对象的公开市场业务于 1996 年启动后，随着国债发行规模的不断扩大，以及银行间债券市场的不断发展，这一政策工具的运作空间和运作力度随着各方面条件的进一步成熟而加大，公开市场业务已成为中国人民银行货币政策日常操作的重要工具，对于调节货币供给量、调节商业银行流动性水平、引导货币市场利率走势发挥了积极的作用。

2. 法定存款准备金率

法定存款准备金率（legal reserve requirements）是指中央银行规定的商业银行在吸收存款中必须向中央银行交存的特定比例的准备金。如果没有央行的管制，商业银行出于获利的动机会保持较低的准备金比率，但是，贷款比例过大往往会增加金融风险。于是，中央银行要求商业银行按照一个法定的比率留存存款准备金。留存的准备金没有利息收益。中央银行可以通过调整准备金比率来调节货币供给量。

法定准备金率的调整影响经济的机理是，根据货币乘数理论，货币供给量为基础货币与货币乘数的乘积，而法定存款准备金率是影响货币乘数的一个重要因素。存款准备金率的变化会影响货币乘数的变动，进而会影响经济中的货币供给量。例如，中央银行认为需要减少货币供给量时，它可以提高存款准备金率。准备金率提高意味着银行必须持有更多的准备金，存入银行的每 1 元钱可以贷出的少了，这会使货币乘数变小，银行所创造货币的倍数变小，货币供给量就会减少；反之，降低了存款准备金率后，货币乘数变大，一定的基础货币所支持的信贷规模增加，货币供给量就会增加。

各国中央银行很少使用调整法定准备金率的政策工具。主要原因是：首先，法定准备金率调整的效果十分猛烈，微小的调整都会引起货币供给的巨大波动，因此不适合作为日常的货币政策操作工具加以运用；其次，频繁地改变法定准备金会干扰银行正常的财务计划和管理，从而使银行无所适从。由于这些原因，目前法定准备金比率调整主要是公开市场业务的一个辅助操作手段。

我国的法定准备金制度建立于 1984 年。建立之初，法定准备金率较高，后来又要求商业银行缴纳硬性的备付金，这实际上是总的准备金率提高。自 1989 年以来，我国存款机构各类存款的法定存款准备金率均为 13%，备付金率为 5%～7%，两者之和达到 20% 左右。1998 年 3 月，中国人民银行将原来的准备金账户与备付金账户合并为一个账户，统称为准备金账户，将法定准备金率由 13% 下调至 8%。此后，中国人民银行根据各个阶段的具体情况，对存款准备金率进行了很多次调整。

3. 再贴现率

再贴现率（rediscount rate）是中央银行向商业银行发放的贷款的利率。当商业银行的准备金不足时，或没有达到法定准备金时，它可以把持有的债券作为抵押，向中央银行申请短期贷款。中央银行向商业银行发放贷款要收取利息，其利率就是贴现率。

中央银行可以通过调整贴现率来控制流通中的货币供给量。例如，当中央银行实行扩张性货币政策时，可降低贴现率，商业银行因为贷款成本降低，会增加向中央银行的再贴现，从而增加中央银行基础货币的投放，这会扩大信用规模，导致货币供给量增加。相反，当中央银行想使过热的经济降温时，可提高贴现率，这会减少商业银行向中央银行的借款，从而减少中央银行基础货币的投放，这会收缩信用规模，导致货币供给量减少。

调整贴现率的缺点是实行起来比较被动。例如，中央银行想通过提高贴现率减少商业银行的借款，但商业银行可以通过出售其持有的有价证券增加银行的准备金，这使中央银行减少货币供给量的目标不能实现。因此，贴现率也不是主要的货币政策工具，它属于辅助性的政策工具，仅用于配合公开市场的操作。

我国的再贴现业务始于1986年。1984年，中国人民银行发布《商业汇票承兑、贴现暂行办法》。先在部分城市而后在全国范围内开展商业汇票承兑和贴现业务。1986年，中国人民银行上海分行开办了再贴现业务。1988年，中国人民银行首次公布再贴现率，比同期金融机构贷款利率低5～10个百分点。由于我国商业票据不发达，贴现业务开展的时间不长，中国人民银行的再贴现规模一直很小。

四、货币政策工具传导机制

下面我们以 IS—LM 模型为工具，来分析货币政策的传导机制。我们把所有导致货币供给量增加或者利率下降的政策，统称为扩张性货币政策。扩张性货币政策通常在总需求不足或经济衰退的形势下使用。它们的效果表现为货币供给量增加，LM 曲线向右移动。从图 5-6（a）可以看出，利率会从 r_1 下降到 r_2，利率下降会增加投资，而投资增加使总需求和国民收入增加，如图 5-6（a）所示，收入从 Y_1 增加到 Y_2，失业率会下降。在我国，扩张性货币政策也称为积极的货币政策。

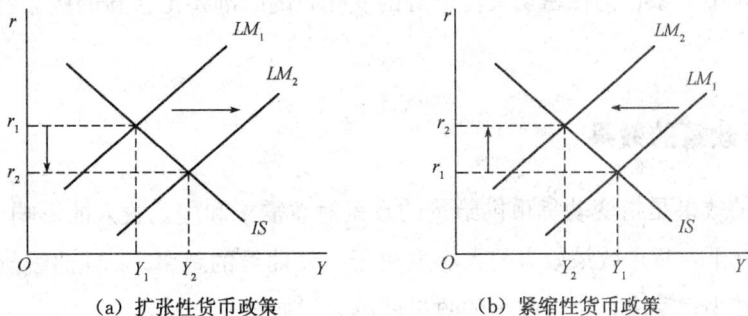

(a) 扩张性货币政策　　　　(b) 紧缩性货币政策

图 5-6　货币政策机制

　　所有导致货币供给量减少或者利率上升的政策，被称为紧缩性货币政策。这类政策通常在总需求膨胀、经济过热的形势下被使用。图 5-6（b）显示了紧缩性货币政策的作用机制，即紧缩性货币政策使货币供给量减少，LM 曲线向左移动，利率从 r_1 上升到 r_2。利率的上升会减少投资，而投资减少使总需求和国民收入减少，图 5-6（b）表明，收入从 Y_1 减少到 Y_2，失业率会上升。

五、相机抉择的货币政策

　　在不同的宏观经济形势下，中央银行要运用不同的货币政策来调节经济。这被称为相机抉择或斟酌处置的货币政策。

　　当经济进入衰退时，总需求不足，失业率持续上升，为了刺激总需求，中央银行应采用扩张的货币政策，即在证券市场上买进政府债券、降低贴现率和准备率等。这些政策可以增加货币供给量，降低利息率，刺激总需求，从而解决衰退和失业问题。

　　当经济繁荣时，总需求过旺，价格水平持续上涨，为了抑制总需求，中央银行应采用紧缩的货币政策，即在证券市场上卖出政策债券，提高贴现率和准备率等。这些政策可以减少货币供给量，提供利率，减少投资，抑制总需求，从而解决通货膨胀问题。

　　我们可用以下例子来说明这种"逆经济风向而动"的货币政策。一是 1987 年 10 月 13 日，美国股市暴跌，道琼斯指数一天内下跌 500 点，当时美联储放弃了长期对货币政策的控制，转而为市场提供足够的资金，避免了一场更大的危机。二是美国 20 世纪 90 年代的情况。克林顿政府执政初期，美国经济处在衰退中。为了刺激经济，美联储采用了扩张性货币政策，降低利率，增加货币供给量。这种政策对刺激投资和消费的增长起到显著的作用。90 年代末期，美国经济又出现了过热的迹象，美联储又提高利率，以防止可能出现的通货膨胀加剧。进入 21 世纪后，美国经济有衰退的迹象，美联储又降低利息率。美联储正是交替地运用扩张和紧缩性货币政策来调节经济，使经济处在低通货膨胀的持续增长中。三是 2008 年下半年以来中国的情况。由于美国金融危机的影响，中国经济自 2008 年下半年明显下滑，中国政府将一年前确定的"从紧"的货币政策改为"适度宽松"的货币政策，自 2008 年 9 月开始，连续 5 次下调金融机构的存贷款基准利率，4 次下调存款准备金比率。目前，中央银行仍在密切关注形势的变化，随时准备出台新的刺激经济增长的货币政策。

六、货币政策的效果

　　货币政策的效果是指变动货币供给量的政策对总需求和国民收入的影响。在 IS 曲线斜率不变的情况下，货币政策效果的大小取决于 LM 曲线的斜率。LM 曲线越平坦，货币政策的效果就越小；反之，货币政策的效果就越大。如图 5-7 所示。

在图 5-7 中，IS_0 和 IS_1 的斜率相同，当货币供给增加使 LM_0 右移到 LM_1 时，在经济萧条阶段，LM 曲线比较平坦，收入增加很少。这是因为，此时货币需求对利率的反应很敏感，利率稍有变动就会带来较大的货币需求变动，因而货币供给量变动对利率变动的作用较小，从而增加货币供给量的政策就不会对投资和国内收入有较大的影响，货币政策的效果较小。而越接近充分就业时，LM 曲线越陡峭，货币供给量的增加会带来国民收入较大的增加。这是因为，此时货币需求对利率的反应不敏感，即货币供给量稍有增加就会使利率有较大幅度的下降，因而对私人投资和国民收入有较多的增加，货币政策的效果较大。

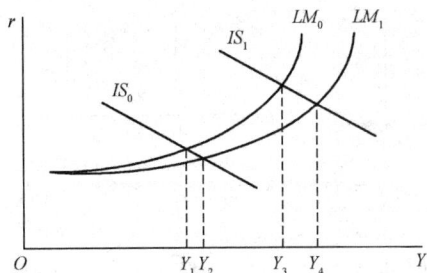

图 5-7　货币政策效果与 LM 曲线的斜率有关

也可能有两种极端的情况。第一种情况，是在 LM 曲线为一条水平线时，经济陷入流动性陷阱。此时，利率极低而债券价格极高，人们预期利率不能再降低而债券价格只能下跌不会再涨。因此，在给定的利率水平上，人们愿意持有市场供给的任何数量的货币，货币投机需求（h）变得无限大，如图 5-8 所示，货币供给的增加不会使 LM 曲线移动，LM 与 LM' 重合，利率不会下降，私人投资和国民收入均不发生变化，货币政策无效。有的经济学家认为，20 世纪 90 年代日本出现的情况，比较接近流动性陷阱的情况。

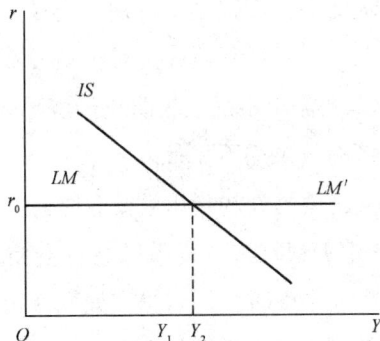

图 5-8　水平的 LM 曲线时，货币政策失效

第二种极端的情况，是在 LM 曲线为一条垂线的时候，这被称为古典情况。此时，利率很高，人们预期利率将下降，或者说债券价格将上升，未来持有货币将蒙受损失，因而

将所持有的货币全部换成债券，货币的投机需求（h）等于零。在这种情况下，任凭利率如何变动，货币的投机需求都不变，即货币需求与利率变动无关。如图 5-9 所示，货币供给量增加，LM 曲线由 LM 右移到 LM'，利率大幅度下降，私人投资极大增加，从而国民收入有很大的增加。

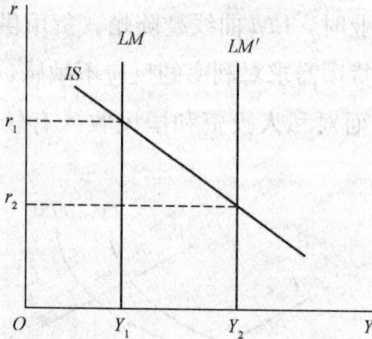

图 5-9　垂直的 LM 曲线时，货币政策极有效

图 5-9 所示的情况之所以称为古典情况，是因为古典学派认为，货币需求取决于收入，与利率变动无关，因此，LM 曲线是一条垂直线。货币供给量的任何变动都对收入或产出有极大的影响，因而货币政策是唯一有效的政策。

七、货币政策的缺陷

1. 货币政策效果的不对称性

以上分析表明，货币政策的效果明显不对称。在萧条时期，实施扩张性货币政策对刺激总需求的效果不大。这时，货币的投机需求（h）变大，人们对经济前景悲观。即使中央银行增加货币供给量，利率降低的幅度很小，特别是当经济陷入了流动性陷阱，货币供给量增加再多，利率也不会降低，扩张性货币政策对拉动投资和增加国民收入的作用非常微弱。1998 年，我国经济出现有效需求不足，为防止经济陷入严重困境，中央银行 7 次大幅度降低存贷款利率，刺激经济的效果均不显著。

反之，在通货膨胀时期，实施紧缩性的货币政策收缩总需求的效果非常显著。因为此时货币的投机需求（h）变小，中央银行减少货币供给量会使 LM 曲线向左移动，利率上升，从而使私人投资和国民收入大幅度减少。当然，如果货币政策作用力度过大，很可能会导致经济的剧烈收缩，引起随后的经济增长速度大幅下降，出现严重的经济衰退。

2. 货币政策的时滞

货币政策时滞是指中央银行决定采取某种货币政策后到这项政策完全发挥作用时的时间间隔。与财政政策时滞一样，它也包括内部时滞和外部时滞。

与财政政策相比，货币政策的内部时滞短，主要体现在决策时滞和行动时滞短。各国中央银行的货币政策机构定期开会，对货币政策做出决定。无须政府有关部门讨论，也无须议会批准，各利益集团也难以进行院外活动，因而决策快得多。所以，货币政策在短期内可经常变动，对经济进行微调。例如，在美国，决定货币政策的是美联储的公开市场委员会。该委员会每周六开一次会，根据经济状况来决定货币政策，就是对经济的微调，这有助于经济的稳定。

货币政策的缺点是外部时滞长，即从政策开始实施到对经济产生影响的时间太长，收效缓慢。其原因在于，货币政策对总需求的影响不是直接的，它的作用是逐渐发生的。当中央银行通过调整准备金比率和贴现率，或者买卖有价证券改变货币供给量时，只有在经过一段时间之后，随着利率的改变，才会有越来越多的家庭和企业对此做出反应。如果某项投资决策是企业在数月或数年前做出的，那么该投资决策对利率变动反应的时间更长。即使利率变动引起了投资变动，由投资变动到引起均衡国民收入变动之间也存在一个时间间隔。通常投资变动后首先引起企业存货变动，存货变动引起企业的生产调整，进而才引起均衡国民收入水平的变动。一般来说，在成熟的市场经济国家，货币政策变动对总需求发生较大的作用需要 6～9 个月的时间，而这些作用可持续两年。

货币政策之所以外部时滞较长，很重要的原因是中央银行难以对经济做出准确的预测。常常是经济衰退已经发生，中央银行才出台货币政策，该政策在经过一个相当长的过程发挥作用时，经济状况可能已经改变了。如果决策者可以提前一年正确地预期到经济状况，并且及时地做出政策决策，在这种情况下，货币政策虽收效缓慢，但可以起到稳定经济的作用。但是，实际上决策者很少知道经济运行走向。最好的决策者也只能在经济衰退和经济过热发生时对经济变动做出反应。

八、财政政策与货币政策的配合

上一节以及本节介绍了财政政策和货币政策的极端情况，这些极端情况在现实生活中都不常见。通常情况下，货币需求对利率存在显著的反应，但是反应的程度又没有达到无穷大的程度，因而常见的 LM 曲线是一条向右上方倾斜的曲线，水平的和垂直的 LM 是 LM 曲线变化过程中的极端情况。在大多数情况下，IS 和 LM 的交点是两个极端之间的中间区域。因此，经济学家认为，无论是财政政策还是货币政策，都可以达到调节总收入或总产出的目的。为了增加产出，决策者可以使用扩张性财政政策，也可以使用扩张性货币政策。扩张性财政政策会使得 IS 曲线右移，扩张性货币政策会使得 LM 曲线右移。两者都可以使产出或收入水平提高。

然而，财政政策和货币政策在作用机制上存在显著的差别。关键是对利率的影响。扩张性财政政策主要是通过增加政府支出或减税来增加总需求，这会使利率上升，因而会挤出部分私人投资，从而抵消一部分财政政策的作用效果。扩张性货币政策则是通过降低利率来刺激私人投资，特别是房地产投资来扩大总需求。所以，决策者通常把两种政策配合起来使用。如图 5-10 所示，假设经济处于衰退中，政府首先采用扩张性财政政策，IS 曲线向右移动，在没有货币政策配合的情况下，均衡产出水平由 Y_0 上升为 Y_1，利率从 r_0 上升到 r_1，Y_1 至 Y_2 部分的产出由于利率上升被挤出了。为了加强政策效果，中央银行实行扩张性货币政策予以配合，通过移动 LM 曲线，货币供给量增加使利率回复到 r_0 的水平，挤出效应被抵消了，均衡产出增加到 Y_2 表示的较高水平，从而更好地实现了扩大总需求的政策目标。

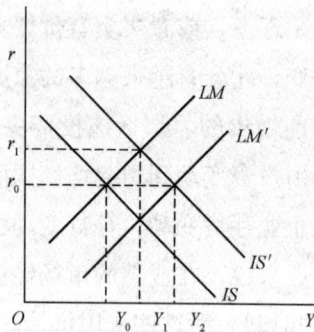

图 5-10　财政与货币政策的配合

本章小结

1. 财政政策是指政府通过改变支出和税收来消除失业和通货膨胀的政策。它是政府调整经济的两大宏观经济政策之一。

2. 扩张性财政政策会使得 IS 曲线右移，使得均衡产出增加，在乘数的作用下，还会使总需求和均衡产出发生数倍扩大。而紧缩性财政政策则会使 IS 曲线左移，均衡产出减少，在乘数的作用下，会使总需求和均衡产出发生数倍的收缩，从而抑制经济的膨胀。

3. 财政政策不是经常性的，而是政府根据情况见机行事，随时做出其认为是最优的政策选择。这种财政政策被称为相机抉择的财政政策。相机抉择的财政政策主要采取两种形式：①增加或减少政府支出；②减税或增税。

4. 财政政策有两个缺陷。一是扩张性财政政策在增加均衡产出时，也引起均衡利率上升，这会挤出一部分私人投资。二是财政政策缺乏灵活性，时滞很长。

5. 在 IS 曲线斜率不变的情况下，财政政策的效果取决于 LM 曲线的斜率及乘数的大小。有两种极端的情况：①流动性陷阱。在这种情况下，LM 曲线是一条水平线，扩张性财政政策等于乘数乘以政府支出的变动，利率不会上升，不存在对私人投资的挤出。②古典情况。这种情况下，LM 曲线是垂直的，政府支出增加不会增加产出，只会提高均衡利率，存在对私人投资的完全挤出。

6. 个人所得税和政府的某些转移支付（比如失业津贴）在日常经济运行中起到了自动稳定器的作用。它们在经济衰退时，会自动增加支出或减少税收；在经济繁荣时，会自动减少支出或增加税收。

7. 银行体系运作涉及中央银行、商业银行和公众。在货币供给的形成中，银行体系的三个主体扮演了重要的角色。货币供给的第一步是中央银行投放基础货币，包括流通中的现金与银行的准备金。经过商业银行的存款创造机制的作用，基础货币会发生数倍的扩张，形成经济中的货币供给量，货币供给量与基础货币之间的倍数关系称为货币乘数。

8. 货币政策是指中央银行通过改变经济中的货币供给量和利率水平来调节总需求，实现经济稳定发展的措施的总称。货币政策工具包括公开市场业务、法定准备金比率和贴现率，中央银行主要通过公开市场业务控制货币供给。

9. 扩张性货币政策会使 LM 曲线向右移动，均衡利率下降，刺激投资增加，进而使总需求和国民收入增加。紧缩性货币政策则使 LM 曲线向左移动，利率上升，投资减少，进而引起总需求和国民收入减少。在不同的宏观经济形势下，中央银行运用不同的货币政策来调节经济。这被称为相机抉择的货币政策。

10. 在 IS 曲线斜率不变的情况下，货币政策效果的大小取决于 LM 曲线的斜率。LM 曲线越平坦，货币政策的效果就越小；反之，则货币政策的效果就越大。有两种极端的情况。一是在流动性陷阱时，货币政策无效；二是在古典情况，货币政策完全有效。

11. 货币政策的缺陷是：①货币政策的效果不对称。在萧条时期，扩张性货币政策对刺激总需求的效果不大；而在通货膨胀时期，紧缩性的货币政策收缩总需求的效果非常显著。②货币政策具有较长的外部时滞。

12. 财政政策和货币政策在作用机制上存在显著的差别。关键是对利率的影响。政策配合可使政策效果得到加强。

复习与思考 ///

一、名词解释

财政政策	相机抉择	挤出效应	财政政策时滞
自动稳定器	货币政策	基础货币	法定存款准备金
货币创造	货币乘数	公开市场业务	法定存款准备金率
再贴现率	货币政策时滞		

二、选择题

1. 在经济过热时，政府应该采取(　　)的财政政策。

   A. 减少政府财政支出　　　　　　　　B. 增加财政支出

   C. 扩大财政赤字　　　　　　　　　　D. 减少税收

2. 在凯恩斯区域内(　　)。

   A. 货币政策有效　　　　　　　　　　B. 财政政策有效

   C. 财政政策无效　　　　　　　　　　D. 货币政策与财政政策同样有效

3. 属于扩张性财政工具的是(　　)。

   A. 减少政府支出和减少税收　　　　　B. 减少政府支出和增加税收

   C. 增加政府支出和减少税收　　　　　D. 增加政府支出和增加税收

4. 紧缩性货币政策的运用会导致(　　)。

   A. 减少货币供给量，减少总产出，降低利率

   B. 增加货币供给量，增加总产出，提高利率

   C. 减少货币供给量，减少总产出，提高利率

   D. 增加货币供给量，减少总产出，降低利率

5. 银行创造货币的做法是(　　)。

   A. 出售自己的部分投资证券　　　　　B. 增加自己的准备金

   C. 把超额准备金作为贷款放出　　　　D. 印刷更多的支票

6. 公开市场业务是指(　　)。

   A. 商业银行的信贷活动

   B. 商业银行在公开市场上买进或卖出政府债券

   C. 中央银行增加或减少对商业银行的贷款

   D. 中央银行在金融市场上买进或卖出政府债券

7. 中央银行提高贴现率会导致货币供给量(　　)和利率(　　)。

   A. 增加　提高　　　　　　　　　　　B. 减少　提高

   C. 增加　降低　　　　　　　　　　　D. 减少　降低

8. 中国中央银行通过降低法定准备金率来增加货币数量，对此陈述错误的是(　　)。

   A. 主要是增加了货币中现金的数量

   B. 主要是通过银行创造货币的功能增加了货币数量

   C. 货币供给增加可以降低利率，扩大总需求

   D. 如果银行惜贷，留有超额储备，则降低法定准备金率的效果不会很明显

三、思考题

1. 财政政策工具有哪些？它们是如何影响总需求的？

2. 为什么会产生挤出效应？试结合图形分析。

3. 什么是自动稳定器？试举例说明。

4. 货币供给分为哪两个主要步骤？中央银行掌控的基础货币包括哪些组成部分？商业银行如何通过贷款来创造货币？哪些因素限制了它们能创造的存款与贷款量？

5. 为什么 LM 曲线越平坦，财政政策的效果就越大？

6. 在哪些情况下，货币政策比较有效？

7. 公开市场业务是怎样影响货币供给量的？

8. 假设经济处于衰退中，如果中央银行想稳定总需求，它应该如何操作货币政策工具达到这一目标？如果中央银行无所作为，政府为了稳定总需求，应该如何操作财政政策工具？

9. 用 IS—LM 模型来表示：

(1) 政府提高所得税税率，同时保持货币政策不变。

(2) 政府提高所得税税率，同时通过货币政策的配合使利率保持不变。

10. 在一个低于充分就业的均衡点，如果政府希望增加就业，可以采取哪些宏观政策？它们的效果有什么不同？

11. 假设经济处于充分就业均衡。现在政府希望在不改变均衡产出的情况下，减少投资的份额并增加消费的份额，政府应当采取什么样的财政政策和货币政策？

第六章 开放经济中的宏观经济政策分析

在前面几章中，我们的分析是在封闭经济的假设下进行的，即经济中只存在家庭、企业和政府三个部门。事实上，现代经济的特点是开放经济，即一个国家包括商品市场、金融市场和要素市场在内的所有市场全面开放，在较少的限制或管制下，允许商品进出口，消费者和企业可以在本国产品和外国产品之间进行选择；允许货币和资本流动，即投资者可以选择本国或外国的金融资产；允许生产要素的转移，企业可以选择在哪里进行生产，个人可以选择在哪里工作以及是否移民。在开放经济中，很多经济变量的变动与封闭经济有很大的不同，理解开放经济对个人生活、企业经营、宏观经济管理都非常重要。因此，本章将把国际经济活动纳入宏观经济学的分析中，研究开放经济对一国宏观经济运行的影响。

第一节 开放经济中的基本概念

本节从产品市场和货币市场两个方面，介绍开放经济中的几个常用概念。其中产品市场主要介绍"国际收支平衡表"及其主要项目；货币市场重点介绍与汇率有关的概念和基本知识。

一、国际收支平衡表

一国与其他国家的商品进出口与资产交易，需要用外国货币即外汇作为媒介来实现，把这类交易用一种专门的统计报表记录下来，这就是国际收支平衡表（balance of international payments）。国际收支平衡表是一国在一定时期内所有经济交易货币价值的系统记录。一国向外国购买物品、劳务和资产交易所发生的支付记入国际收支平衡表的借方；向国外出售物品、劳务和资产所发生的支付记入国际收支平衡表的贷方。国际收支平衡表的记账规则是：复式记账、左右平衡，即每一笔国际交易都自动进入国际账户两次，一次作为贷方，一次作为借方。其操作方式为：交易发生时在相应的经常项目或资本和金融项目中做一笔"贷"或"借"的记录，同时在储备资产科目中做一笔同样金额的"借"或"贷"的记录。例如，对外出口获得 100 亿美元，这是从外国人那里得到的收入，在经常项目的"贷方"记录 100 亿美元，这意味着我国的"外汇储备增加"了，就在储备资产的"借方"再记录 100 亿美元，借贷两边刚好平衡。

依据所记录的交易对象类型不同，国际收支平衡表主要包括四部分：经常项目、资本和金融项目、储备资产以及误差与遗漏。下面就以表 6-1 所列示的简化的中国国际收支平衡表（2007）为例，逐一解释表中的各个项目。

表 6-1　中国国际收支平衡表（2007）　　　　　千美元

项目	差额	贷方余额	借方余额
一、经常项目	371 832 620	1 467 881 998	1 096 049 377
A. 货物和服务	307 476 604	1 342 205 962	1 034 729 358
（a）货物	315 381 397	1 219 999 629	904 618 232
（b）服务	−7 904 793	122 206 333	130 111 126
……			
二、资本和金融项目	73 509 250	921 960 702	848 451 452
B. 金融项目	70 410 175	918 646 003	848 235 828
1. 直接投资	121 418 332	151 553 693	30 135 361
1.1. 我国在外直接投资	−16 994 854	1 929 982	18 924 836
1.2. 外国在华直接投资	138 413 185	149 623 710	11 210 525
2. 证券投资	18 671 987	63 969 241	45 297 254
……			
三、储备资产	−461 744 102	239 766	461 983 869
3.4 外汇	−461 905 000	0	461 905 000
……			
四、净误差与遗漏	16 402 232	16 402 232	0

（资料来源：国家外汇管理局网站）

1. 经常项目

经常项目（Current Account，用 CA 表示）主要记录货物和服务进出口的金额。例如，南方航空公司从美国购买波音飞机、美国前总统克林顿卸任后来中国深圳演讲，主办单位为此支付的几十万美元的演讲费，都是因为中国购买了外国的货物和服务发生的支付，记入中国经常项目的借方。相反，东莞服装生产商向美国出口服装、我国在非洲地区的建筑公司工人汇回或带回的外汇收入，则是中国向外国出售了货物与服务，记入中国经常项目的贷方。经常项目与国民经济恒等式中的"净出口"相对应，$NX=CA$。2007 年我国经常项目顺差 3 718 亿美元，其中货物的"贸易顺差"高达 3 154 亿美元。我国国际收支经常项目顺差在 2008 年达到 4 261 亿美元，同比增长 15%。

2. 资本和金融项目

资本和金融项目（Capital Account and Financial Account，用 FA 表示）是对资产的国际买卖所发生的外汇收支的记录。它包括资本项目和金融项目。

资本项目主要包括固定资产所有权国际间的转移，以及非金融资产如专利、版权、商标权、经销权的收买和放弃等。从数据上看，这部分转移和交易活动对我国国际收支影响不大。需要说明的是，这里的"资本项目"是"资本与金融账户"包括的项目之一，而"资本与金融账户"通常又简称为资本项目。

金融项目是资本与金融账户最重要的部分，它衡量的是对外出售的资产和从国外购买的资产的差额，包括直接投资、证券投资和其他投资。直接投资是指直接到国外开办工厂。比如宝洁公司在中国投资建立生产日用化工产品的工厂，中国海尔公司在美国投资建立生产电冰箱的工厂，都属于直接投资。证券投资是指买卖国外证券和股票的金融投资，如外国人购买中国 B 股，或中国政府购买美国政府在国际市场发行的债券等。一般来说，当一个国家对外开放程度不高的时候，通常以直接投资为主。2007 年我国直接投资净流入达到 1 214 亿美元，是世界上吸引海外投资最多的发展中国家。其他投资是一个剩余项目，它包括所有直接投资、证券投资未包括的金融交易。

在国际收支平衡表里，外国人到中国来投资，或者外国公司购买中国的股票，这可看成是我们对外出售资产好比"出口"为贷方。中国人到国外投资建工厂，或者中国政府购买外国政府发行的债券，这相当于我们从国外购买资产好比"进口"为借方。例如，宝洁公司在中国投资几亿美元建工厂，或外国人购买中国 B 股，记在中国资本账户的贷方；相反，海尔在美国投资建企业，或者中国政府购买美国政府的债券，这记为中国资本项目的借方。

3. 储备资产

储备资产（reserve assets，用 RA 表示）是指中央银行可随时用于国际支付的资产。包括外汇（包括货币、存款、有价证券等）、特别提款权、货币黄金等项目。中央银行通常可在外汇市场上买卖储备资产以干预外汇市场的供求与价格。在统计没有误差的情况下，应有国际收支恒等式 $RA=CA+FA$，即一个国家所有的交易项目收入就是当年其储备资产的增量。在我国，由于经常项目（CA）和资本金融项目（FA）连续多年保持"双顺差"，近年来中央银行外汇储备资产急剧上升，2008 年末达到 19 460 亿美元，已超过日本，成为世界上外汇储备最多的国家。

Ⅲ 知 识 拓 展

关于我国外汇储备适当规模的争论

外汇储备能够保证一国在国际收支中拥有流动性，这对于一国经济稳定运行和发展具有重要意义，对于中国这样处于转型期的大国尤其重要。然而，对于我国来说多大规模的外汇储备才是合理的？在20世纪末期，当我国外汇储备达到1 500亿美元时，对此问题曾经开展了一场争论。

一种观点认为我国的外汇储备过多了。主要有两方面理由。第一，从储备与进口量以及外债的数量关系看，我国外汇储备规模偏大。依据外汇储备额应相当于"3个月进口额"的传统观点，我国仅需要600多亿美元外汇储备；另外，根据储备应相当于四成债务余额标准看，也仅需要600多亿美元储备。第二，缺乏储备虽然不利，但是储备过多也会带来资源利用缺乏效率问题。因为储备大都是不同形式的外国资产，持有储备等于对国外间接投资，把本国可以由自己利用的实际资源借给外国使用。虽然近年保持了经常和资本账户双盈余，但是从国外引入的实际资源，又以外汇储备项目下国外投资和误差与遗漏形式流出了，我国成为事实上的资本输出国。这对于一个国内经济建设需要大量资金和处于高速发展阶段的大国来说，显然是不利的。

另一种对立观点认为，我国外汇储备充足，但是并不算多，拥有雄厚储备的正面效应不可估量。主要理由有：第一，储备额应相当于"3个月进口额"的观点适应于20世纪60年代的情况，现今国际资本流动规模增大，资本流动对外汇储备影响远远超过了贸易支付，因而判断储备规模，需要考虑资本流动规模。第二，从我国经济变动趋势性因素看，进出口盈余将会缩小，同时外商投资利润将增加，从而使经常账户盈余下降。同时我国将进入偿债高峰期，每年偿还外债本息将达到200亿美元。这些因素都需要保持较大的外汇储备。第三，我国是一个发展中国家，处于经济转轨时期，面临改革和发展双重任务，不测因素较多，经济风险较大，为了应付各种意外事件，需要有较大外汇储备。第四，充足的外汇储备，意味着我国偿债资信高和借债风险小，因而有助于降低我国向国外借债的融资成本。

上述讨论表明，外汇储备涉及一国政治经济诸多方面问题，很难用一个简单标准来衡量。获得不同发展阶段所需要的"适当外汇储备量"这一重要经济参数，还需要从理论和实践两方面进行更多探讨。

（资料来源：卢锋.经济学原理中国版.北京：北京大学出版社，2002）

4. 净误差和遗漏

如前所述，国际收支账户运用的是复式记账法，因此所有账户的借方总额和贷方总额应相等。但是，由于不同账户的统计资料来源不一，记录时间不同以及一些人为因素（如假报出口）等原因，会造成结账时出现净的借方或贷方余额，这就需要人为设立一个抵销账户，数目与上述余额相等而方向相反。错误和遗漏账户就是这样一种抵销账户，它是为了查遗补缺，使国际收支平衡表两边借贷平衡。

二、汇率基础知识

前面我们讨论了国际收支问题，但没有涉及不同国家的不同货币。现实中，各国发行各自的货币。在国家之间的经济往来中，需要使用相应国家的货币。例如，美国人购买中国的纺织品，需要支付人民币，中国人到欧洲旅游，需要把人民币换成欧元才能使用。我们把本国的货币称为本币，把别国的货币称为外币或者外汇。当一种商品或劳务参与国际交换时，有一个把该商品或劳务以本国货币表示的价格折算成以外币表示的国际价格问题，这种折算是按汇率来进行的。这一折算过程被称为货币交易，各国货币交易的场所称为外汇市场。世界上最大的外汇交易中心是伦敦，其次是美国、东京和法兰克福。

1. 汇率

汇率（exchange rate）是指两国货币的折算比率，也就是以一种货币表示的另一种货币的相对价格。汇率使得我们能够比较不同国家生产的产品和劳务的价格。

汇率有两种表示方法。一种是直接标价法，即固定外国货币的单位数量，以本国货币表示这一固定数量的外国货币的价格。在这种方法下，外国货币数额固定不变，本国货币数额随外币或本国货币价值的变化而变化。例如，我国 2009 年 3 月 27 日公布的外汇牌价中，每 1 美元等于人民币 6.832 元，这一标价方法就是直接标价法。外币的直接标价法可用公式表示为：汇率＝本国货币/外国货币。可以看出，在直接标价法下，汇率的数值越大，意味着一定单位的外国货币可以兑换越多的本国货币，也就是本国货币的币值越低。

另一种是间接标价法，即固定本国货币的单位数量，以外国货币表示这一固定数量的本国货币价格（本币的外币价格）。在间接标价法下，本国货币的数额固定不变，外币的数额随本国货币和外国货币币值的变化而变化。例如，我国 2006 年 11 月 23 日人民币与美元的间接标价约为：1 元人民币＝0.134 美元。外币的间接标价法可用公式表示为：汇率＝外国货币/本国货币。公式表明，在间接标价法下，汇率的数值越大，意味着一定单位的本国货币可以兑换越多的外国货币，也就是本国货币的币值越高。

大多数国家包括我国采用直接标价，美国和英国采用间接标价法。

汇率不是固定不变的，外汇市场上供求关系的变动会引起汇率的变动。汇率的变动包括贬值（depreciation）和升值（appreciation）。贬值意味着在直接标价法下需要用较多数额的本币才能换得一定数量的外币，或者在间接标价法下一定数量的外币能够换得较多数额的本币。贬值使一国货币币值降低，本国的货币变弱了。升值则意味着在直接标价法下用少量本币就能够兑换一定数量的外币，或者在间接标价法下一定数量的外币只能换得较少数额的本币。升值使本国货币币值提高，本国货币变强了。例如，对中国来说，人民币对美元的汇率由 1 美元兑 8.3 元人民币变为 1 美元兑 10 元人民币就是贬值，变为 1 美元兑 6.83 元人民币就是升值。

本币升值使得本币对外国人来说更昂贵了。当汇率为 0.122 美元时，800 元人民币的耐克鞋原来在美国卖 0.122 美元×800＝98 美元。如果人民币升值到 0.14 美元，同样的耐克鞋就要卖到 0.14 美元×800＝120 美元。如果自费留学，1 万美元的学费，原来需要 8.23 元人民币×1 万＝8.23 万元人民币。人民币升值到 1 美元 6.23 元人民币，则只需要 6.23 万元人民币。总之，当一国货币升值时，外国人会发现，从该国进口商品更贵了，因此会减少购买，本国的出口会减少；本国人会发现，从国外进口商品变得便宜了，因而会增加进口。

2. 汇率制度

汇率制度是指一国中央银行对本国汇率变动的基本方式所做的制度规定和政策安排。传统上，按照汇率变动的幅度，汇率制度被分为两大类型：固定汇率制和浮动汇率制。

固定汇率制（fixed exchange rate system）是指政府用行政或法律手段选择一个基本参照物（黄金、美元或某种货币组合），并确定、公布和维持本国货币与该单位参照物之间的固定比价。在固定汇率制下，汇率被人为固定在某一水平上。为了维护本币汇率的稳定，如果本币的市场供求不平衡时，中央银行就会进入外汇市场进行干预，在本币供大于求的时候买入本币，或卖出储备的外币或黄金。在本币供小于求的时候卖出本币，或购入外汇或黄金增加储备。只有这样才能维护官方汇率，否则就可能出现与官方汇率显著背离的黑市汇率。固定汇率制度有利于经济稳定，但是要求中央银行有足够的外汇和黄金储备。否则外汇黑市上的汇率会出现剧烈波动，反而不利于经济稳定和外汇管理。

固定汇率不是永远不能改变的。在国际收支出现重大趋势性变动时，就需要对汇率水平进行调整（或升值或贬值）。例如，德国在 20 世纪 50—70 年代实行固定汇率制时，分别于 1960 年和 1970 年对马克给以两次法定升值。因此，固定汇率制度实际上是一种可调整的固定汇率制，是基本固定的、波动幅度在一定范围内的不同货币间的汇率制。

浮动汇率制（flexible exchang rate system）是指汇率水平完全由外汇市场的供求决定、政府不加任何干预的汇率制度。在允许汇率自由浮动的同时，许多国家的政府通过买卖外汇干预市场，或多或少地对汇率水平进行干预和指导，以使一定时期内汇率在有限度内波动，这被称为有管理的浮动汇率制，以区别于纯粹的浮动汇率制。

在第二次世界大战后至 20 世纪 70 年代初期，世界各国实行固定汇率制；而在此之后，大部分国家相继实行浮动汇率制。当然，在可调整的固定汇率制与管理浮动汇率制之间，又有许多形形色色的折中的汇率制度。

人民币汇率改革与人民币升值

改革开放前，人民币汇率都是实行固定汇率制，由国家实行严格的管理和控制，长期高估。

改革开放初期，开始了人民币汇率体制改革的探索，主要实行的是汇率的"双轨制"，即官方规定的汇率与部分由市场决定的外汇调剂价格并存。1980 年北京等 12 个大中城市开办了通过中国银行进行的外汇调剂业务。参加调剂的限于国家机关和企事业单位，调剂价格在贸易用汇内部结算价 1 美元兑换 2.80 元人民币基础上加 5%～10%。1986 年，外汇调剂业务由中国银行交给国家外汇管理局，外汇交易主体由国内企事业单位扩展到外商投资企业，允许外商投资企业之间进行外汇调剂，价格自由议定，不允许外商投资企业参加国内企事业单位之间的外汇调剂。这就使得外汇调剂市场分成内外两部分。1988 年，在各省市自治区设立了外汇调剂中心，在北京设立了全国外汇调剂中心。1988 年，上海创办首家外汇调剂公开市场，竞价买卖，允许价格自由浮动。到 1993 年年底，全国共建立了 108 家外汇调剂中心。

1994 年 1 月 1 日，人民币官方汇率与市场汇率并轨，开始实行"以市场供求为基础的、单一的、有管理的浮动汇率制"。这一阶段人民币主要盯住美元，汇率的浮动范围也十分有限，并没有随宏观基本面变动而波动。1994 年 4 月，正式建立全国统一的银行间外汇市场，实行银行结售汇制度。1996 年 7 月，外商投资企业的外汇买卖被纳入银行结售汇体系。

20 世纪 70 年代末至 90 年代初，人民币汇率长期处于贬值状态。1980 年，人民币对美元官方汇率为 1.45 比 1；1993 年年底跌至 5.8 比 1；1994 年人民币汇率并轨以来，我国外贸收支持续增加；1994—1996 年，人民币升值近 5%；1997—2005 年，人民币汇率基本保持在 8.28 元人民币兑 1 美元的水平上。

2005 年 7 月 21 日起，我国的汇率体制又进行了重大变革，实行"以市场供求为基础、参考一篮子货币进行调节、有管理的浮动汇率制度"。该制度的特点是：汇率的形成以外汇市场的供求为基础；单一汇率（参考货币拓宽到欧元、日元等各主要币种）；浮动汇率，允许人民币汇率围绕中央银行公布的基准汇率在一定范围内上下浮动。2005 年 7 月—2007 年 6 月，人民币兑美元汇率升值约 8%。

自 2005 年 7 月 21 日我国汇率体制改革以后，美元兑人民币的汇率一直下降，也就是说人民币在持续升值。汇率从 2005 年 7 月 21 日的 8.11 降到 8.00 用了 1 年的时间，而从 8.00 降到 7.90 只用了 4 个月。截至 2009 年 4 月，实施有管理的浮动汇率制度将近 4 年，人民币对美元累计升值达 15% 左右，目前人民币汇率大致处于 1 美元兑 6.82 元人民币的水平。

人民币升值，一方面可能会对我国的出口造成负面影响，进而影响相关产业的就业；另一方面会提高我国国民的收入和产值，降低我国国民购买外国产品和劳务的成本，并提高人民币在国际货币体系中的地位。

> **知识拓展**

国际汇率制度的演变

第一次世界大战前，世界上的主要国家都采取金本位制。在金本位制下，各国货币有其法定的含金量，金币可以自由铸造和融化，银行券与金币等值，并自由兑换，黄金自由输入输出。各国货币的汇率根据其含金量折算。金平价是汇率的决定基础。

第一次世界大战后，由于黄金短缺，金本位制开始解体，各国以纸币流通代替金本位制。1944年，盟国在美国新罕布什尔州一个名叫布雷顿森林的地方召开44国财长会议，通过了《布雷顿森林协定》，建立了以美元为中心的金汇兑本位制，实行美元与黄金挂钩，各国货币与美元挂钩的固定汇率制。各国货币按其含金量与美元建立固定汇率。各国货币对美元的小幅浮动如果超出1%，各国政府有义务干预市场，维持汇率稳定。

20世纪70年代，由于美国黄金储备减少，美元贬值，美国停止向各国中央银行按官价提供黄金，停止维持黄金官价的义务，出现了建立在市场供求基础上的浮动汇率制度。1976年的《牙买加协议》首次承认了浮动汇率存在的合理性，规定各国政府可自由地选择汇率制度，固定汇率可以与浮动汇率并存。

综上所述，百年来国际汇率制度虽然总是固定汇率与浮动汇率的交替发展，但总的趋势是汇率制度的弹性越来越大，这与货币黄金的供应量有限，以及政府干预经济的力量逐渐加强有关。从目前来看，国际货币供给还远没有达到能够为人们所主动控制的程度。布雷顿森林货币体系曾试图实现人类对国际货币供应的主观控制，然而这个运行机制是失败的。而牙买加体制可以说是矫枉过正，虽然市场机制的力量可以自动纠正偏差，但其短处在于其动荡性和波动性。这在当今国际汇率制度中已有所体现。在汇率的频繁剧烈波动，大面积的国际收支失衡的条件下，只能通过加强国际合作而得到缓和。

亚洲金融危机

亚洲金融危机是1997年始于泰国，殃及若干亚洲国家的通货、股市和其他资产的金融危机。

20世纪80年代末和90年代初，亚洲一些国家和地区经济高速发展，吸引了大量国际热钱，使得资产价格飙升。同时，泰国等国家和地区存在经常账户赤字，并把货币与美元挂钩。90年代中期，美国利率上升，吸引热钱，美元升值。这些亚洲国家和地区由于其货币与美元挂钩，出口锐减。中国这一时期也开始更有效地与其他亚洲国家（地区）竞争。这些因素致使国际投资者把资金从亚洲汇市和股市大量抽出，使得亚洲各国（地区）货币面临贬值的压力，各国（地区）中央银行不得不抛出美元捍卫本国货币。

国际炒家从买空泰铢开始行动。其基本操作方式程序是，先向银行借入泰铢，然后拿到外汇市场上去抛售。政府为了维系汇率稳定，拿出外汇储备去托市。但是国内储蓄者见到泰铢受狙击，信心随之崩溃，也争相抛售泰铢而改持外币保值，外汇市场上出现对泰铢墙倒众人推的局面。为了维系脆弱的汇率，数百亿美元的国家外汇储备几天内耗尽。等到中央银行无力托市时，外汇市场出现崩盘，泰铢在短短几个月内贬值殆半，1997 年泰国股市下跌 75％。继泰铢贬值后，马来西亚林吉特、菲律宾比索和印度尼西亚卢比也相继贬值。不久，新台币、韩圆、巴西瑞亚尔、新加坡元和港币也受到贬值压力。政府不得不抛出外汇提高利率，由此导致经济增长缓慢。

1997 年 10 月，港币受到贬值压力，货币当局不得不抛出美元保卫港币。香港股市在 1997 年 10 月 20—23 日之间下跌 23％。1998 年 8 月，炒家开始向银行借入港币在外汇市场抛售，同时卖空港股期货。这使得利率上升，股市下跌。于是，炒家一方面可以在期货市场获利；另一方面，一旦港股下跌，他们也可以在外汇市场获利。港府的对应措施是，大幅度调高利息，隔夜拆借利息一度提高 500％，并动用外汇储备（150 亿美元）大量购入恒生指数成分股，一度占有港股 7％以上的市值，成为许多公司最大的股东。迫使炒家 8 月 28 日以高价平仓，损失严重，不得不撤退。

中国在 1997 年亚洲货币普遍贬值的情况下面临人民币贬值的压力。很多经济界人士认为，中国为保证出口成本低于东南亚会使人民币贬值。但人民币岿然不动，使得国际炒家希望破灭。加上资本流动的管制，中国受危机的影响有限。

危机甚至横渡大洋。由于对亚洲的担心，1997 年 10 月 27 日，美国道琼斯指数下跌 554 点（7.2％）。

亚洲金融危机使得许多国家和地区的货币贬值，股市和其他资产价格下跌，公司倒闭，许多人倾家荡产，一些政府垮台。泰国、印度尼西亚和马来西亚的人均 GDP 到 2005 年仍低于危机前的水平。

（资料来源：易纲，张帆. 宏观经济学. 北京：中国人民大学出版社，2008）

三、汇率理论

在当今开放的经济中，汇率是一个非常重要的经济变量，汇率的变动对国际商品流动和资金流动都会产生重大的影响。那么汇率由什么因素决定？又受到哪些因素影响呢？这是汇率理论要解决的问题。

既然汇率是"不同货币的相对价格"，那么理解汇率决定的最简单的办法就是把一个国家的货币当作外汇市场的一种商品，其价格的高低就取决于市场的供给与需求。当供给大于需求时该货币就贬值，供不应求时就升值。因此，理解不同汇率理论的关键，是分析市场上对一国货币的相对需求，一条共同的规律是：能够提高一国货币相对需求的因素会促使该货币升值，反之亦然。下面我们将介绍两种最基本的汇率理论：购买力平价理论和利率平价理论。

1. 购买力平价理论

购买力平价理论的基本思想是：人们之所以需要外国货币，是因为外国货币在其发行国国内具有对一般商品的购买力；同样，外国人之所以需要本国货币，也是因为它在本国具有购买力。因而，本国与外国货币之间的兑换关系（汇率水平）取决于两国货币购买力的大小。

一国货币的购买力取决于价格水平的高低。如果价格水平比较低，则一定的货币能够购买更多的商品，货币的购买力就比较大；如果价格水平比较高，一定的货币只买到较少的商品，货币的购买力就比较小。因此，两国货币之间的兑换比率取决于这两个国家的价格水平。如果 1 美元在美国（以美元衡量价格）和在中国（用人民币衡量价格）能买到等量的物品，那么，每 1 美元兑人民币的数量必然反映了该物品在美国和中国的价格。例如，如果一双"双星"球鞋在美国值 8 美元而在中国值 50 元人民币，那么名义汇率是 1 美元＝6.25 元人民币。否则，1 美元的购买力在美国和中国的购买力就不相同。

用数学公式表达，假定 P 是美国一篮子物品的价格，P^* 是中国一篮子物品的价格，而 e 是名义汇率（1 美元可以购买的人民币数量）。现在考虑 1 美元可以在美国与中国购买的物品数量。在美国，1 美元的购买力是 $1/P$，即 1 美元可以购买 $1/P$ 物品量。在中国，1 美元可以交换 e 单位人民币，人民币的购买力相应为 e/P^*。由于两个国家 1 美元的购买力相同，所以有：

$$1/P=e/P^* \tag{6-1}$$

因此，名义汇率 $e=P^*/P$，也就是说，名义汇率等于两国价格水平的比率。根据购买力平价理论，两国货币之间的名义汇率必然反映这两个国家的价格水平。

购买力平价理论的关键含义是：当价格水平变动时，名义汇率也变动。而影响价格水平的最重要因素为货币供给量，所以，名义汇率也取决于每个国家的货币供给量。当任何一个国家的中央银行增加货币供给量并引起价格水平上升时，将会降低本国货币的购买力，使市场上对本国货币的相对需求下降，本币贬值。换句话说，当中央银行印发了大量货币时（或购买大量国债时），无论是根据它能买到的物品与劳务，还是根据它能买到的其他货币，这种货币的价值都下降了。反之，如果减少货币供给量，就会导致本国货币升值。

2. 利率平价理论

购买力平价理论是通过"国际商品市场"上的价格之比来解释汇率水平的，这实际上是回答了长期内汇率如何决定的问题。在现实经济中，两个开放的国家之间不仅有商品贸易，还有货币资金的往来，利率平价理论是通过分析"国际货币市场"上的资金流动来解释汇率的决定的。该理论指出，如果两国的利率水平存在差异，就会引起国际资本的流动，进而引起汇率的变动。因而利率与汇率之间也存在密切的关系。利率平价理论是从利率的角度，解释短期内汇率波动的问题。

利率是一国货币在国内资金市场的价格，汇率是本国货币在国际资金市场的价格。如果不同国家的利率存在差别，这就意味着不同货币资产存在不同的收益率，在资本可以在国际间自由流动的情况下，人们就会增加持有利率较高的货币，减少持有利率较低的货币，这类投资行为会影响外汇供求和均衡汇率水平。经济学中把这种微观行为主体在不同市场进行交易、追求利润的行为称为"套利"（arbitrage）活动。

举例来说，在资本账户开放因而资金可以在国家间自由出入的条件下，如果中国的利率比外国的利率高，在中国投资能够获得比外国更高的收益。美国人就会购买中国的债券，或者用美元到外汇市场购买中国的人民币，以获取较高的利息收入。这会导致外汇市场上对人民币的需求上升；中国人也会减少对外国债券的购买，或者减少对外币的持有量，这会导致人民币的供给减少。人民币的供不应求会推动汇率升值。反之，如果中国的利率低于外国的利率，中国人就会增加对外国债券的购买，或者增加对外币的持有量，从而导致人民币的供给增加；同时外国人也会减少对人民币的需求，人民币供大于求的情况会导致汇率贬值。所以，由于人们的套利活动，利率和汇率之间存在同向变动关系。

人们套利活动的结果，是外汇市场达到一种均衡状态，即用相同货币衡量的任意两种货币存款具有同样的预期收益率。如果不同国家利率实际不一致会通过汇率预期变动来抵消，因此不同货币之间的汇率由各国的利率水平决定，这称为利率平价条件，即：

$$\frac{E^f - E}{E} = i - i^*$$

(6-2)

式中，i 是本国利率水平，i^* 是外国利率水平，E 是目前本国汇率，E^f 是本国货币预期汇率。如果本国利率高于外国利率，这将会提高本国货币的收益率，使市场上对本币的需求上升，利率平价条件预测本国货币预期汇率要升值，并且汇率升值的幅度要等于利率相对差别。反之，如果本国利率低于外国利率，这意味着本国货币的收益率降低了，市场上对本币的需求下降，利率平价条件预测本国货币预期汇率要贬值，并且汇率贬值的幅度要等于利率相对差别。只有这一条件满足时，外汇市场才能处于均衡状态。

第二节　开放经济中的 *IS—LM* 分析

本节我们放弃前几章封闭经济的假设，将国际经济部门引入到我们的模型之中，讨论开放经济条件下的宏观经济政策有效性问题。我们首先引入外部均衡问题，即国际收平衡问题，用一个简单的模型表述国际收支的平衡条件，然后把这一均衡条件表示在 IS—LM 模型分析的框架中，得到一个扩展的 IS—LM 模型，然后用这一模型分析产品市场、货币市场和外汇市场同时均衡的条件，分析开放条件下短期均衡产出的决定机制和宏观经济政策的作用效果。

一、国际收支平衡条件

什么是国际收支平衡？实现国际收支平衡需要什么条件？我们首先分别研究影响贸易活动（经常账户）和资本流动（资本账户）的不同因素，然后把这些因素放在一起，得出国际收支的平衡条件。

1. 净出口函数

一国的进出口贸易活动反映在国际收支平衡表中经常项目里，通常我们可用净出口概念表示经常项目活动的整体结果。净出口等于出口减去进口：

$$NX = X - M \qquad (6\text{-}3)$$

影响净出口的因素有很多，其中汇率和国内收入是两个最重要的因素。

出口受汇率决定并与汇率正相关。一般而言，汇率升值以后，以外币计价的本国货物价格上升，即本国商品相对于外国商品昂贵，出口减少。在直接标价法下，货币升值，汇率变小，出口减少；反之亦然。

进口受汇率和本国收入两个因素的影响。汇率升值意味着外国商品对于本国居民来说变得比较便宜，进口就会增加。此外，进口还取决于一国的国民收入。当国民收入提高时，本国消费者一般会增加对本国产品及进口产品的支出。一般认为，出口受本国国民收入状况的影响可以忽略。

基于以上考虑，可得到如下简化的净出口函数：

$$NX = g - nY + mER \qquad (6\text{-}4)$$

其中 ER 表示汇率，Y 表示国民收入水平，g、n、m 均为反映不同变量之间数量关系的系数。系数 n 为边际进口倾向，表示国民收入变动 1 单位时进口的变动量。它的取值范围在 0 和 1 之间。系数 m 表示净出口对汇率变动的反应程度。

净出口函数说明净出口受到两个因素的影响：一是本国国民收入水平。其他条件不变时，国民收入增加会引起进口增加，从而引起净出口下降。反之亦然。所以，净出口与国民收入存在反向变动关系。边际进口倾向 n 反映了 1 单位国民收入变动会引起多少净出口数量的变动。二是汇率。其他条件不变时，汇率升值会使净出口减少。这是因为，汇率升值时，一方面，进口品在本国市场上以本币标示的价格下降，由于需求规律的作用，消费者对进口品的需求量增加了；另一方面，汇率升值时，出口品在国外市场上以外币标示的价格上升，同样在需求规律的作用下，国外消费者对出口品的需求量减少了。汇率升值使进口数量增加和出口数量减少，最终导致净出口减少。反之亦然。在直接标价法下，汇率升值表现为汇率变小，出口减少，进口增加，所以，净出口与汇率存在正向变动关系。

2. 资本净流出函数

国际间资本流动是各国之间相互购买和销售资产（直接投资、买卖股票和债券、涉外贷款、房地产等）的结果。本国从外国购买资产的支出表现为资本流出，外国从本国购买资产的支出表现为资本流入。我们把资本流出减去资本流入的差额定义为资本净流出，用 F 表示，即：

$$F＝资本流出－资本流入$$

在上述简单的模型中，资本净流出取决于本国利率和外国利率的差别。如果本国利率高于外国利率，会引发较多的外国资本流向本国，资本净流出减少，这会导致汇率升值的压力；反之，如果本国利率低于外国利率，本国的投资者会增加对国外的投资，这会增加资本外流，产生汇率贬值的压力。因此，本国资本净流出可以看成是本国利率和外国利率之差的函数，用公式表示为：

$$F＝a\ (r^*－r) \tag{6-5}$$

其中，F 为资本净流出，r^* 表示国外利率，r 表示本国利率，$a>0$ 为常数，反映资本净流出对国内外利率差反应的敏感程度。有一种极端的情况，即 a 的数值无限大。其经济含义是：只要国内外利率存在微小的差别，就会发生无限大的资本净流出的变动，因而国际收支完全由国内外利率平价条件决定。但实际上资本流动还会受到其他因素的影响，如国内政局是否稳定、战争及国有化等。有些国家甚至有可能对资本流动采取限制性措施，从而使国内外利率差和资本流动的联系并不很密切。我国的情况就是这样，作为一个处在经济转型的发展中国家，我国现阶段的资本市场尚未完全开放，政府对资本流动仍实施较多的管制政策。从资本流入方面看，外资可以在我国进行直接投资，但在间接投资方面还受到很多限制，比如外资不能投资 A 股等。在资本流出方面，我国居民和企业还不能自由投资外国债券和股票。由于存在较多的管制，即使我国利率与国外利率存在显著差异，人们也不能自由地在国际间进行金融资产的买卖和转换，以实现套利的目的。因此，我国的 a 值比较小。a 值的大小反映了一个国家对资本流动的限制程度，它显示了一国资本市场的开放程度。

3. 国际收支平衡条件

现在我们把净出口函数和资本净流出函数结合在一起来表述国际收支（或外汇市场）平衡条件。国际收支是由经常账户和资本账户构成的，因而是由净出口和资本净流出决定的。我们把两者之间的差额称为国际收支差额，用 BP（the balance of payment）表示，即：

$$国际收支差额＝净出口－资本净流出$$

或者　　　　　　　　　$BP = NX - F$

$$= g - nY + mER - a\ (r^* - r) \tag{6-6}$$

公式（6-6）表示，当 $BP = 0$，即净出口等于资本的净流出时，就实现了国际收支平衡。因此，国际收支平衡是指一国国际收支差额为零。也就是说，$BP = 0$ 所表达的关系，也就满足了国际收支平衡的条件。

国际收支平衡还可以理解为：在日常生活当中，如果你的开销大于你的收入，也就是说你赤字了，你往往会通过借钱或出售你的其他资产来实现预算均衡。对一个国家而言，如果一国大量购买国外商品的金额越过了其收入限制，那么就会出现负的净出口，即赤字，此时该国往往通过向国外出售资产或向国外借款来支持该国的大量进口。因此，任何经常账户赤字，都要由相应的资本流入来抵消。近年来美国异常严峻的经常项目赤字就是主要靠亚洲国家特别是中国和日本购买其国债而维持的。理论上讲，只要有国家愿意为美国的赤字买单，那么美国的赤字经济就能够维持。

以上我们知道当国际收支实现平衡，即 $BP = 0$ 时，公式（6-6）等于零，即：

$$BP = g - nY + mER - a(r^* - r) = 0 \tag{6-7}$$

这意味着，当实现国际收支平衡时，净出口函数和资本净流出函数相等。将资本净流出函数移到上式的右边，可得：

$$g - nY + mER = a(r^* - r) \tag{6-8}$$

或者　　　　　　　　　$g - nY + mER = ar^* - ar$

等式两边除以 a，得：

$$\frac{g}{a} - \frac{n}{a}Y + \frac{m}{a}ER = \frac{a}{a}r^* - \frac{a}{a}r$$

整理可得：

$$r = r^* - \frac{g}{a} - \frac{m}{a}ER + \frac{n}{a}Y \tag{6-9}$$

公式（6-9）为国际收支均衡函数，它表明当实现国际收支平衡时，利率 r 与国民收入 Y 之间的函数关系。该公式表明，由于 Y 的系数 n/a 是正数，当国民收入（Y）上升，利率（r）必须相应上升，才能实现国际收支平衡。因为在净出口函数中，收入上升会通过进口增加导致净出口减少，这就需要利率上升来吸引资本流入增加，从而使国际收支保持平衡，因此国民收入和利率之间具有同方向变动关系。

二、BP 曲线与 IS—LM—BP 模型

1. BP 曲线

把国际收支均衡函数表示在一个横轴为收入、纵轴为利率的坐标系内，公式（6-9）显示为一条向右上方倾斜的曲线，这被称为 BP 曲线，如图 6-1 所示。BP 曲线表明了收

人和利率之间的正向关系。例如，在图 6-1 中，A 点是国际收支平衡时利率 r_1 与收入 Y_1 的组合点。如果产出下降到 Y_2，进口会减少，净出口会上升，要保持国际收支平衡就需要利率下降使资本净流出增加。BP 曲线上的 B 点对应的收入 Y_2 和利率 r_2，说明两者的组合重新满足了国际收支平衡的条件。

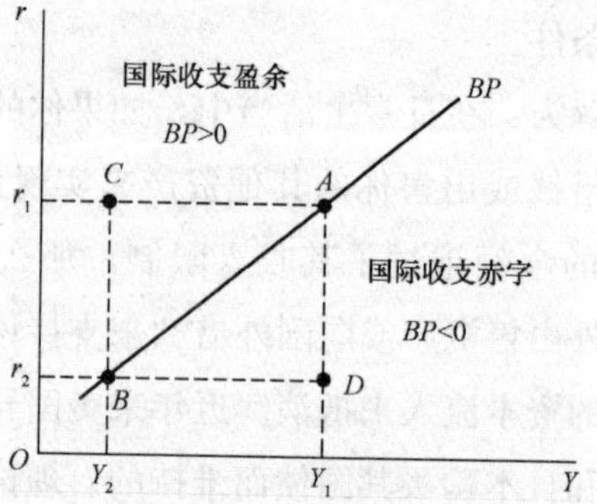

图 6-1　BP 曲线

既然 BP 曲线上的任一点，都代表使国际收支平衡的国民收入和利率的组合。那么，BP 曲线之外的点则意味着国际收支的失衡。具体来说，BP 线上方任意一点所对应的收入与利率的组合，表示存在国际收支盈余（$NX>F$）。例如，图 6-1 中的 A、C 点都处于同样利率水平，A 点位于 BP 曲线上，C 点在 BP 曲线左边。由于利率水平一致，两者所代表的净资本流出是相同的，但 C 点所对应的国民收入低于 A 点，因而 C 点的净出口较 A 点高，国际收支出现顺差（盈余）。同理，BP 曲线下方任意一点表示存在国际收支赤字（$NX<F$）。例如，图 6-1 中的 D 点与均衡点 B 相比，利率相同，收入较高，表明 D 点的净出口较低，国际收支出现赤字（逆差）。

在公式（6-9）中，"n/a" 决定了 BP 曲线的斜率。其中，n 是边际进口倾向，表示国民收入变动 1 单位时进口的变动量。它的取值范围在 0 和 1 之间。n 越大，则 BP 曲线就越陡峭，反之亦然。a 表示资本流动对国内外利率差反应的敏感程度。a 值越大，表示国内外利率差较小的变动会引起大量的资本流动，BP 曲线就越平坦。反之，a 值较小，则表示一国资本流动存在较多的限制，BP 线就越陡峭。综合以上分析可以知道，一个国家的边际进口倾向越小（n 越小），或者资本的净流出对利率差越敏感（a 越大），BP 曲线的斜率就越小，BP 曲线就越平坦。反之，一个国家的边际进口倾向越大（n 越大），或者资本的净流出对利率差越不敏感（a 越小），BP 曲线的斜率就越大，BP 曲线就越陡峭。

假设存在一种极端的情况，即 a 值无穷大，表示资本的国际流动完全不受限制。国外利率 r^* 既定时，当国内利率稍高于国外利率，就会出现资本的无限流入。反之，本国利率稍低于国外利率，资本就会无限流出。"n/a" 值趋于零，BP 曲线就是一条位于国外利率水平 r^* 上的水平线。如图 6-2 所示。

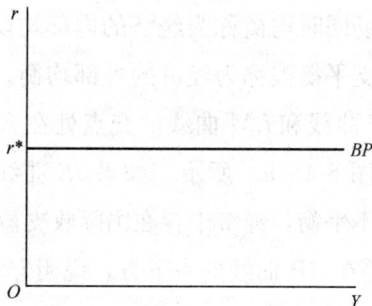

图 6-2　资本完全流动的 BP 曲线

在公式（6-9）中，$(r^* - \dfrac{g}{a} - \dfrac{m}{a}ER)$ 是 BP 曲线的截距项，它包含了汇率（ER）以及净出口函数和资本净流出函数的其他系数。这些因素变动，会引起 BP 曲线位置的移动。图 6-3 显示了汇率变动引起 BP 曲线移动的情况。BP（ER_0）表示汇率为 ER_0 时的 BP 曲线，A 点在 BP（ER_0）上，表示国际收支平衡时利率 r_0 和收入 Y_0 的组合。如果汇率由 ER_0 升值到 ER_1，意味着净出口（MX）会减少，现在需要比原来的均衡利率 r_0 较高的利率 r_1 与原来的国民收入 Y_0 的组合，才能保持国际收支平衡，因此 BP 曲线由 BP（ER_0）向左方移动到 BP（ER_1），得到与新的汇率（ER_1）相适应的新均衡点 B。所以，汇率升值导致 BP 曲线向左方移动。反之，汇率贬值，意味着净出口增加，会导致 BP 曲线向右方移动。

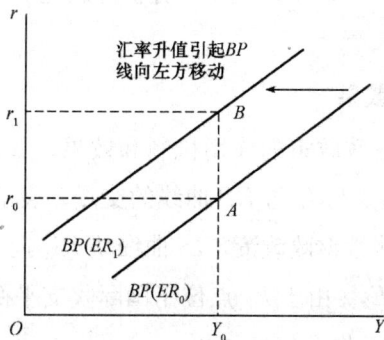

图 6-3　汇率变动引起 BP 曲线移动

2. IS—LM—BP 模型

我们可以把 BP 曲线放在 IS—LM 分析框架中，得到一个开放经济条件下的 IS—LM 模型，这一模型可用来分析开放经济中宏观经济政策的作用机制。如图 6-4 所示，在 r—Y 坐标系里，存在三条曲线。IS 曲线反映的是产品市场的均衡条件，LM 曲线反映的是货币市场的均衡条件，BP 曲线反映的是国际收支平衡条件。BP 曲线的斜率可以大于 LM 曲线，也可以小于 LM 曲线，它取决于 n/a。

我们把产品市场和货币市场同时均衡称为经济的内部均衡，它在 IS 曲线和 LM 曲线的交点上。如前所述，国际收支平衡被称为经济的外部均衡，BP 曲线上的点反映的就是经济外部均衡的条件。如果 IS 曲线和 LM 曲线的交点处在 BP 曲线之上，经济就同时实现了内部均衡和外部均衡，如图 6-4（a）所示。如果 IS 曲线和 LM 曲线的交点处在 BP 曲线的左上方，说明国际收支不平衡，经济中存在国际收支盈余，如图 6-4（b）所示。如果 IS 曲线和 LM 曲线的交点处在 BP 曲线的右下方，说明宏观经济中存在国际收支赤字，如图 6-4（c）所示。

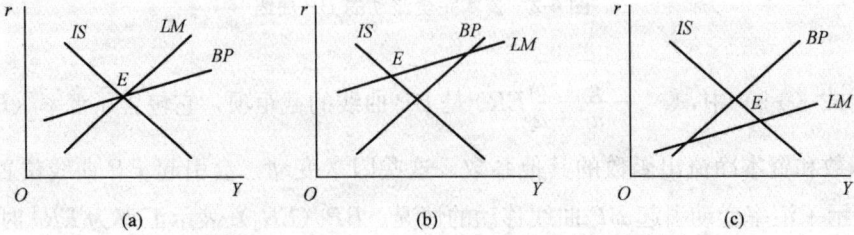

图 6-4　IS—LM—BP 模型：均衡与非均衡

三、开放条件下的宏观经济政策

上一章我们讨论了封闭经济中的财政政策与货币政策。对于一个开放经济来说，实现宏观经济的稳定运行。不仅要考虑经济内部均衡，而且还要考虑外部均衡。本节在引入 BP 曲线的基础上，运用 IS—LM—BP 模型来分析开放经济中财政与货币政策的作用机制和效果。

1. 固定汇率制下的政策效果

首先看固定汇率制度下财政政策的作用机制和效果。如图 6-5 所示，假设 E_1 点是经济的初始均衡点，该点是 IS_1、LM_1 与 BP 曲线的交点，表示经济同时实现了内部均衡和外部均衡。假设政府实施扩张性财政政策，IS 曲线从 IS_1 向右移动到 IS_2，从而形成产品市场和货币市场新的均衡点 E_2。由于 E_2 点位于国际收支平衡曲线 BP 的左上方，表明存在国际收支盈余，本国货币面临升值的压力。这时，为了维持既定的汇率水平，中央银行必须用本国货币买进外汇。外汇市场上这一对冲操作增加了本国的货币供给量，起到了类似于扩张性货币政策的作用。在图 6-5 中，这表现为 LM 曲线从 LM_1 向右移动动到 LM_2，新的均衡点为 E_3，国际收支盈余消失，经济同时实现了内部均衡和外部均衡。

以上分析说明，在开放经济中的固定汇率

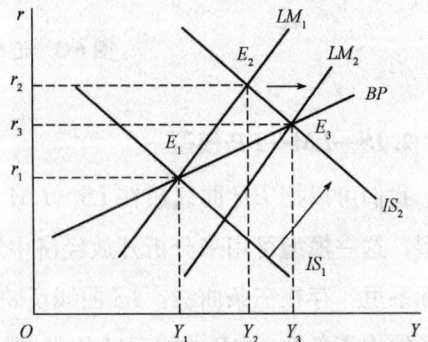

图 6-5　固定汇率制度下的财政政策效果

制度下，财政政策的作用增强了。因为扩张性财政政策导致国际收支盈余，这要求中央银行必须买进外汇来阻止由此产生的本币升值的压力，从而引起利率下降和均衡收入的进一步增加。

再来看货币政策的作用机制和效果。如图 6-6 所示，初始的均衡点为 E_1，经济同时实现了内部均衡和外部均衡。若中央银行实施扩张的货币政策（如回购央行票据）使 LM 曲线从 LM_1 向右移动到 LM_2，与 IS 曲线在 E_2 点相交，经济的内部均衡为 E_2 点。由于 E_2 点在 BP 曲线的右下方，表明存在国际收支赤字，经济面临货币贬值的压力。为了维持既定的汇率水平，中央银行必须卖出外汇，收回本国货币。这一操作的结果减少了货币供给量，使得 LM 曲线从 LM_2 退回到 LM_1，导致扩张性货币政策失效。这说明，在实行固定汇率制度的开放经济中，扩张性货币政策导致了国际收支逆差，需要中央银行通过外汇市场的对冲操作释放货币贬值的压力，从而维持平衡。而外汇市场干预政策的结果收缩了货币供给，抵消了开始时扩张性货币政策的效果，长期内货币政策归于无效。

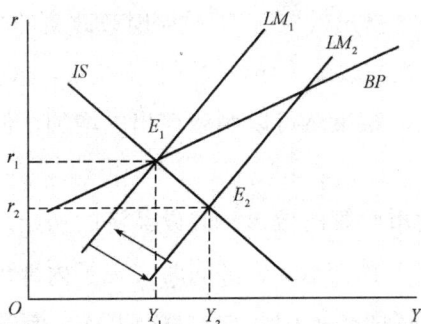

图 6-6　固定汇率制度下的货币政策效果

2. 浮动汇率制下的政策效果

在浮动汇率制度下，汇率是由外汇市场上的供给和需求决定的。如果国际收支出现盈余，本国的货币就会升值；反之，如果国际收支出现赤字，本国的货币就会贬值。汇率的持续变动能够使国际收支总是处于平衡状态，也就是说 BP 曲线总是经过 IS 曲线和 LM 曲线的交点。

先来看浮动汇率制下财政政策的效果。如图 6-7 所示，假设经济的初始均衡点是图中的 E_1 点，它是 IS_1、LM 与 BP（ER_1）的交点，经济同时实现了内部均衡和外部均衡。假设政府增加购买支出或者减税，IS 曲线由 IS_1 向右移动到 IS_2，新的均衡点在 E_2 点，此时，经济实现了内部均衡，但是 E_2 点在 BP（ER_1）曲线的左上方，国际收支出现盈余，在浮动汇率制下这会引起本国货币的升值，汇率由 ER_1 变成 ER_2，BP 曲线由 BP（ER_1）向左移动到 BP（ER_2）。由于本国汇率升值，本国的商品对外国人来说变得比较昂贵，而外国的商品对本国居民来说变得比较便宜。结果，出口减少，进口增加，净出口下降，从而抵消了财政政策的扩张效果，IS 曲线由 IS_2 向左移动到 IS_3。新的 IS_3 曲线和 BP（ER_2）与 LM 曲线相交于 E_3 点，经济的内部均衡和外部均衡同时实现。

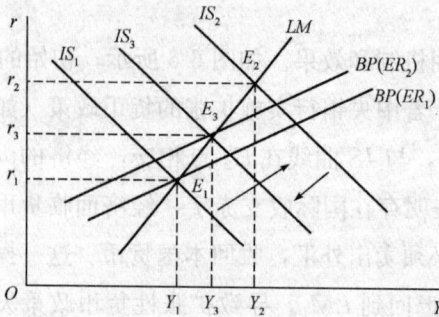

图 6-7　浮动汇率制度下的财政政策效果

由此可见，引入国际收支均衡条件后，财政政策效果被削弱了。这有两个原因：一是第五章讨论过的财政政策的"挤出效应"，即政府财政政策的扩张会由于利率上升而挤出一部分私人投资；二是扩张性财政政策导致国际收支盈余，这会引起汇率升值从而减少了净出口。所以，扩张性财政政策虽然可以刺激产出的增加，但其效果由于上述原因而减弱了。

再来看浮动汇率制下货币政策的效果。假设经济的初始均衡点是图 6-8 中的 E_1 点，它是 IS_1、LM_1 与 BP（ER_1）的交点，经济同时实现了内部均衡和外部均衡。中央银行实施扩张性货币政策，使 LM 曲线从 LM_1 向右移至 LM_2，新的均衡点在 E_2 点，经济实现内部均衡。但由于 E_2 点在 BP 曲线的右下方，国际收支出现赤字，在浮动汇率制下，这会引起本国货币贬值，汇率由 ER_1 变成 ER_2，BP 曲线由 BP（ER_1）向右移动到 BP（ER_2）。由于本国汇率贬值，本国的商品对外国人来说变得比较便宜，而外国的商品对本国居民来说变得比较昂贵。结果，出口增加，进口减少，净出口上升。IS 曲线由 IS_1 向右移动到 IS_2。新的 IS_2 曲线和 BP（ER_2）与 LM_2 曲线相交于 E_3 点，经济的内部均衡和外部均衡同时实现。与 E_2 点比较，E_3 点对应的利率和收入水平都上升了，货币政策的效果得到了加强。

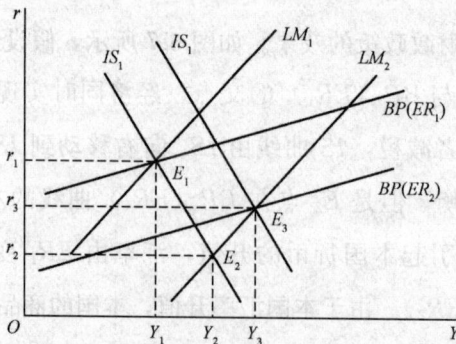

图 6-8　浮动汇率制度下的货币政策效果

本章小结

1. 国际收支平衡表是一国在一定时期内所有经济交易货币价值的系统记录。国际收支账户主要包括经常项目、资本和金融项目、储备资产项目和净误差与遗漏项。

2. 汇率是两国货币的交换比率。以每单位外币对应的本币数额来表示，称为直接标价；以每单位本币对应的外币数额来表示，称为间接标价法。

3. 汇率的变动包括升值和贬值。本币升值会提高出口货物的相对价格，降低进口货物的相对价格，因此会减少出口，增加进口。本币贬值影响相反。

4. 汇率制度是指一国中央银行对本国汇率变动的基本方式所做的制度规定和政策安排。基本汇率制度包括固定汇率制和浮动汇率制。固定汇率制是指政府通过积极干预，使本币汇率维持在某个水平上；浮动汇率制是指政府不加干预，汇率完全由市场决定。

5. 购买力平价理论是通过"国际商品市场"上的价格之比来解释汇率的决定。根据购买力平价理论，如果国际套利是可能的，任何一种货币在各国应有同样的购买力。

6. 利率平价理论是通过分析"国际货币市场"上的资金流动来解释汇率的决定。该理论认为，如果两国的利率水平存在差异，就会引起国际资本的流动，进而引起汇率的变动。

7. IS—LM—BP 模型可用来分析开放条件下宏观经济政策的作用机制和效果。在固定汇率制度下，财政政策的作用相对增强，而货币政策相对无效；在浮动汇率制度下，财政政策效果被削弱了，而货币政策的效果得到了加强。

复习与思考

一、名词解释

国际收支平衡表　　经常项目　　　　资本和金融项目　　储备资产
汇率　　　　　　　直接标价　　　　固定汇率　　　　　浮动汇率
升值　　　　　　　购买力平价理论　利率平价理论　　　BP 曲线

二、选择题

1. BP 曲线考察的是当国际收支平衡时（　　）之间的关系。

　　A. 国民收入水平与利率水平　　　B. 国民收入水平与价格水平

　　C. 国民收入水平与净出口额　　　D. 国民收入水平与国际收支差额

2. 对于英镑和美元两种货币来说，如果英镑的汇率上升，那么美元的汇率将(　　)。

　　A. 上升　　　　　　　　　　　　B. 下降

　　C. 不确定　　　　　　　　　　　D. 两者之间没有关系

3. 如果本国货币贬值，BP 曲线将会(　　)。

　　A. 变得更为平坦　　　　　　　　B. 变得更为陡峭

　　C. 向左移动　　　　　　　　　　D. 向右移动

4. 属于国际收支平衡表中经常账户的是(　　)。

　　A. 资本性转移　　　　　　　　　B. 间接投资

　　C. 服务　　　　　　　　　　　　D. 证券投资

5. 如果法郎与美元的交换比率从 5∶1 变为 4∶1，则(　　)。

　　A. 法郎的汇率由 20 美分上升到 25 美分，美元升值

　　B. 法郎的汇率由 20 美分上升到 25 美分，美元贬值

　　C. 法郎的汇率由 25 美分下降到 20 美分，美元升值

　　D. 法郎的汇率由 25 美分下降到 20 美分，美元贬值

6. 在浮动汇率制下，本国货币供给增加(　　)。

　　A. IS 曲线向右移动　　　　　　 B. IS 曲线向左移动

　　C. LM 曲线向右移动　　　　　　 D. LM 曲线向左移动

7. 在 BP 曲线上方的所有点都是(　　)。

　　A. 国际收支盈余点　　　　　　　B. 国际收支逆差点

　　C. 国际收支均衡点　　　　　　　D. 以上说法均不正确

8. 如果本国货币升值，则(　　)。

　　A. 本国的出口增加、进口减少　　B. 本国的进口增加、出口减少

　　C. 本国的出口、进口均增加　　　D. 本国的出口、进口均减少

9. 一家德国厂商在美国出售 50 万美元的长期政府债券，然后将收入暂时存入美国银行，这样应该在美国的国际收支平衡表做(　　)记录。

　　A. 经常账户、资本与金融账户同时记入 50 万美元

　　B. 经常账户、资本与金融账户的贷方同时记入 50 万美元

　　C. 资本与金融账户的短期资本账户的借方，长期资本账户的贷方分别记入 50 万美元

　　D. 资本与金融账户的长期资本账户的借方，短期资本账户的贷方分别记入 50 万美元

三、问答题

1. 国际收支平衡表包括哪些主要项目？

2. 汇率有哪两种表示法？举例说明直接标价法下的货币贬值。

3. 用购买力平价理论解释为什么高通货膨胀时货币往往贬值。

4. 从利率平价理论角度论述汇率与利率之间存在的关系。

5. 如果人民币升值，到美国留学比现在便宜了还是贵了？到一所美国大学网站上查找研究生的学费和生活费，计算汇率从每美元8.3元人民币升值到每美元6.83元人民币时，留学四年所需要的人民币学费和生活费。

6. 调查中美两国大学生两种生活必需品的价格，假定购买力平价成立，计算美元与人民币的真实汇率（两国产品或服务的相对价格）。以此为根据评价人民币美元汇率是否低估。讨论人民币是否应当升值。

7. 讨论固定汇率制度和浮动汇率制度的优劣。中国应当采用固定汇率制还是浮动汇率制？为什么？

8. 用 IS—LM—BP 模型解释，在一个浮动汇率的开放经济中，政府购买支出增加对国民收入和汇率的影响，在固定汇率的开放经济中，政府购买支出增加的作用有什么不同？为什么？

9. 用 IS—LM—BP 模型解释，在一个浮动汇率的开放经济中，货币供给量增加对国民收入和汇率的影响，在固定汇率的开放经济中，货币供给量增加的作用有什么不同？为什么？

第七章 AD—AS 模型

在前面的国民收入决定模型的分析中，我们假设总供给和价格水平不变，即总供给可以适应总需求的增加而增加，价格水平被视为模型的外生变量，它不能由模型本身的因素加以确定，因此也就没有分析总供给对均衡收入决定的影响以及价格水平的决定。进一步地分析，必须要考虑总供给和价格水平的变动对均衡收入的影响。因为在现实中，总供给是有限的，价格水平通常是不断变动的，而均衡收入和价格水平的变动是决定宏观经济状况的主要因素。因此，一个能够把总需求分析与总供给分析结合起来，将价格水平和均衡收入同时加以确定的模型，对于分析宏观经济中的各种问题，说明整体经济的运行规律是非常必要的，也是更有吸引力的。本章即将讨论的 AD—AS 模型便是这样的一个模型。这一模型是短期宏观经济波动的重要分析工具。

第一节　总需求曲线

一、总需求曲线的形状

在第四章到第五章，我们在 IS—LM 模型的基础上推导出了开放经济条件下的总需求曲线。如图 7-1 所示，在以总产量 Y 为横坐标、价格水平 P 为纵坐标的坐标系里中，总需求曲线是一条向右下方倾斜的曲线。其经济含义是：在其他条件不变时，总需求与价格水平之间是逆向关系，即价格水平下降导致总需求量增加，价格水平上升导致总需求量减少。

为什么 AD 曲线向右下方倾斜？宏观经济学家对这一问题已经达成了共识。在解释这些理论之前，我

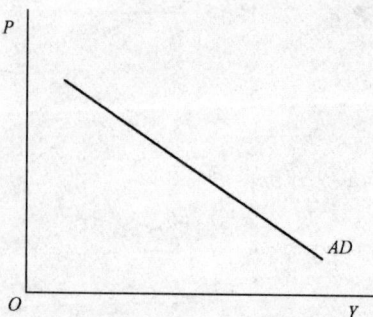

图 7-1　总需求曲线

们先回顾一下第三章介绍的知识。总支出是度量总需求的指标，用总支出度量总需求，包括消费（C）、投资（I）、政府购买（G）与净出口（NX）。总支出每一部分的变动都会影响物品和劳务的总需求。在总支出的四个组成部分中，政府购买是由政府政策决定的，其他三个组成部分——消费、投资和净出口则取决于经济状况，特别是取决于价格水平。因此，为了说明总需求曲线的形状，我们必须考察价格水平如何与消费、投资和净出口等支出之间存在负相关关系。

1. 财富效应

财富效应说明价格水平会通过影响人们的实际财富而影响消费支出。我们知道，消费取决于收入，也取决于人们拥有的财富，如货币、基金、股票、债券等。人们的财富可分为名义财富和实际财富。名义财富是用货币数量表示的财富，实际财富是用货币购买力表示的财富，它取决于名义财富和价格水平，即实际财富＝名义财富/价格水平。当名义财富不变时，实际财富和价格水平成反方向变动，即价格水平上升时，人们手中名义财富的数量不会改变，但以货币购买力衡量的实际财富会减少，因为既定的货币这时只能买到较少的物品和劳务，人们变得比较"穷"了，因而会减少支出，消费支出减少则意味着物品和劳务的总需求减少；反之，价格水平下降，实际财富增加。因为这时人们可以用既定货币买到更多的物品和劳务，人们感觉比过去"富裕"了，这会鼓励他们更多地支出，消费支出增加则意味着物品和劳务的总需求增加。因此，价格水平变动引起实际财富的反方向变动，从而导致消费支出的反方向变动，这就是财富效应。财富效应的结果使得总需求曲线向右下方倾斜。

2. 利率效应

利率效应通过对价格水平影响利率进而影响投资的论证，说明了价格水平与总需求之间呈负相关关系。我们可以很直观地体会到，价格水平上升以后，我们去超市买东西需要支付更多的货币，因而使人们的货币交易需求上升，如果货币供给量不变，货币需求上升会导致利率上升。利率上升意味着投资成本增加，企业会削减计划的投资规模，使企业的投资需求下降，因而使总支出水平和总收入水平下降。在宏观经济学中，由价格变动引起货币交易需求和利率变动，进而导致投资的反向变动，称为利率效应。由于利率效应的存在，价格水平上升，由于货币交易需求上升和利率的上升，企业的投资支出会减少；而随着价格水平的下降，由于货币交易需求下降和利率的下降，企业投资支出会增加。利率效应也会导致总需求曲线向右下方倾斜。

3. 国际替代效应

当一个国家的价格水平上升而其他国家的价格水平不变时，本国生产的物品和劳务的价格相对于外国生产的物品和劳务变得更加昂贵，这种相对价格的变化鼓励本国居民减少购买本国产品，而更多地购买外国生产的产品。例如，如果中国的价格水平相对于越南的价格水平而上升，越南人购买中国生产的大米少了，这意味着中国出口减少，而中国人购买越南人生产的大米多了，这意味着中国进口增加，中国的净出口减少了。所以，当一个国家价格水平上升使得国内物品变得昂贵，这会减少净出口，从而减少了物品和劳务的购买支出。反之，若价格水平下降使得国内物品变得更加便宜，这会增加净出口，从而增加了物品和劳务的购买支出。这种由价格水平变动导致国内与国外物品的相对价格的变动，从而使净出口产生反向变动，就是国际替代效应。国际替代效应构成了总需求曲线向右下方倾斜的另一个原因。以上分析说明，在其他条件不变时，有三个效应成为使总需求曲线向右下方倾斜的原因。

二、总需求曲线的移动

向右下方倾斜的总需求曲线表明，在其他条件不变时，越高的价格水平会导致越低的支出和产出水平。但是，即使价格水平保持稳定，总支出和产出水平也会改变，这是因为在价格水平之外，还有其他会引起购买支出变动的因素。以下的分析将看到，在图形上，这些因素会引起总需求曲线的位置发生移动。下面主要介绍两种经济中引起总需求曲线移动的因素。

1. 预期

人们对未来收入、利润和通货膨胀的预期都会影响今天的购买支出。例如，金融危机使人们对经济的未来变得悲观，人们预期未来收入将会下降而减少了现期消费支出（特别是汽车和住房这类大件物品），由于在任何一个既定的价格水平下消费支出减少了，AD 曲线向左移动，从 AD_0 到 AD_2，表示总需求减少了，如图 7-2 所示。

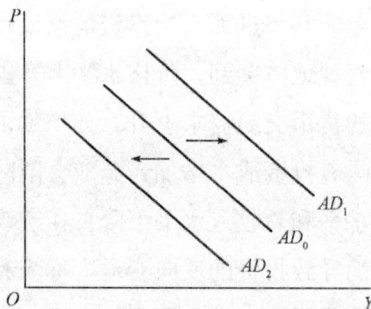

图 7-2　总需求曲线的移动

如果企业预期未来利润增加，就会增加今天计划的投资支出，或者，如果预期未来通货膨胀率上升，人们会在今天较低的物价多购买物品和劳务。这两种情况都会增加总需求，用图形表示，AD 曲线向右移动，从 AD_0 到 AD_1，如图 7-2 所示。

2. 财政政策和货币政策

财政政策是指政府通过确定和改变购买支出和税收来影响经济的努力。假设一个经济正在经历一场严重而持久的经济衰退，为确保经济增长，政府选择实施扩张性财政政策，增加政府购买或者减税。政府对物品和劳务的购买是总支出的一部分，因此，政府计划多修建铁路、高速公路，会使总支出增加。税收减少会通过增加个人可支配收入而起作用，可支配收入越多，家庭计划购买的物品和劳务的数量越多，企业也会增加对新资本的投入，总需求也越大。图 7-2 表明，当政府购买支出增加或者税收减少时，总需求曲线向右移动，从 AD_0 到 AD_1 货币政策是指经济中货币供给量和利率的变动。如前所述，经济中的货币供给量是由中央银行决定的。经济中货币供给量增加，会增加总需求。假设为了摆脱经济衰退，中央银行通过印刷钞票并用直升飞机把它们撒到全国各地，人们捡到这些货币后，会把其中的一些花出去，这样经济中对物品和劳务需求量更多了。由于货币供给量增加了，利率会下降。在较低的利率水平上，人们会购买更多的耐用消费品，企业也会计划增加自己的投资，总需求曲线会向右从 AD_0 移动到 AD_1，如图 7-2 所示。

以上的例子表明，总需求曲线的移动既可以由消费者或企业支出计划的变动所引起，也可以由政府的财政或货币政策的变动所引起。在现实经济生活中，总需求曲线的移动有时产生于私人行为，而有时产生于公共政策。

> **思　考**
>
> 下面这些事件会如何影响总需求曲线？
> 由于对未来经济的预期变得悲观，企业减少了对新设备和新厂房的支出。
> 政府降低所得税。

第二节　总供给曲线

总供给曲线（aggregate supply curve，用 AS 表示）表示在任何一个既定的价格水平下企业生产并销售的物品与劳务量。由于在长期与短期中，总供给量和价格水平之间的关系不同，总供给曲线按照时间的长短分为长期总供给曲线和短期总供给曲线。

一、长期总供给曲线

1. 长期总供给曲线是垂线

在长期，价格和工资有充分的伸缩性，它们的充分调整可以保证劳动和其他生产要素被充分利用。或者说，只要价格和工资是自由升降的，经济的产出水平总会处在充分就业状态。因此，在长期，决定经济总产出的是劳动和其他生产要素（如资本）的数量，以及把劳动和资本变为物品和劳务的技术水平和制度。长期总供给曲线可以由全社会的总体生产函数来表示，即：

$$Y_f = f(N, \cdots) \tag{7-1}$$

式中，Y_f 为充分就业产出水平（潜在产量，自然产量），它是长期中经济所趋向的产出水平。N 为劳动力供给，$f()$ 为总产出与劳动及其他生产要素之间的函数关系。长期中，由于价格水平不影响总产出的长期决定因素，经济中的产出水平不随价格水平的变动而变动，提高价格不能增加总供给，降低价格也不能减少总供给。因此，如图 7-3 所示，长期总供给曲线是一条垂直线，这条垂线位于充分就业的产出水平，或失业率为自然失业率或正常失业率时的产出水平。它表明长期中一个经济的资本、劳动、技术和制度决定了物品和劳务的供给量，无论价格水平如何变动，长期总供给都是相同的。

垂直的长期总供给曲线反映了古典经济理论价格和工资具备完全伸缩性的假设，因而被称为古典模型。它意味着产出量与价格水平无关。大多数经济学家认为，这一理论只适用于长期分析，只有在长期中，价格和工资具备充分的灵活性，总供给曲线才是一条垂线。

图 7-4 显示了长期总供给曲线的政策含义：由于 LAS 曲线是垂直的，政府即使通过增加总需求的政策使总需求曲线的位置移动，也不能改变产量，而只能造成价格水平的上涨，甚至通货膨胀。因为总产出是由全社会可以利用的所有生产要素的水平决定的。

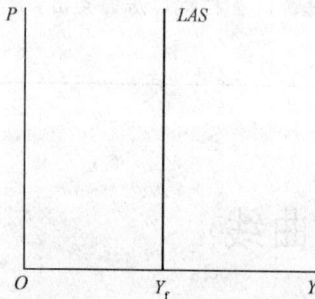

图 7-3　长期总供给曲线　　　　　图 7-4　长期总供给曲线的政策含义

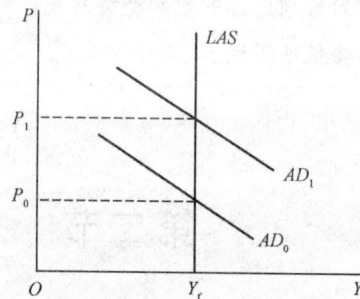

2. 长期总供给曲线的移动

经济中任何改变充分就业产出的因素的变动都会使长期总供给曲线移动，有许多使长期总供给移动的事件，下面是几个例子：

技术人员开发出了生产物品的新设备，经济中资本存量增加并提高了劳动生产率，充分就业产量即物品和劳务的供给量增加，长期总供给曲线向右移动。

高等职业教育的普及增强了劳动者的文化素质和工作技能，这对总供给有重要影响，劳动效率提高了，充分就业产出增加，长期总供给曲线向右移动。

发明了新的更好的生产方法可以在投入既定时增加产量。即使资本存量与劳动不变，技术进步也会增加充分就业产出，长期总供给曲线向右移动。

家庭联产承包责任制的建立保证了农民努力劳动的成果可以排他性地由自己占有。这就激励了农民努力从事农业生产活动；专利制度保护了发明者的权益，推动了产业革命和技术创新；按效率分配的制度催生了企业家；现代企业制度使企业家有了用武之地。上述种种制度都会增加充分就业产出，使长期总供给曲线向右方移动。

以上事例都能够增加一个经济的长期总供给。当然，如果经济中发生了自然灾害和战争引起资源减少，或者不合理的制度减少了人们的储蓄和投资，充分就业产出减少，长期总供给曲线向左移动。

二、短期总供给曲线

1. 短期总供给曲线的三个区段

在短期，总供给曲线不是垂直的。这是因为价格水平提高会刺激全社会的企业增加总供给。在短期，一些生产要素（如资本）的供给是固定的。随着产量和劳动投入的增加，边际成本上升，价格必然相应地上升，全社会的企业也才有动力增加生产。但在不同价格水平下，全社会的企业愿意提供的产品数量是不同的。不同价格水平与产出量之间的关系就是短期总供给曲线。如图 7-5 所示。

从图 7-5 中可以看出，短期总供给曲线分为三个区段。

左边区段：短期总供给曲线为一条水平线。表明此时产量远离充分就业水平，经济中存在大量闲置资源，很多工人失业。由于价格和工资完全不具备伸缩性，在达到充分就业之前，经济社会能够在既定的价格下提供任何数量的总产出，也就是说，企业不必提高工资就能够雇佣到失业工人，通过雇佣失业工人利用闲置的机器，就能够增加产量。这一区段的情况在逻辑上是可能的，但实际上只在极为短暂或特殊条件下存在。

右边区段：短期总供给曲线是垂直的。表明由于价格和工资具备完全的伸缩性，即市场具有充分的自我调节力量，经济中的资源已经得到充分利用，无论价格如何上升，也不会使产出增加。需要注意的是，短期总供给曲线垂直的区段在长期总供给曲线的右方，表示短期中经济可以产生超过正常水平的生产能力。这可以通过工人加班或推迟机器维修来实现。长期总供给曲线的位置代表正常的生产能力。

中间区段：以上两个区段可以看作分析意义上的极端情形，实际情况是在水平的和垂直的短期总供给曲线

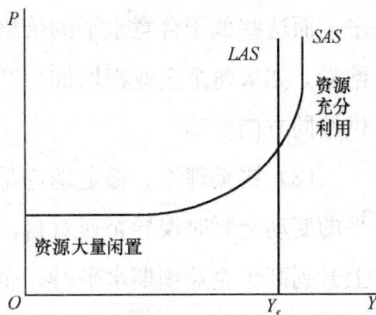

图 7-5　短期与长期总供给曲线

之间，在这一区段，短期总供给曲线是向右上方倾斜的，表示价格水平上升可以使企业生产更多的产品，即价格水平与总供给之间正相关。为什么短期总供给曲线向右上方倾斜呢？宏观经济学家提出了三种理论给以解释。这就是黏性工资、黏性价格和错觉理论。

（1）黏性工资理论。黏性工资理论是对短期总供给曲线向右上方倾斜的最简单的解释。该理论认为，短期总供给曲线向右上方倾斜是因为工人名义工资调整缓慢，或者说在短期中是"黏性的"。也就是说，工人的名义工资是由劳资双方为期多年（如3年）的合约确定的。在合约期内，合约中规定的名义工资不随劳动供求关系的变动而变动。在工人与企业进行工资谈判时，双方根据的是未来预期的物价水平，这种预期物价水平为双方认可，成为决定名义工资的基础。如果3年中实际物价水平高于预期的水平而名义工资不变，那么，名义工资除以价格水平得出的实际工资就下降了。由于工资是企业生产成本的主要部分，较低的工资意味着企业的实际成本下降，以及企业实际利润增加，这时企业的反应是多雇佣劳动，并生产较多的物品与劳务量。换句话说，由于工资不能根据价格水平迅速调整，较高的价格对就业与生产是有利的，这就引起企业增加物品和劳务的供给量。如果每个企业都增加生产，整个经济的总供给就增加了。价格水平与短期总供给同方向变动。

（2）黏性价格理论。一些经济学家还提出了解释短期总供给曲线的黏性价格理论。黏性工资理论强调名义工资在某一时期内调整缓慢。黏性价格理论则强调，一些物品与劳务的价格调整也是缓慢的。这是因为企业调整价格是有成本的，例如企业重新印刷、分发价格目录的成本和改变价格标签所需要的时间。这种成本类似于餐馆在改变饭菜价格时需要重印菜单的成本，称为菜单成本。由于有菜单成本，当企业根据预期价格水平确定了自己的产品价格，如果经济经历了未曾预期到的货币供给扩张，这会提高长期的价格水平。虽然一些企业根据物品和劳务市场供求关系和价格水平的变动迅速提高了自己的价格，但还有一些企业不想引起额外的菜单成本，暂时不调整价格，从而这些企业的相对价格下降，产品的销售增加，这引起企业增加生产和就业。换句话说，由于并不是所有企业的价格都根据价格水平的变动而迅速调整，未预期到的价格水平上升使一些企业的价格低于合意水平，而这些低于合意水平的价格增加了销售，并引起企业增加它所生产的物品或劳务的供给量。如果每个企业都增加生产，整个经济的总供给就增加了。因此，价格水平与短期总供给同方向变动。

（3）错觉理论。错觉理论是解释短期总供给曲线的第三种解释。该理论认为，价格水平的变动会暂时误导企业对自己出售产品的市场发生变动的看法。也就是说，当价格水平上升到高于企业预期水平时，企业可能只看到自己产品的价格上升，而没有关注整个价格水平的情况，从而错误地认为自己产品的相对价格上升了，并做出增加生产的反应。总之，高价格水平引起相对价格的错觉，这些错觉引起企业对较高价格的反应是增加物品和劳务的供给量。如果每个企业都产生这样的错觉，并增加自己的生产，整个经济的总供给就增加了。因此，价格水平与短期总供给同方向变动。

显然，黏性工资、黏性价格或"错觉"越严重，总供给对价格水平的变动越敏感，短期总供给曲线就越接近水平区段；反之，总供给对价格水平变动的敏感性下降，短期总供给曲线就越接近垂直区段。当然，"黏性"与"错觉"都是短期内存在的现象。长期中，随着人们预期的价格水平与实际价格水平的一致，名义工资会得到调整，不存在黏性；企业会调整自己产品的价格，也不存在黏性；错觉也会得到纠正。因此，在长期中，价格水平的变动不会影响总供给，长期总供给曲线是垂直的，而不是向右上方倾斜。

短期总供给曲线不同区段的形状具有重要的政策含义。如图 7-6 所示，水平的短期总供给曲线意味着，只要国民收入或产出处在小于充分就业的水平，那么，政府实施增加总需求的政策可使总需求曲线由 AD_0 向右移动到 AD_1，并且最终会使经济达到充分就业状态。经历了 20 世纪 30 年代初期经济大萧条的凯恩斯倾向于认为，这一水平的或比较平缓上升的短期总供给曲线比较接近于实际情况。在经济中存在大量过剩生产能力时，由于价格"刚性"，市场不能自动将均衡产出恢复到充分就业产出水平，经济中的产出主要由总需求决定，总需求的增加会带来产出和就业的增加，价格水平不会上升。因而，凯恩斯主张利用财政政策手段影响总需求，从而可保持一个较高的产出和就业水平。

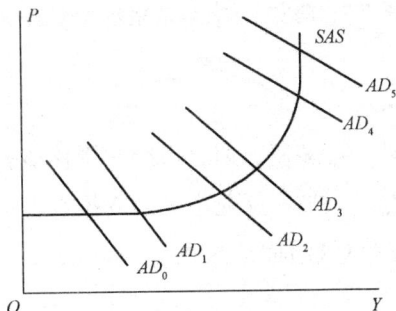

图 7-6　短期总供给曲线不同区段的政策含义

从图 7-6 中可以看出，垂直的短期总供给曲线意味着，政府增加总需求的政策使总需求曲线从 AD_4 移动到 AD_5，产出没有增加，只能使价格水平上升。这是因为经济中已经没有任何过剩生产能力可以利用，总需求的增加只会引起价格上涨。古典经济学派的经济学家倾向于认为，这一垂直的或比较陡峭的短期总供给曲线比较接近于实际情况。由于价格的完全弹性，生产能力总是能够达到或接近充分利用，经济中的产出主要由供给方面的因素决定，采用增加总需求的政策只能导致价格水平上升，并不能影响就业和产出水平。

图 7-6 也表明，当短期总供给曲线向右上方倾斜时，政府增加总需求的政策使总需求曲线从 AD_2 向 AD_3 移动，会使产出增加，同时也使价格水平上升。这是由于必须提高价格水平，才能使企业增加产量。以新凯恩斯主义学派为代表的大多数宏观经济学家认为，

向右上方倾斜的短期供给曲线是常见的短期经济状态。这是因为，当经济处在非充分就业均衡时，由于工资和价格黏性，市场缺乏充分的自我调节或自我矫正的力量，市场不能连续出清，经济可能处在持续的非均衡状态或无效率的均衡状态。如果没有政府干预，经济恢复有效率的均衡是一个漫长的痛苦过程，失业和通货膨胀会更加恶化。因而，新凯恩斯主义者主张政府可以在必要的时候，采取扩张性财政政策或货币政策，提高总需求水平，虽然可能会带来轻微的通货膨胀压力，但是能够有力地促进经济增长。

　　由于通常的情况下短期总供给曲线位于两个极端之间，为了分析的简便，我们设想水平的和垂直的短期总供给曲线区段，把短期总供给曲线表达为一条向右上方倾斜的直线。图 7-7 表现了这一简化的短期总供给曲线。

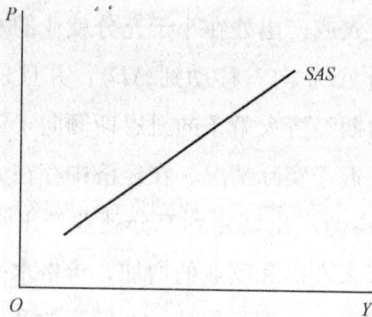

图 7-7　向右上方倾斜的短期总供给曲线

2. 短期总供给曲线的移动

　　短期总供给曲线也会移动，许多使长期总供给曲线移动的因素也会使短期总供给曲线移动。例如，当经济中资本存量增加、就业率提高或技术进步时，长期总供给增加，长期总供给曲线向右移动时，短期总供给曲线也向右移动，表示在短期中，当价格水平不变时，总供给增加了。

　　但是，还有两种因素只影响短期总供给，而不影响长期总供给。这就是人们对价格水平的预期与原材料价格的变动。

　　人们对价格水平的预期会影响短期总供给曲线的位置。例如，当人们预期价格水平高时，他们就倾向于把工资定得高一些。高工资会增加企业的成本，在任何一种价格水平时，企业会减少物品与劳务的供给量。因此，高预期的价格水平减少了物品与劳务的供给量，并使短期总供给曲线左移。相反，低预期的价格水平增加了物品与劳务的供给量，并使短期总供给曲线右移。

　　在短期中，如果原材料价格上升，企业的成本增加，从而在每一个价格水平时，企业减少了物品与劳务的供给量，短期总供给曲线向左移动。反之，如果原材料价格下降，企业的成本减少，从而在任一价格水平时，企业增加了物品与劳务的供给量，短期总供给曲线向右移动。引起原材料价格变动的往往是外部冲击。例如，石油价格上升使成本增加，短期总供给曲线向左移动，表示在价格水平不变时，总供给减少。20 世纪 70 年代石油危机引起了这种变动。

第三节　AD—AS 模型

一、宏观经济均衡的决定

在宏观经济中，最重要的是国民收入和价格水平。总需求—总供给模型就是从总需求和总供给相互作用的角度来说明国民收入和价格水平的决定。将总需求曲线和总供给曲线描绘在同一个图上，当总需求量和总供给量相等时就实现了宏观经济均衡。但要注意的是，宏观经济均衡不一定是充分就业均衡，也就是说，均衡的国民收入并不一定必然是充分就业的国民收入。宏观经济均衡有长期均衡和短期均衡两种情况。

1. 长期均衡

图 7-8 表示宏观经济处于长期均衡状态，也称为充分就业均衡。均衡国民收入和均衡价格水平是由总需求曲线、短期总供给曲线和长期总供给曲线相交时的 A 点决定的。在 A 点时的国民收入为充分就业的国民收入。短期总供给曲线也通过 A 点，这表示工资、价格和预期都完全调整到了长期均衡。这就是说，当经济处于长期均衡时，工资、价格和预期的调整必定使总需求、短期总供给和长期总供给在同一点相交。这时经济处于充分就业状态。经济中既无通货紧缩，又无通货膨胀，是宏观经济的理想状态。

2. 短期均衡

在市场机制自发调节的情况下，宏观经济的长期均衡状态并不是必然的常态。当经济中的某种原因引起需求曲线或短期供给曲线的移动时，就会发生短期均衡对长期均衡的偏离，此时总需求与短期总供给相等，与长期总供给并不相等，即短期均衡在 AD 曲线与SAS 曲线的交点，LAS 曲线则不通过 AD 曲线与 SAS 的交点。短期均衡时的产出不等于充分就业产出水平。宏观经济的短期均衡会出现两种情况。

图 7-9 表示宏观经济均衡小于充分就业均衡的情况。LAS 曲线在 AD 曲线和 SAS 曲线交点的右边，即均衡的产出小于充分就业产出水平，这表明经济中的生产资源没有得到充分利用，此时经济处于衰退状态，即存在失业和通货紧缩，称为小于充分就业的

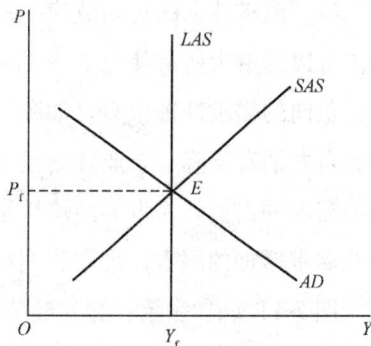

图 7-8　充分就业均衡

均衡。

　　图 7-10 为大于充分就业的均衡。LAS 曲线在 AD 曲线和 SAS 曲线交点的左边，即均衡的产出大于充分就业产出水平，这表明经济中的生产资源得到了超充分水平的利用，即存在超充分就业的情况，例如工人加班加点、生产设备过度消耗等，这称为大于充分就业的均衡。超充分就业均衡对宏观经济来说也不是一件好事。这是因为，一方面经济过热会刺激总需求，容易导致通货膨胀；另一方面资源的过度消耗会影响企业生产的正常运行，不利于经济的长期增长。

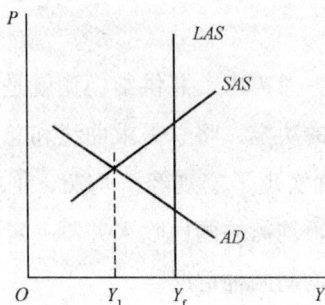

图 7-9　小于充分就业均衡　　　　　　图 7-10　大于充分就业均衡

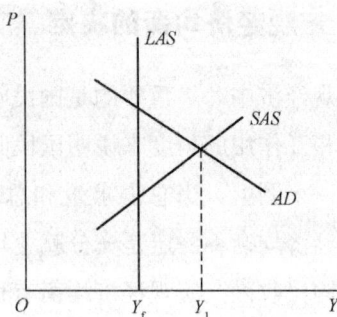

　　上述两种短期均衡都不是宏观经济的理想状态。宏观经济学正是要用总需求—总供给模型分析经济为什么处于小于或大于充分就业均衡，以及如何才能使经济从短期均衡调整到充分就业均衡的理想状态。

二、短期经济波动分析

　　总需求—总供给模型说明，在短期中，国民收入和价格水平是由总需求和短期总供给决定的，以下就从这两个角度来分析国民收入与价格水平的变动。

1. 需求冲击的影响

　　（1）需求冲击的短期效应。短期中经济波动的一个原因是发生了"需求冲击"。需求冲击可以理解为所有使总需求曲线发生移动的因素，有正向的需求冲击与负向的需求冲击。负向的需求冲击很多，如政局不稳、股票市场崩溃、国外爆发战争引起悲观的情绪，居民自发消费下降、企业计划投资下降、净出口下降或中央银行减少了货币供给量等。正向的需求冲击例如，世界经济扩张引起本国出口增加或中央银行增加了货币供给量等能够使总需求增加的因素。现在我们看看当发生负向的需求冲击时会出现什么情况。

　　图 7-11（a）表示，起初经济处于长期均衡。总需求曲线 AD_1 与短期总供给曲线 SAS 相交于 A 点，这一均衡在长期总供给曲线 LAS 上，所以，实际产出等于充分就业的产出水平。

现在假设世界经济衰退，美国及欧洲对中国制造的产品需求下降，中国的出口下降，出口减少使很多企业因接不到订单而减产甚至倒闭，许多人失去工作或对未来失去信心而削减了消费开支。这些对经济有什么影响呢？它减少了物品与劳务的总需求，也就是说，在任何一种既定的价格水平下，家庭和企业现在想购买的物品与劳务少了。如图 7-11（a）所示，总需求曲线从 AD_1 向左移动到 AD_2。新的总需求曲线 AD_2 与原来的短期总供给曲线相交于 B 点，决定了较低的价格水平 P_1 和较低的产出 Y_1。显然，B 点表示现在的短期均衡小于充分就业均衡，均衡的产出低于充分就业水平，经济处于衰退之中。

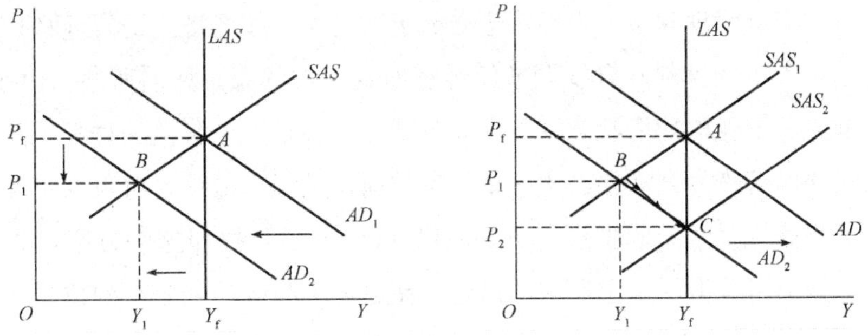

（a）短期效应　　　　　　　　　　　　（b）长期效应

图 7-11　需求冲击

总需求减少降低了所有物品与劳务的价格，此时之所以产出水平下降，与物品和劳务价格降低，而名义工资来不及调整有关。短期内名义工资不变，意味着企业成本相对于其产品价格而增加，致使企业生产减少和销售下降，虽然该图没有反映出来，此时企业的反应是减少就业，从而引起产出下降和失业增加。

（2）需求冲击的长期效应。一个经济不会永远处于充分就业产出水平之下。总有一些力量会迫使实际产出回到充分就业水平。例如，随着时间的推移，人们对价格水平的预期下降，企业与劳动者在签订新合约时，将降低名义工资水平。工资的下降会降低成本，企业会增加生产从而增加总供给，短期总供给曲线开始向右移动。如图 7-11（b）所示，由于工资的调整是一个逐渐的过程，因此在没有其他外部因素干预的情况下，宏观经济回到长期均衡将是一个缓慢的过程。这表现为短期总供给曲线沿着总需求曲线 AD_2 逐步地由 B 点向右移动，最后，工资水平下降到与价格水平同样的百分比，总需求曲线 AD_2 与新的短期总供给曲线 SAS_2 在长期总供给曲线上相交于 C 点，经济又回到了长期均衡状态，产出仍为充分就业水平，价格水平下降到 P_2。尽管经济衰退减少了总需求，但价格水平的下降足以抵消总需求曲线的移动。因此，在长期中，负向的需求冲击影响价格水平，但不影响产出，换句话说，负向需求冲击的长期影响是名义变动（价格水平低了）而不是实际变动（产出相同）。

以上分析的是负向需求冲击的影响。正向需求冲击的影响与此类似，但方向相反。也就是说，严重的正向需求冲击使总需求曲线向右移动。面对需求增加，企业增加生产并提高价格，实际产出高于充分就业水平，失业率低于自然失业率，经济过热，存在通货膨胀。总需求增加提高了价格水平，企业之所以增加生产，是因为在这个阶段，名义工资不变，较高的价格水平降低了工资的购买力，相对于企业的产品价格而言降低了企业成本。但是在长期中，人们对价格水平的预期上升，这会引起名义工资和其他要素价格水平的上升和短期总供给曲线向左移动。由于名义工资水平调整缓慢，因此实际产出缓慢地回到充分就业水平而价格水平上升了。

（3）政府的需求管理政策。当经济遭受需求冲击时（如经济衰退），政府有两种选择：一是无所作为，由市场机制的自发调节使经济回到正常状态。如前所述，由于工资黏性，经济从一个非充分就业的均衡状态恢复到充分就业状态是一个缓慢的过程，若是等待价格向下的压力带来经济恢复，需要经历一个长期的痛苦过程。二是政府采取刺激总需求的政策，这是新凯恩斯主义学派的主张。如图 7-11（b）所示，按照这一方案，为了恢复经济的长期均衡，政府可采取增加总需求的措施，使总需求曲线回到原来的位置，正如我们在上一章所提到的，政府购买增加或货币供给增加都会增加任何一种价格水平时的总需求，从而使总需求曲线向右移动，由 AD_2 回到 AD_1，经济在短期内可回到充分就业状态。

2. 供给冲击的影响

（1）供给冲击的短期效应。短期总供给波动也会引起短期均衡对长期均衡的偏离。供给冲击可以理解为所有使短期总供给曲线发生移动的因素，有正向的供给冲击与负向的供给冲击。负向的供给冲击如"石油危机"、自然灾害以及战争和政治动乱等，正向的供给冲击则包括成功的体制改革、技术创新等大幅度提高生产率的因素。现在我们看看当发生负向供给冲击时会出现什么情况。

如图 7-12（a）所示，起初经济处于长期均衡状态，总需求曲线 AD 与短期总供给曲线 SAS_1 相交于 A 点，这一均衡在长期总供给曲线 LAS 上，所以，实际产出等于充分就业的产出水平。

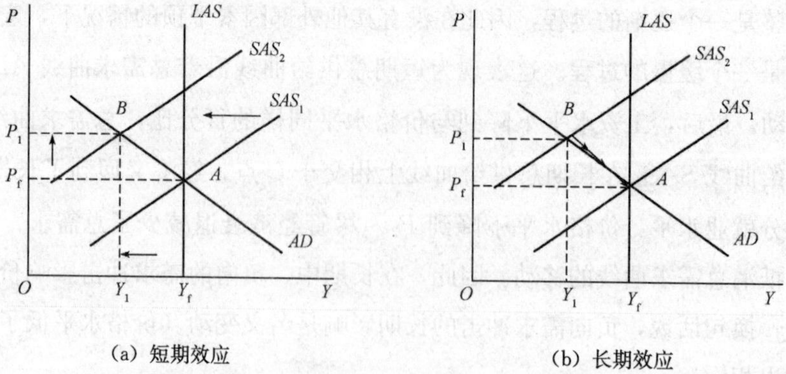

(a) 短期效应　　　　　　　　　(b) 长期效应

图 7-12　供给冲击

假设世界石油价格上升，较高的能源价格增加了企业的生产成本。企业生产成本的增加对宏观经济有什么影响呢？在任何一种既定物价水平时，企业愿意供给的物品与劳务量少了。如图 7-12（a）所示，短期总供给曲线由 SAS_1 移动到 SAS_2（这类事件也会使长期总供给曲线移动。但是，为了分析的简便，我们假定长期总供给曲线不变）。由于短期总供给曲线的移动，经济的均衡点沿着总需求曲线从 A 点移动到 B 点。实际产出从 Y_f 减少为 Y_1，而价格水平从 P_f 上升为 P_1。经济中既存在停滞（产量下降），又存在通货膨胀（价格上升），衰退和通货膨胀的结合被称为滞胀。20 世纪 70 年代中期和 80 年代初期美国就出现了这种情况。

（2）供给冲击的长期效应。经济不会长期处在滞涨的情况。随着时间的推移，一方面，由于失业严重，企业在与劳动者在签订新合约时，将会压低名义工资水平。另一方面，石油价格的上升会促使人们采取节能措施和寻找替代能源，以减少对石油的依赖。例如，可以用节油的车替代耗油量大的车，或者用核能、太阳能替代石油，这会导致石油价格最终趋于下降。如图 7-12（b）所示，面对逐渐下降的工资和能源价格，企业会增加生产，短期总供给增加，表现为短期总供给曲线 SAS_2 沿着总需求曲线 AD 向长期均衡点 A 移动，最终会回到 A 点，经济又实现了长期均衡。

（3）政府的需求管理政策。当面临由供给冲击而引起的滞涨时，政府应该怎么办呢？一般有两种选择：一是静观其变，等待市场机制的自发调节使经济回到正常状态。但是，这个过程相当漫长，经济将会面临较长时期的衰退。二是政府可实施扩张性的财政和货币政策增加总需求，从而使经济迅速恢复长期均衡。例如，政府可以减税或增加对物品和劳务的购买，中央银行可以增加货币供给量，如图 7-13 所示，这将使总需求曲线从 AD_1 移动到 AD_2，正好抵消了短期总供给曲线移动对经济的不利影响，经济直接从 A 点移动到 C 点，产出恢复到充分就业水平，但价格水平从 P_1 上升到 P_2。这意味着，政府以成本上升，进而长期价格水平上涨为代价，抵消了短期总供给曲线的移动。

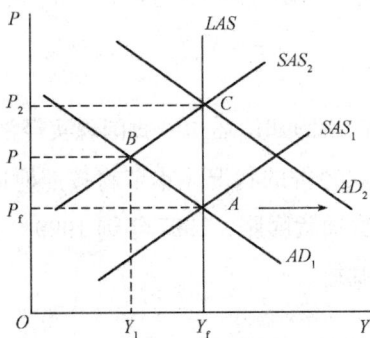

图 7-13 面对滞涨的需求管理政策

>> **知识拓展**

美国的石油与经济

20世纪70年代初石油输出国组织大幅度提高石油价格。石油是美国生产许多物品与劳务的关键投入，而且，美国相当部分石油来自于中东国家。石油价格上升，美国生产汽油、轮胎和许多其他产品的企业成本增加。根据总需求—总供给模型，生产成本增加使短期总供给曲线向左移动，总供给减少，引起 GDP 减少，物价水平上升，经济出现通货膨胀和衰退并存的滞胀现象。从 1973 年到 1975 年，石油价格几乎翻了一番，美国的通货膨胀率几十年来第一次超过 10%，失业率从 1973 年的 4.9% 上升到 1975 年的 8.5%。20世纪70年代末期，相同的情况再次发生，石油输出国组织再次限产以提高价格。从 1978 年到 1981 年，石油价格翻了一番还多，美国的通货膨胀率在已有平息之后又上升到 10% 以上。失业率从 1979 年的 6% 左右在几年之后上升到 10% 左右。

当世界石油价格下降时，也会使总供给发生有利的移动。1986 年石油输出国组织的成员爆发了争执。成员国违背限制石油生产的协议，价格下降了一半左右。石油价格的这种下降减少了美国企业的成本，这使短期总供给曲线向右移动。结果，美国经济经历了滞胀的反面，产量迅速增长，失业减少，而通货膨胀率达到了多年以来的最低水平。

（资料来源：曼昆．经济学原理．北京：北京大学出版社，1999）

> **思　考**
>
> 总需求和短期总供给波动如何引起均衡产出围绕充分就业产出水平的波动？

第四节　改革开放以来我国的宏观经济波动

现在让我们把总需求和总供给的知识运用到我国现实经济和政策的实践，看我们可以如何解释改革开放以来中国宏观经济的状况。本节将按照时间的顺序，依次讨论自 20 世纪 80 年代中期到 1994 年的三次通货膨胀、1997 年到 1999 年的通货紧缩，以及自 2007 年下半年以来的宏观经济运行与调控。

一、1984—1994 年：三次通货膨胀及宏观调控

1. 1984—1985 年的通货膨胀和政策调控

从 1984 年 10 月十二届三中全会通过《关于经济体制改革的决定》起，我国的经济体

制改革全面展开，突出表现在财政方面加大了对地方政府的"财政放权"，同时增加了对国有集体企业的"放权让利"。分权式改革虽然极大地调动了地方政府和国有企业投资和生产的积极性，但是，在计划经济时代"软预算约束"依然存在的情况下，扩大企业自治权的改革也导致了地方和企业的投资扩张。1984 年当年地方财政支出增幅高达 50%，地方财政支出的比重从不足 50%一跃达到 60%。在银行信贷方面，由于当时银行体制的不完善，导致信用规模全面膨胀，表现在 1984 年货币流通量增长率为 33.1%，远远地超过了经济增长对货币的需求。因此，地方财政支出膨胀和信用失控最终造成了 1985 年的通货膨胀。1985 年的通货膨胀率为 8.8%，而 1984 年的通货膨胀率仅为 2.8%。

针对上述情况，中央政府在着手整顿财政秩序，清算地方财政预算外收入，严格加强固定资产投资管理，大幅压缩地方财政支出预算的同时，把政策调控的着力点放在运用货币、信贷计划手段紧缩银根。中央银行采取的措施首先是，提高银行的存款准备金率，但在效果不明显的情况下，采用了控制专业银行的贷款规模、对固定资产投资贷款实行指令性管理、货币发行和贷款规模不得突破计划的措施，并对各项计划的执行按季度进行控制。

1985 年的调控措施很快收到了成效。1986 年固定资产投资增长 18.7%，增幅比上年回落 20%多，通货膨胀率迅速回落到 6%，当年的 GDP 增速由上年的 12.8%回落到 8.1%。通货膨胀最终得到控制。

2. 1987—1988 年的通货膨胀和政策调控

这次通货膨胀与 1984—1985 年的通货膨胀有着相同的制度背景，在进一步扩大地方和企业的收入分配与自主支出权力的情况下，地方财政支出在 1988 年再度出现膨胀，增幅从 1987 年的 3.5%跃升到 16.2%，占比上升到近 70%。银行对国有企业的信贷资金在 1988 年迅速增长，固定资产投资增长 23.5%。但是尽管如此，引发这次通货膨胀的原因不是财政赤字，也不是银行贷款的增长，而是人们对通货膨胀的预期。1988 年，我国商品市场和流通体制的改革进入关键期，"价格改革闯关"使老百姓对通货膨胀的预期突然加强，当时在全国范围内出现大面积的挤兑储蓄存款、抢购商品的风潮，如图 7-14 所示，这引起总需求曲线大幅度地向右移动，而人们对通货膨胀的预期使短期总供给曲线向左移动，造成物价飞涨，1988 年的零售物价水平上涨了 18.5%，创下了改革开放以来的历史新高，而实际产出的增加并不十分明显。

为了消除通货膨胀预期，中国人民银行对当时的三年定期存款实行了保值储蓄，使

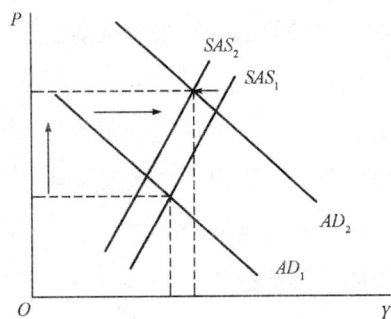

图 7-14　通货膨胀的 AD—AS 模型图示

得名义利率随通货膨胀水平浮动调整，由于老百姓的利益得到了保护，银行的储蓄不再减少，从而抑制了通货膨胀。同时，政府又从财政、信贷等方面采取了十分严厉的经济紧锁措施。在财政方面仍然以压缩地方财政支出为主，用行政手段叫停"楼堂馆所"等非生产性固定资产投资，严格地方投资项目的审批程序。在货币政策方面，重新恢复了对贷款规模的限额管理，对贷款规模实行按月考核，强化了计划手段控制信贷总量的作用。上述双紧政策实施的结果使得总需求减少，虽然遏制了通货膨胀，使过热的经济迅速降温，同时也使经济增长陷入低谷，1989 年和 1990 年的 GDP 增长率仅为 4.1％和 3.8％，1989 年社会商品零售总额开始出现负增长，市场需求的疲软状态一直持续到 1992 年。

3. 1993—1994 年的通货膨胀和政策调控

1992 年小平同志发表南巡讲话，提出"发展才是硬道理"的重要思想。同年 10 月，党的十四大明确提出建立社会主义市场经济体制的改革目标和使国民经济提前翻两番的发展目标，在此政治背景下，中国经济一改 1991 年攀升乏力的状态，重新走上了扩张之路。

在这新一轮的经济扩张中，地方、部门和企业扮演了积极的角色，分别主动出击，推进本地区、本单位的改革开放。特别是各级地方政府积极规划开发区，铺基本建设摊子，形成了"四高四热"，即高投资规模、高工业增长、高货币信贷投放、高物价上涨以及股票热、房地产热、开发区热和集资热。经济发展呈现存货迅速过热的态势。从 1992 年起，作为推动我国经济增长主要因素的固定资产投资高速增长，1992 年至 1993 年增速分别为 44.4％和 61.8％，大大超过以往增长速度，投资需求带动了消费需求，总需求的膨胀推动了物价水平的上升，1993 年的通货膨胀率为 14.7％，1994 年的通货膨胀率达到 24.1％（通货膨胀率用消费价格指数表示）。

导致这次通货膨胀的主要原因是银行信用规模的膨胀。由于我国没有健全的商业银行体系，金融秩序极度混乱，各专业银行的信贷审查和资金投放受到各级政府和部门的严重干扰，大量资金绕过监管，流向沿海以及经济发达地区，用以炒作房地产和股票，在当时大干快上气氛中出现乱集资、乱拆借现象。这又必然挤占正常的生产资金，迫使银行追加贷款、扩大货币供给量，1993 年 M1 的增长率为 38.8％，财政支出的增长率也达到 24.8％，从而导致通货膨胀率急剧上升。图 7-14 可用来解释 1994 年通货膨胀不断上升的经济过热现象。

政府意识到经济过热的严重性后，1993 年的中央经济工作会议把抑制通货膨胀摆在经济工作的首位，提出了"适度从紧"的财政和货币政策，具体包括：

（1）中央银行采取严厉的信贷计划控制信贷规模，严格控制固定资产贷款，严禁用流动资金搞固定资产投资。

（2）1993 年 5 月 15 日和 7 月 11 日先后两次提高存贷款利率。

（3）政府运用行政和法律手段治理混乱的金融秩序，以抑制房地产业和股票市场的过度投机。

（4）严格控制财政支出，特别是工资性支出和社会集团消费，以控制财政支出的增长势头。

（5）加大投资结构调整力度，严控新形式项目、加大企业技改力度，投资资金用于保投产、保收尾、保国家重点等。

这一次财政政策和货币政策的搭配使用，成功地使经济过热降温，遏制了高通货膨胀，实现了经济的平稳增长，实现了宏观经济的"高增长低通货膨胀"的"软着陆"局面，表现在 1994—1996 年，GDP 的增长率分别为 12.6％、10.5％、9.7％。而消费价格指数从 1994 年顶峰时的 24.1％稳步下落到 1995 年的 17.1％、1996 年的 8.3％。

二、1997—1999 年：通货紧缩与我国宏观调控政策的转变

1996 年是我国"九五"计划开始的第一年，当时政府认为经济的主要危险仍然是通货膨胀，因而提出在"九五"期间要实行适度从紧的财政政策和货币政策。然而，随后的宏观经济则明显地向紧缩方向滑行。1997 年经济增长速度下降，货币供给量增长率下降，零售物价指数从 10 月份开始出现负增长，全年物价上升幅度不到 1％，宏观经济学把价格水平持续下降的现象称为通货紧缩。判别是否存在通货紧缩，通常可以采取"两个特征、一个伴随"的标准，即价格水平的持续下降和货币供给量的持续下降，通货紧缩常常伴随着经济衰退。价格水平下降是最直观的把握通货紧缩的方法，但与通货膨胀一样，通货紧缩是一个货币现象。在历史上，当经济中两个特征同时发生时，都伴随就业减少，产出下降，经济走向衰退。

正如通货膨胀的背后是总需求的过度增长一样，通货紧缩的背后则是总需求的不足。那么，是什么原因使经济突然出现需求不足呢？下面从外需和内需两个方面分析其原因。

首先是来自 1997—1998 年"亚洲金融危机"的外部冲击。1997 年，泰国首先爆发了金融危机，并迅速波及东南亚所有国家和地区。这场危机给我国带来了严重的负面需求冲击，主要表现在：

（1）出口商品锐减。亚洲金融危机发生后，许多亚洲国家和地区的货币大幅度贬值，由于中国出口商品结构和东南亚国家和地区类似，这使我国产品出口大幅度下降，1998 年后影响加深，出口增幅逐月递减。

（2）外商投资减少。金融危机的爆发，使国际资本对亚洲地区的投资信心受到重挫，作为世界上吸引外商直接投资（FDI）最多的发展中国家，中国深受影响。从 1996 年到 1999 年，我国吸收的 FDI 分别为 732.6 亿美元、510.04 亿美元、521.02 亿美元和 412.23 亿美元。

再看国内的消费和投资需求情况。就消费需求而言，有三个原因引起国内有效消费需

求不足：一是出口的下降直接导致我国沿海地区"劳动密集型"的出口行业就业下降，工资增长缓慢；二是 20 世纪 90 年代中期以后，我国教育、医疗、城市住房和社会保障等方面的改革陆续展开，这使人们在未来子女教育、看病吃药、购房和养老等方面的支出预期上升，从而降低了人们的消费愿望；三是 1999 年开始的国有企业关停并转、减员增效的改革，致使很多效益不好的国有企业员工和"4050"人员（即女 40 周岁以上，男 50 周岁以上）直接面临下岗和失业的风险，从而增加了城市居民的就业压力和收入的不确定性，抑制了消费需求的增长。

从国内投资需求的情况看，也有如下原因导致有效投资需求不足：一是出口的下降通过产业链条，引发了相关行业的投资需求下降；二是由于经济不景气，在 20 世纪 90 年代中后期迅速成长起来的大量非国有经济，由于对未来市场预期不乐观，也没有强烈的投资愿望；三是当时国有商业银行经营机制改革的深化和贷款责任制的建立，银行贷款的安全意识、盈利意识普遍增强，低效的国有企业得不到贷款，企业经营日益困难，银行贷款风险加大，贷款越发谨慎。地方政府盲目投资和重复建设的行为也有所控制。鉴于以上因素，1997 年我国的固定资产投资增长幅度下滑至 8.8%，比 1996 年下降了 6%，投资需求明显不足。

图 7-15 表现了总需求的减少使 AD 曲线大幅度左移，同时人们对通货紧缩预期的加强导致短期总供给曲线 SAS 向右移动，宏观经济均衡从 A 点移动到 B 点，价格水平大幅度下降，出现通货紧缩。

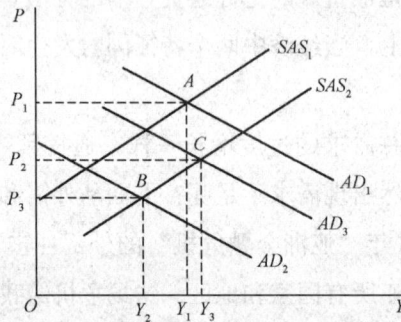

图 7-15　通货紧缩与经济的"软着陆"

针对通货紧缩，政府及时改变了"九五"计划确定的从紧的宏观调控政策，转而实施扩张性的财政和货币政策，目标是拉动内需，实现经济平稳增长。扩张性财政政策的主要措施包括：

（1）增发国债。主要用于基础建设领域的重点投资，包括支持农林水利、交通通信、城市基础设施、城乡电网改造以及国家直属储备粮库等方面的建设。由于投资是总需求的一部分，发行国债直接转换为投资需求，能够产生增加总需求的作用。

（2）减税。一是增加出口退税和减免固定资产调节税，以支持出口，吸引外资和减轻企业负担。二是大幅降低关税税率、证券交易印花税税率和金融保险营业税税率。

为了配合扩张性的财政政策，货币政策由原来的适度从紧转向了适度从松，政策的实施方式也由过去的"直接规模管理"走向"间接总量调控"。主要的货币政策包括：

（1）降息。1996—1999 年间连续 8 次降息。与 8 次降息前相比，存款利率的降幅在70％以上，贷款利率的降幅近一半。

（2）降低法定存款准备金比率。

（3）取消贷款限额控制。

政府的扩张性经济政策逐步产生了效果。2000 年，消费价格指数开始转为正值，经济增长速度也回到 8％以上。图 7-15 显示了政府的经济政策使 AD 曲线向右移动，宏观经济均衡从 B 点移动到 C 点，在减轻通货紧缩的同时实现了实际产出的增长。

三、2007 年以来的宏观经济波动与政策调控

1. 2007—2008 年上半年的通货膨胀和政策调控

2002 年以后我国经济增长出现了过去没有的势头，经济增长率连续 5 年超过 10％，2007 年更是达到 13％的增速，而平均通货膨胀率不足 3％，宏观经济整体保持"高增长、低通货膨胀"的良好运行态势。然而，伴随我国经济的高速增长，在 2007 年，受猪肉、食用油等食品价格上涨影响，我国的 CPI 从 2007 年 3 月的 3.3％一路攀升至 2008 年的8.7％，我国经济再度出现通货膨胀。

导致此次通货膨胀的原因很复杂，有总需求拉动的因素，也有总供给推动的因素。从需求方面看：

（1）固定资产投资速度增长过高，从 2004—2008 年，固定资产投资增长率分别为26.6％、26％、23.9％、24.8％和 25.5％，增幅明显高于 GDP 的增长速度。过高的投资极大地推动了经济增长，2007 年我国最终核实的经济增长率为 13％，这一增长速度明显超过潜在的经济增长率。根据宏观经济理论，在经过一段时间的滞后之后，会引起通货膨胀的发生。

（2）人民币升值引起的持续升值预期使各种"热钱"（指寻求短期回报的流动资金）通过预付货款等形式流入国内，并吸引 FDI 大量流入，造成对商品尤其是对投资品的需求膨胀。

（3）连年的出口顺差和 FDI 的流入，使我国的外汇储备快速增长，2008 年年底达到19 460 亿美元。在中央银行又没有更多的外汇资产投资渠道的情况下，会增加基础货币投放，造成流动性过剩。从总供给方面看，农产品价格、原油价格、住房价格、劳动力价格及医疗卫生保健费用的上涨导致的成本增加也是导致物价上涨的重要原因。

面对中国经济存在的过热风险和不断上升的通胀压力，政府采取的措施是：

（1）加息。央行自 2007 年开始连续多次加息，一直延续到 2007 年 12 月 21 日把一年期贷款利率提高到 7.47%。

（2）上调存款准备金比率。从 2007 至 2008 年 6 月 9 日，中央银行连续 15 次上调存款准备金率，存款准备金率高达 17.5%。

（3）调整出口退税。为压缩贸易顺差，以减少由此引起的流动性过剩，2007 年曾一次调低或取消了包括服装、鞋、箱包在内的 2 831 项劳动密集型产品的出口退税。

（4）2007 年 12 月中央提出实施"稳健的财政政策和从紧的货币政策"，目标是减少贸易顺差、抑制投资、抑制房地产价格过快上涨以及控制流动性过剩，防止经济转向过热和明显的通货膨胀。

2. 2008 年下半年以来中国的通货紧缩与政策调控

自 2008 年 8 月份以来，中国经济出现骤然减速，季度 GDP 增长率逐季下降，第一季度为 10.6%，第一到第三季度为 9.9%，2008 年全年 GDP 增长率为 9%。这个增幅比上一年下降了 4 个百分点。而居民消费价格总水平自 2008 年 6 月起连续下降，2009 年 2 月同比下降 1.6%，这是自 CPI 6 年来首度出现负增长。各项数据表明，中国经济步入新一轮的通货紧缩。

此次我国的经济下行，既有美国金融危机引发的全球性经济衰退的外部冲击的原因，也与我国经济发展中的结构失衡、体制机制问题和政策失误有关。外需冲击和内部因素的负面影响使经济中的总需求不足表现为：

（1）出口大幅度下降。在近年我国经济增长的外需依存度超常提升的背景下，世界性的经济衰退给我国的总需求带来极大的冲击。2008 年 11 月份中国出口同比负增长 2.2%，为 2001 年 6 月以来的首次。

（2）国内消费需求不足。由于分配格局失衡，我国消费占总需求的比重多年持续下降，近年只有 50% 左右。而居民消费仅为 36%，可能属世界最低之列。

（3）企业生产能力严重过剩。一是外向型企业出现较大的经营困难。大量企业亏损、停工半停工、倒闭或外迁。这与在人民币升值的背景下，出口退税的调整、原材料成本上升、用工成本的大幅提高以及过于激进的新劳动法和金融危机有关。二是重工业和房地产业积累了过量的生产能力。中国过去 5 年经济增长的特点是资源过度流入重工业、机械制造和房地产投资，而对于医疗、卫生、教育、铁路、环保等领域的投入过低。事实证明，结构过度趋重在经济上行时会带来一定程度的扩张，而在下行阶段庞大的生产能力会凸现严重过剩，从而对宏观经济带来较大冲击。

（4）房地产市场和股市泡沫的破灭导致居民消费和投资下降。2005—2007 年，我国房地产和股价快速上升，吸引货币市场过剩的流动性大量流入，从而导致市场价格的"泡沫"。受金融危机和宏观调控的影响，房地产市场和股市泡沫迅速破灭，价格急速下跌，使财富效应消失，导致居民消费和投资下降，加剧了宏观经济困境。

针对经济下滑，中国政府于 2008 年 11 月提出了"积极的财政政策和适度宽松的货币政策"的政策组合。2009 年 3 月，温家宝总理在十一届全国人大第二次会议的政府工作报告中提出了该年度实施积极财政和货币政策的一揽子计划。积极的财政政策包括：

（1）大幅度增加政府支出。从 2008 年至 2010 年，中央政府实施 4 万亿投资计划，其中，中央政府的投资是 1.18 万亿元，带动地方政府和社会投资共约 4 万亿元。4 万亿元主要用于民生工程、基础设施建设、社会事业、节能减排和生态工程、调整结构和技术改造以及地震重点灾区的灾后重建。2009 年，中央政府公共投资安排 9 080 亿元，比上年增加 4 875 亿元。

（2）实行结构性减税。采取减税、退税或抵免税等多种方式减轻企业和居民税负。

（3）安排中央财政赤字 7 500 亿元，同时由财政部代理地方政府发行 2 000 亿元债券。全国财政赤字合计 9 500 亿元，占 GDP 比重在 3% 以内。

（4）增加补贴。其中增加对农民的各项补贴 1 230 亿元，比上年增长 19.4%。增加对企业退休人员和优抚对象的基本养老金和生活补助 2 208 亿元。

（5）优化财政支出结构。大力保障和改善民生，严格控制一般性开支，降低行政成本。

适度宽松的货币政策包括：

（1）广义货币供给增长 17%，新增贷款 5 万亿元以上。

（2）优化信贷结构，加强和改进金融监管。

（3）降低利率和存款准备金比率。2008 年以来，多次调整金融机构的存贷款基准利率和存款准备金比率。

目前，据陆续公布的一些数据看，密集出台的宏观经济政策已开始显现对经济的拉动态势。继 2009 年 1 月和 2 月人民币新增贷款不断创出新高，2009 年 3 月份人民币全国新增贷款超过 1.89 万亿元，会为经济复苏奠定一个宽松的货币环境。2009 年 1 月至 2 月，城镇新增劳动力分别为 69 万人和 93 万人，这和 2008 年 11 月和 12 月的 55 万人和 38 万人相比出现明显回升。企业岗位流失从今年 2 月开始出现净增，增幅为 1%。

本章小结

1. 总需求—总供给模型是经济学家用来分析宏观经济短期波动和均衡的基本工具。在这个模型中，价格水平和国民收入同时作为内生变量来加以研究，因而可以说明经济中某种事件的发生在多大程度上影响国民收入，在多大程度上影响价格水平。

2. 总需求曲线表示对总产出的需求量与价格水平之间的关系，表示对应于每一价格水平全社会愿意购买的产出量。财富效应、利率效应和国际替代效应解释了总需求曲线是一条向右下方倾斜的曲线。总需求曲线的位置取决于人们对未来收入、利润和通货膨胀的预期，以及政府的财政和货币政策。

3. 总供给曲线表示产品和劳务的数量和价格水平之间的关系。总供给曲线分为长期总供给曲线和短期总供给曲线。在长期，价格和工资的充分调整可以保证生产要素的充分利用。因此，产出取决于经济中的劳动、资本、技术和制度，而不取决于价格水平。长期总供给曲线是位于充分就业产出水平的垂线。在短期，由于工资和价格的黏性，根据距离充分就业产出水平的远近，短期总供给曲线分为水平、向右上方倾斜和垂直三部分。常规的短期总供给曲线为一条向右上方倾斜的直线。

4. 宏观经济均衡有长期均衡和短期均衡两种情况。在长期均衡点，长期总供给曲线、短期总供给曲线和总需求曲线相交。短期均衡有小于充分就业均衡和大于充分就业均衡两种情况。当 AD 曲线与 SAS 曲线相交于 LAS 曲线的左边时，产出水平小于充分就业水平，经济处于衰退之中，这是小于充分就业均衡；当 AD 曲线与 SAS 曲线相交于 LAS 曲线的右边时，产出水平大于充分就业水平，经济处在过热状态，这就是大于充分就业均衡。

5. 总需求的冲击和总供给的冲击都将导致短期经济的波动，通过市场机制的调节和政府的宏观经济政策，经济可以回到长期均衡。

6. 用总需求—总供给模型可以解释改革开放以来中国的宏观经济波动和政府经济政策的调控效果。

复习与思考

一、名词解释

总需求—总供给模型　　总需求曲线　　　　长期总供给曲线　　短期总供给曲线
宏观经济均衡　　　　　需求冲击　　　　　供给冲击　　　　　衰退
滞胀

二、选择题

1. 总需求曲线表明，随着价格水平下降（　　）。

　　A. 均衡产出水平上升　　　　　　　　B. 均衡产出水平下降

　　C. 充分就业产出水平上升　　　　　　D. 充分就业产出水平下降

2. 下列情况中引起总需求曲线向右方移动的是(　　)。

  A. 税收增加   B. 货币供给量增加

  C. 价格水平不变时利率上升   D. 价格水平下降

3. 长期总供给曲线是(　　)。

  A. 向右上方倾斜的直线   B. 向右下方倾斜的直线

  C. 一条垂线   D. 一条水平线

4. 以下不是决定长期总供给的因素的是(　　)。

  A. 资本存量   B. 技术进步

  C. 制度   D. 物价水平

5. 以下理论中不能解释短期总供给曲线向右上方倾斜的原因是(　　)。

  A. 利率效应理论   B. 黏性工资理论

  C. 黏性价格理论   D. 错觉理论

6. 如果均衡产出大于长期总供给，那么，经济(　　)。

  A. 没有实现宏观经济均衡   B. 实现了充分就业均衡

  C. 大于充分就业均衡   D. 小于充分就业均衡

7. 下列情况中可能是滞胀的原因是(　　)。

  A. 预期未来利润率上升   B. 收入减少

  C. 原料价格上升   D. 资本存量增加

三、问答题

1. 为什么总需求曲线向右下方倾斜？

2. 预期、财政政策和货币政策以及世界经济的变动如何改变总需求，并使总需求曲线移动？

3. 分析以下每一个事件对长期总供给的影响。

A. 一国经历了移民高潮。

B. 一国工会在新的合约中赢得了未预期到的高工资增加。

C. 电脑公司投资生产新的电脑芯片。

D. 严重的暴风雨危及一国的工厂。

4. 假设经济起初处于充分就业状态。在以后连续 4 年中，发生了下列经济事件：

第一年，政府增加对物品与劳务的购买；

第二年，石油输出国组织提高石油价格；

第三年，中央银行增加货币供给量；

第四年，中央银行减少货币供给量。

用图形说明这 4 件事引起的国民收入和物价水平的变动。最初的均衡点为 a，以后第

一、二、三、四年的均衡点分别为 b、c、d 和 e。

5. 原油价格上升会使短期总供给曲线、长期总供给曲线、均衡价格和均衡产出如何变动？为什么？

6. 请分析是总需求增加、短期总供给增加还是长期总供给增加引起了通货膨胀？

7. 人们对未来悲观失望在短期和长期分别会对经济产生什么影响？

8. 用总供给冲击模型说明宏观经济政策的局限性。

9. 请举出若干个中国经济生活中的实例说明总需求冲击或总供给冲击如何导致宏观经济的短期波动。

第八章　失业与通货膨胀

从长期来看，一个经济社会应该处于充分就业、物价稳定的均衡状态，但是在短期内，由于各种因素的影响，宏观经济均衡总是处在低于或高于充分就业水平的非均衡状态，宏观经济的短期波动是经济的常态，最为常见的就是发生失业与通货膨胀问题。尤其是 20 世纪 70 年代，许多主要发达国家普遍出现高通货膨胀和高失业并存的滞胀现象。失业率和通货膨胀率都曾达到过两位数。在另一些年份或其他国家，或者是高失业低通货膨胀，或者是低失业高通货膨胀。失业和通货膨胀逐渐成为常规性、世界性的现象。中国曾是一个失业率和物价高度稳定的国家。但是在改革开放的高速发展时期，中国经济也受到通货膨胀和失业的困扰，在 20 世纪 80 年代末期到 90 年代初期，通货膨胀率都曾达到过两位数，而自 90 年代后期以来失业问题又成为困扰经济发展的痼疾。

由于失业和通货膨胀对一国经济和政治产生广泛影响，所以无论是经济学家还是决策者都对它们给予极大的关注。失业和通货膨胀理论也是宏观经济学的重要组成部分。本章将以前面各章介绍的总需求—总供给模型和短期中总需要的重要性为理论工具，分析失业和通货膨胀理论，以及两者之间的相互关系。

第一节　失　　业

一、失业的类型

根据引起失业的原因，经济学将失业分为两类：自然失业与周期性失业。

1. 自然失业

自然失业是指经济社会在正常情况下存在的失业。宏观经济学认为，由于经济中难以克服的原因，总会存在一定比例的失业人口，即使经济资源全部得到充分利用，产量达到充分就业水平，也会有一部分愿意工作的人无事可做。引起自然失业的原因很多，例如，劳动力的正常流动，人们不满意现有的工作辞职去寻找更理想的工作，工作的季节性，制度的原因，技术变动，等等。其中最主要的是正常劳动力流动引起的摩擦性失业和技术变动引起的结构性失业。

摩擦性失业是指劳动力市场供求信息不完善以及劳动力在异地之间流动的成本引起的失业。在一个动态经济中，人们在不同行业、不同地区或在一生中不同阶段变动工作是经常发生的。例如，大学毕业要寻找工作，或者一个人辞去旧工作想找到一个适合个人爱好与技能的工作，或者为了与亲人团聚辞去工作，等等。种种原因造成经济中总有一部分人或自愿或被迫离开原来的地区或职业。由于找工作的人与工作岗位之间存在信息不对称，或者工人在地域和部门间的流动要花费成本。这使人们从离开旧工作到找到新工作之间总有一段时间间隔，在这一期间，这些人就处于失业状态。这种失业就是摩擦性失业。

摩擦性失业者能否尽快地找到一份合适的工作，主要取决于获取就业信息的难易程度。工人在劳动市场上得到的信息越不充分，就越难以找到理想的工作，寻找工作的时间也就越长，因此，摩擦性失业又称为寻找性失业。摩擦性失业是不可避免的，经济学家认为这种失业是实现劳动力资源合理配置所必须付出的代价。

结构性失业是指由于经济结构的变化，现有劳动力技能与新兴产业需要的不适应引起的失业。这时，劳动力的供求在总量上大体平衡，但在结构上不一致，即一方面存在失业，另一方面又存在劳动力供给不足。出现这种情况，是因为科学技术的发展，有的部门走向衰落而有的部门正在兴起。随着经济结构的调整，对某种劳动的需求增加，而对另一种劳动的需求减少。与此同时，劳动的供给结构没有迅速做出调整，这就形成各种职业或地区间劳动力供求不平衡。例如，随着电子信息技术的进步，人们越来越多地采用手机的方式联系，手机市场具有极大的发展空间，手机厂商迅速崛起成为朝阳产业，需要吸收更多的劳动力，而一度风光的寻呼机业务则走向衰落成为夕阳产业，分流出一部分劳动力。可是，由于技能要求存在差异，即使朝阳产业需要大量的劳动力，夕阳产业分流的劳动力也不能完全转入朝阳产业，势必会有一部分人失业。由于这种失业的根源在于劳动力供给结构滞后于劳动力需求结构的变动，所以称为结构性失业。

2. 周期性失业

周期性失业是指由于总需求不足而引起的失业，因此也称为总需求不足的失业。这种失业在经济萧条时期上升，在经济繁荣时期下降。由于这种失业和经济的周期性波动密切相关，所以叫作周期性失业。可以用总需求—总供给模型来解释周期性失业。第七章的分析表明，只有在总需求与短期总供给决定的均衡国民收入与充分就业国民收入相等时，经济才实现充分就业均衡，这时的总需求是充分就业的总需求。如果实际总需求小于充分就业的总需求，均衡的国民收入就小于充分就业的国民收入，资源得不到充分利用，经济处于衰退之中，企业产量下降，解雇工人，失业成为普遍存在的现象。这就是由总需求不足引起的周期性失业。

政府旨在稳定经济的需求管理政策就是要减少周期性失业，实现充分就业目标。

> **思　考**
>
> 　　当世界石油价格下跌时，得克萨斯石油生产企业就减少了生产和就业。同时，廉价的汽油刺激了汽车销售，因此，密歇根的汽车生产企业就增加了生产和就业。各行业或各地区之间的需求构成变动称为部门移动。由于工人在新部门找到工作需要时间，请问这种由部门移动暂时引起的失业属于哪种失业？

二、自然失业率与充分就业

　　自然失业率是指经济在正常情况下的失业率，即劳动市场处于供求稳定状态时的失业率。这时经济既没有通货膨胀也没有通货紧缩。如前所述，在一个富有活力的经济中，产出的构成在不断变化，各个企业对劳动力数量和技能的需要就在不断变化，同时，劳动力市场上供求信息的传递也不可能十分完备。因此，摩擦性失业和结构性失业是不可避免的，也就是自然的。正是在这种意义上，摩擦性失业和结构性失业才被称作自然失业。与自然失业相对应的失业率就是自然失业率。

　　自然失业率的高低取决于各国的制度和人口的因素。政府改进劳动市场的服务，提供职业培训，降低最低工资，改进失业保险制度等，都能够减少自然失业人口，但不可能消灭自然失业。所以宏观经济学分析的重点以及宏观经济政策所要解决的是周期性失业。

　　当劳动市场处于自然失业率的状态时，如果政府使用财政或货币政策增加总需求，会出现实际失业率小于自然失业率，经济出现了过度就业。在经济的过度就业时期，往往伴随着工资水平的上升。反之，当实际失业率大于自然失业率时，经济就出现了需求不足的失业（周期性失业）。因此，自然失业率可以看成是实际失业率围绕其波动的平均失业率，也是经济在长期中趋近的失业率。

　　与自然失业率相联系的一个概念是充分就业。充分就业不是指人人都有工作，如前所述，失业可以分为由于需求不足而造成的周期性失业与经济中由某些不可避免的原因造成的自然失业。当实际失业率为自然失业率时，经济中就实现了充分就业。或者说，充分就业是消灭了周期性失业时的就业状态。实现了充分就业时的失业率即是自然失业率，也称为充分就业的失业率，或长期均衡的失业率。

知识拓展

我国失业人员的状况

　　按照我国的统计口径，失业人员可以分为城镇登记失业人员、城镇调查失业人员和下岗职工。

国家统计局和劳动部 1995 年开始统计全国城镇失业人员调查数。全国城镇调查失业人员是常住人口中 16 岁及 16 岁以上,有劳动能力,在调查期间无工作,当前有就业可能并以某种方式寻找工作的人员。全国城镇调查失业人员数明显高于全国城镇登记失业人数。1995 年,全国城镇调查失业人员 790 万人,比城镇登记失业人数高 51.9%,调查失业率为 4.3%。1997 年,城镇调查失业人员 980 万人,比登记失业人数高 72%,调查失业率为 4.9%。城镇调查失业人员主要包括两部分人,以失业青年为主的登记失业人员和下岗人员。调查失业人数高于登记失业人数主要是由于包括了下岗人员。1998 年以后,《中国劳动统计年鉴》不再报告调查失业人数。

失业人口调查揭示了我国失业具有以下几个特点。

(1) 女性失业率高于男性。1997 年,男性失业人员 492 万人,失业率为 4.18%;女性失业人员 565 万人,失业率为 5.64%。在城镇经济活动中,非农业人口失业率高于农业人口。

(2) 来自农村的劳动力 1997 年占城镇经济活动人口的 28%,仅占失业总数的 8.5%。这部分是由于进入城镇经济的农村劳动力如果找不到工作就会流回农村,部分是由于城镇劳动力市场是分割的,来自农村的劳动力一般从事城里人不愿从事的工资较低、条件比较艰苦的工作,而城市下岗人员不愿进入这部分劳动力市场。

(3) 在人口中,随着年龄升高,失业率会下降,青少年组的失业率最高。其他市场经济国家也存在这种现象。

(4) 我国城镇失业人口的受教育年限平均为 9.92 年,而东亚国家和地区(除日本外)的平均受教育年限为 6 年。大专以上、高中、初中、小学和不识字者的失业率分别为 5.7%、16.0%、6.6%、1.4% 和 0.4%。除大专以外,接受教育年限分组的失业率倒挂,即读书越多失业率越高。当然,不同组所追求的工作是不同的,这也反映了需要不同知识的不同职位对劳动力需求不同。

综上所述,我国城镇失业人口应包括:以刚进入劳动力市场的青年失业者为主体的登记失业人口,下岗职工中未实现再就业的人员,在城镇的农村劳动力中的失业人员。因此,登记失业人口和登记失业率低估了实际失业人口和失业率。建立一套真实反映失业情况的失业统计数据,是进行宏观分析和决策的基础。

(资料来源:易纲,张帆. 宏观经济学. 北京:中国人民大学出版社,2008)

三、失业的代价

过高的失业率会带来一系列经济、社会、个人和家庭问题,影响经济正常发展,甚至引发社会的不稳定。

1. 经济代价

失业在经济上最大的损失就是实际 GDP 的减少。这是因为,一国经济的就业水平决定着产出水平，就业的变动会引起产出的变动。当失业率上升时，意味着参加工作的人少了，这不仅使一部分劳动力资源被浪费了，而且劳动力之外的其他资源也没有得到充分利用，实际产出必然会降低，失业率与实际 GDP 之间存在负相关关系。

美国经济学家阿瑟·奥肯在 20 世纪 60 年代提出了用以说明失业率与实际 GDP 增长率之间这种关系的一条经验规律，这条规律被称为奥肯定理。奥肯定理的内容是，当实际 GDP 增长相对于潜在 GDP 增长（美国一般将之定义为 3%）下降 2% 时，失业率上升大约 1%；当实际 GDP 增长相对于潜在 GDP 增长上升 2% 时，失业率下降大约 1%。即失业率的变动是实际 GDP 增长率的一半。可以用以下公式描述这个定理：

$$失业率变动 = -1/2 \times （实际 GDP 变动百分比 - 3\%）$$

根据这个公式，当实际 GDP 的平均增长率为 3% 时（与潜在 GDP 增长率一致），失业率保持不变。

当经济扩张快于 3% 时，失业率下降的幅度等于经济增长率的一半。例如，如果 GDP 到第二年度增长 5%（高出正常水平 2%），奥肯定理预期失业率将下降 1%。

$$失业率变动率 = -1/2 \times （5\% - 3\%） = -1\%$$

当 GDP 下降或增长不到 3% 时，失业率上升。例如，如果 GDP 到第二年度下降 1%（比正常水平低 4%），奥肯定理预期失业率上升 2%。

$$失业率变动率 = -1/2 \times （-1\% - 3\%） = 2\%$$

奥肯定理以简明的方式，揭示出失业率与实际 GDP 增长之间存在的关系，对政府制定经济政策具有非常重要的意义：比如，当失业率为 3% 时，根据奥肯定理，需要实际 GDP 增长 9%，才能提供足够的就业岗位，实现充分就业。

需要注意的是，奥肯所提出经济增长与失业率之间的具体数量关系只是对美国经济所做的描述，而且是特定一段历史时期的描述，不仅其他国家未必与之相同，而且今日美国的经济也未必仍然依照原有轨迹继续运行。因此，奥肯定理的意义在于揭示了经济增长与就业增长之间的关系，而不在于其所提供的具体数值。

▏知识拓展

奥肯定理与中国实证

美国著名经济学家阿瑟·奥肯，于 1962 年提出了著名的"奥肯定理"。该定理论证了失业率与国民生产总值增长率二者呈反方向变化的关系。经济增长速度快，对劳动力的需求量相对较大，就业岗位增加，就业水平高，失业率低；经济增长速度慢，对劳动力的需求量相对较少，会直接制约就业岗位的增加，就业水平低，失业率高。即高增长率使失业率降低，低增长率则会提高失业率。该理论还进一步认为，失业率与国民生产总值缺口之间的比率是 1：2，即失业率每增加 1%，则实际国民生产总值会减少 2% 左右。奥肯定理在国内外得到普遍的认同。

从中国的实际情况看，经济增长无疑能带来就业的增长，但是，高经济增长并没有创造出人们期望的那么多的就业岗位。中国20世纪80年代以来经济保持了较高速度的增长率，年平均达到9.4%，但并没有带来就业的相应增长。1985—1990年，中国GDP年平均增长率为7.89%，同期就业人口年平均增长率为2.61%；1991—1995年，中国GDP年平均增长率为11.56%，同期就业人口年平均增长率为1.23%；1996—1999年，中国GDP年平均增长率为8.30%，同期就业人口年平均增长率为0.96%。数据显示，1991年以来，中国GDP增长对就业的拉动作用与前期相比有较大幅度的降低，那么为什么奥肯定理在中国出现变异？

关于奥肯定理在中国出现变异的特殊原因，主要从以下三方面来进行说明：

首先，中国经济距离长期的良性发展还有一定差距。中国经济在改革开放以来呈现快速增长的势头，但这种经济增长并没有实现真正的经济全面发展，在很大程度上只是表现为GDP的大幅增长，因为实现真正的经济全面发展不仅要有产出的增加，还要有随着产出增加而出现的投入与产出在结构上的变化，即经济结构、经济制度和运行机制变化在内的经济进步。在中国经济快速增长的这段时期，经济中的深层次问题如中国国民生产总值中农业的比重还相当大，第三产业的比重和发达国家相比比重偏低，国有企业的诸多问题还没有彻底解决，劳动力教育和培训水平还跟不上形势的需要等问题，并没有随着GDP的增长而得到全面解决。

其次，中国国有企业改革加大了当前的就业压力。中国的国有企业在国民经济中占有相当大的比重，而且普遍存在冗员、效率低下的问题。在国有企业改革中，大量的人员离岗或下岗，但由于这些人员普遍年龄偏大，所拥有的技能有限，在市场竞争中没有优势，而经济增长对这些过剩劳动力的吸收能力又远小于市场供给，导致相当多的人员在下岗后不能重新就业。因此反映在统计中的数据是国有企业效率得到提高，盈利能力增强，GDP逐年增长，但失业率却处于上升趋势。

最后，农村剩余劳动力大量向城镇转移是另一原因。每年都有大量的农村剩余劳动力转入城镇现代部门就业，而这些就业人员一般没有列入到统计中的从业人数中去，但占据了计入统计中的城镇需就业、再就业人员的岗位，使得这些年尽管经济增长较快，但城镇登记失业率却在不断上升。

（资料来源：中文百科网站 http://www.hudong.com）

2. 个人和家庭的代价

失业首先给个人带来人力资本的损失。人力资本是受到的教育和获得的技能的价值，人力资本来源于所受的教育和工作中获得的经验。失业一方面使失业者已有的人力资本得不到运用，另一方面失业者无法通过工作增加自己的人力资本。长期失业会降低人力资本的价值,因为人力资本闲置不用同样会折旧,即劳动技能因下降或过时而失去其原有价值。

失业还会使个人的自尊心受到伤害。失业不仅意味着生活水平下降,对未来担忧,还会给个人造成心理伤害,使当事人承受沉重的心理压力,这会引发诸如自杀、离婚、吸毒等问题,影响到家庭成员之间关系的和谐与稳定。

3. 社会代价

失业还会带来严重的社会问题。失业率的上升往往会引起犯罪率的增加,高犯罪率也是高失业率的代价,虽然很难从数字上确定失业与犯罪和堕落现象之间的关系,但它们之间的正相关关系是每一个人都承认的。此外,当失业问题严重,社会收入分配悬殊,失业者感到心理极度不平衡时,他们会采取抗议、示威的方式表达对社会和政府的不满,甚至会引发社会动荡。

第二节 通货膨胀

自 20 世纪 70 年代以来,通货膨胀成为困扰各国经济的一个不可忽视的问题。在 70 年代,美国的物价每年上升 7%,这意味着 10 年间物价水平翻一番。当时的民意调查把通货膨胀作为国家面临的最重要问题。卡特总统在 1980 年再次竞选总统时,其竞争对手罗纳德·里根就指出高通货膨胀是卡特经济政策的一个失败。

进入 80 年代以来,通货膨胀在拉丁美洲的许多国家中异常严重。阿根廷、巴西、秘鲁等国的通货膨胀率甚至在 100% 以上。在某些极端的情况下,每月的通货膨胀率甚至超过 50%,这相当于年通货膨胀率约为 13 000%。我国于 80 年代后期和 90 年代上中期也曾发生过两次严重的通货膨胀,通货膨胀率分别达到 18% 和 24%。那么,是什么原因引起了通货膨胀?通货膨胀给社会带来了什么危害?以下内容是对这些问题的回答。

一、通货膨胀的含义

我们从解释通货膨胀的含义开始通货膨胀的研究。这是一个被大多数经济学家认可的定义,即通货膨胀是指由于货币供给量太多而造成的价格总水平普遍而持续的上升。理解通货膨胀的含义时应注意两点:一是通货膨胀指的是所有物品和劳务价格的普遍上升,即指价格总水平的上升,一种或几种物品或劳务价格的上升,不是通货膨胀;二是通货膨胀是指价格总水平的持续上升,某些暂时性的或一次性的价格水平上升也不能算作通货膨胀。衡量通货膨胀严重程度的指标是通货膨胀率,通货膨胀率是不同时期价格指数变动的百分比。我们在第二章对此有过介绍，在此不再赘述。

二、通货膨胀的分类

经济学家对通货膨胀从不同角度进行了分类。

1. 根据通货膨胀的严重程度分类

（1）温和的通货膨胀。温和的通货膨胀又称爬行式通货膨胀，它是指年通货膨胀率在10%以下的通货膨胀。这也是大多数国家在大多数情况下经历的通货膨胀。温和的通货膨胀的特点是，价格上涨缓慢且可以预测。此时物价相对来讲比较稳定，货币不会明显贬值，不会发生大规模的抢购和挤提行为，经济还能够正常地运行。一些经济学家甚至相信温和的通货膨胀能够起到经济增长的"润滑油"作用。

（2）严重的通货膨胀。严重的通货膨胀又称高速的通货膨胀。它是指年通货膨胀率在10%以上和100%以内的情况。许多拉美国家，如巴西和阿根廷，在20世纪70年代和80年代就曾经历过通货膨胀率高达50%至70%的高速通货膨胀。一般来说，严重的通货膨胀会使人们对货币失去信任，经济陷入混乱。但有些经济如巴西和以色列的经济，在这种情况下仍然保持了稳定的增长。

（3）恶性通货膨胀。恶性通货膨胀又称极度通货膨胀。它是指年通货膨胀率在100%以上的情况。当恶性通货膨胀袭来时，物价会呈现天文数字般地急剧上涨。这种情况下的货币形同废纸，经济将完全瘫痪。国家拼命地开动印钞机印刷货币，公众则觉得"货币烫手"，拼命要把手中的货币花出去，因为它每一分钟都在贬值，20世纪20年代初的德国，40年代末的中国和80年代的玻利维亚都经历过这种物价上涨率数以亿计的极度通货膨胀。

▌ 知 识 拓 展

国民党统治时期的恶性通货膨胀

1935年的法币改革为国民党政府推行通货膨胀政策铺平了道路。由于国民党政府过分依赖增长货币来为巨额的政府预算赤字融资，在从1935年的法币改革至1949年期间，法币经历了一个持续而且不断加速的贬值，最后完全形同废纸。且看100元法币购买力：

1937年	可买大牛两头
1941年	可买猪一头
1945年	可买鱼一条
1946年	可买鸡蛋一个
1947年	可买油条1/5根
1948年	可买大米两粒

其贬值速度简直超乎人们的想象。

　　从 1946 年至 1949 年，国民党政府曾多次采取措施，试图缓解日益失控的通货膨胀，但最终都归于失败。

　　1946 年春，由于物价上涨加剧，时任行政院院长的宋子文决定采取抛售黄金的办法稳定物价和币值。但那些手中掌握巨额游资的官僚资本家根本不相信物价能够稳定下来，因此他们趁机大做黄金投机生意，在市场上大量买进黄金。这种投机行为导致了黄金价格急速上升。金价与物价相互刺激，进一步促进了物价直线上升。最后这一试图通过抛售黄金控制通货膨胀的措施不得不以冻结黄金买卖而告终。

　　抛售黄金的改革失败后，南京政府采取了"经济紧急措施"，加强金融管制。但由于物价上涨的浪潮持续不断，法币的印刷成本已经超过其自身所代表的价值，失去了正常货币的一切职能，给人民群众带来的只是恐慌和不满。1948 年 8 月，蒋介石采纳了财政部部长王云五的金圆券改革方案，宣布以中央银行所存的黄金和证券作保，发行金圆券来代替法币。以 300 万元法币折合金圆 1 元，金圆的含金量为纯金 0.222 17 克，发行总额以 20 亿元为限，并规定流通中的金圆券可随时兑换成金圆。这一规定形同虚设，因为南京政府并没有说明金圆券兑换金圆的办法。借助于政治高压的强制手段，金圆券得以推行。但财政赤字的扩大使得金圆券的发行额很快突破了 20 亿元的上限，此时美国已经关上了援助的大门，蒋介石政府只能把军事开支的来源都压在增发的货币上，国统区很快变成了金圆券的世界。从 1948 年 8 月到 1949 年 5 月，金圆券的发行额就增加了 30 多万倍，金圆券的购买力跌至原来的 500 多万分之一。金圆券改革不到 1 年便以失败告终。

　　1949 年 7 月 4 日，国民党政府又推出了银圆券的改革，在广州发行所谓无限制兑现的"银圆券"，银圆券 1 元折合金圆券 5 亿元。但是中国的老百姓此时已经对国民党政府的任何改革都没有兴趣了。

　　（资料来源：石柏林. 凄风苦雨中的民国经济. 郑州：河南人民出版社，1996；张公权. 中国通货膨胀史. 北京：中国文史出版社，1986）

2. 按人们是否可以预期分类

　　按照人们是否能够对通货膨胀预期分类，可以将通货膨胀分为两种类型：未预期的通货膨胀和预期的通货膨胀。未预期的通货膨胀是指价格上升的速度超出人们的预料，或者人们根本没有想到价格会上涨。事实上，通货膨胀往往是不可预期的，例如，俄国人在过去几十年间都习惯于稳定的价格，当 1992 年物价突然放开时，没有人能预测未来 5 年内价格会上升 1 000 倍。

　　预期的通货膨胀是指人们根据观测到的现在的通货膨胀来形成对未来通货膨胀预期，即预期通货膨胀＝上一年度的通货膨胀。例如，一国的价格水平每年按 5% 的速度上升，人们便会预计，下一年的价格水平将以同一比例继续上升。预期通货膨胀的存在表明通货膨胀存在惯性，即在没有供给冲击和周期性失业的情况下，通货膨胀将以现有速度无限期持续下去。过去通货膨胀影响当前通货膨胀的预期，这会影响人们对工资和价格水平的制定。

三、通货膨胀的成因

经济学家解释通货膨胀原因的理论主要有三种，一是从总需求方面来解释，二是从总供给来解释，三是从经济结构因素变动的角度来解释。下面依次加以说明。

1. 需求拉上的通货膨胀理论

需求拉上的通货膨胀是指总需求超出了充分就业产量水平之后引起的价格水平持续上涨的情形。也就是说，当社会经济接近充分就业的国民收入水平时，由于总需求的过度增长，超出了现行价格可得到的产量水平，一般价格水平趋于上升，从而带来了通货膨胀。这种通货膨胀的原因在总需求一方，故称为需求拉上的通货膨胀。可以用图形来说明需求拉上通货膨胀。如图 8-1 所示。

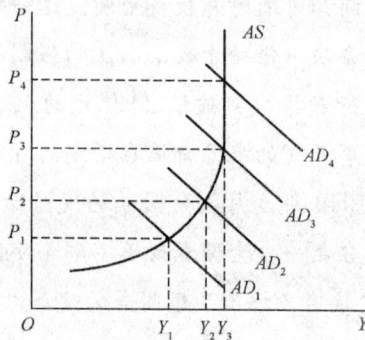

图 8-1　需求拉上的通货膨胀

第七章的分析说明，短期总供给曲线并不是一条直线，而是一条斜率不断加大的曲线，表明随着未被利用的经济资源逐渐减少，产量的增加越来越慢；实现充分就业后，无论物价水平有多高，产量也无法增加了，长期总供给曲线完全垂直。

现在分析需求拉上通货膨胀的过程。图 8-1 显示，在未实现充分就业之前，总需求增加会拉动产量水平和物价水平同时上升，假设经济初始的总需求曲线为 AD_1，当总需求水平提高，总需求曲线向右移动到 AD_2 的位置，相应地，产量由 Y_1 增加到 Y_2 的水平，价格水平提高到 P_2。

越是接近充分就业产量，总供给曲线越陡峭，表明产量水平越接近于充分就业水平，总需求的增加所带来的价格上涨的幅度越大；如果经济已经实现了充分就业，表明所有的经济资源都已得到充分利用，则总需求的增加不能带来产量的任何增加，只会带来价格水平的上升。

如图 8-1 所示，Y_3 已经是充分就业产量，如果总需求继续增加，总需求曲线从 AD_3 向

右移动至 AD_4，可以看出，在这一较高的需求水平，产量不能有任何增加，而价格则从 P_3 上升到 P_4，经济中发生了需求拉上的通货膨胀。

引起总需求过度扩张的因素有两类：实际因素和货币因素。实际因素包括：政府购买增加、减税、边际消费倾向增加、投资预期收益率上升以及出口增加等。这些因素都可能引起总需求曲线向右移动，从而影响价格水平。货币因素是指货币需求量的减少和货币供给量的增加都会引起总需求曲线移动，但是货币供给量的影响更为重要。如果货币供给量增加，总需求曲线向右移动，从而导致需求拉上的通货膨胀。

在实际的需求拉上通货膨胀的发生过程中，上述两类因素的影响往往是交织在一起的。因为通货膨胀指的是价格水平的持续上涨，价格水平的一次性上涨，不能称为通货膨胀。但是，在引起总需求扩张的两类因素中，只有货币供给量具有持续扩张的能力，可能引起总需求曲线的持续右移，而其他各种实际因素的变动都有一定限度，不能使总需求曲线持续右移。例如，政府购买的增加要受到一国财政收入的制约，税收的减免不可能越过零的界限，同样，消费支出和投资支出也受到一国国民收入的制约，出口的扩张受到进口国市场容量和贸易政策的限制。因此，仅仅是这些因素的变动，只能导致价格水平一次性上升，而不能导致价格水平的持续上涨。因此，需求拉上的通货膨胀通常是由实际因素和货币因素共同作用而引起的。例如，我国 1993 年至 1994 年的通货膨胀，就是在市场经济体制尚不健全的条件下，地方政府和企业存在过旺的投资需求，而银行体系的制度缺陷使得中央银行无法抵制这种过旺的需求，从而导致了货币和信贷的失控。

2. 成本推动通货膨胀

在现实中，即使当经济中还存在大量闲置资源，失业率居高不下时也会出现很高的通货膨胀，这种情况下的通货膨胀显然无法用需求过度来加以解释。因此经济学家转而从供给方向寻找通货膨胀的原因，提出了成本推动的通货膨胀理论。成本推动的通货膨胀又称供给通货膨胀，是指在没有超额需求的情况下由于成本上升而引起的通货膨胀。引起成本上升的原因很多，但成本推动的通货膨胀理论强调的是由于经济中某些垄断因素引起的成本上升，即存在两种类型的成本推动：工资推动和利润推动。

工资是劳动市场的价格，在完全竞争的劳动市场上，工资完全取决于劳动的供求，工资的提高不会导致通货膨胀；而在不完全竞争的劳动市场上，工会作为一个垄断性组织，由于其力量的强大，使得工人可能获得高于均衡水平的工资。这种过高的工资要求推动了总供给曲线的左移，从而造成工资推动的通货膨胀。经济学家将欧洲许多国家在 20 世纪 60 年代末 70 年代初经历的通货膨胀认定为工资推动的通货膨胀，因为在这一时期出现了工资的急剧增加。例如，德国的工资年增长率从 1968 年的 7.5％ 跃居到 1970 年的 17.5％。在同一时期，美国的工资年增长率也由 7％ 上升到 15.5％。

利润推动的通货膨胀，是指一些垄断性经济组织控制了某些重要的原材料的生产和销售，他们为了获得高额的垄断利润而提高价格，使总供给曲线左移，从而导致通货膨胀。比较典型的例子是，在 1972 年至 1974 年，石油输出国组织（OPEC）历史性地将石油价格提高了 4 倍，到 1979 年，石油价格又被再一次提高。石油位于产业链中的上游，一旦价格上升，将引发一系列商品和劳务的价格水平提高，从而引发通货膨胀。20 世纪 70 年代的两次石油提价对西方发达国家经济产生了强烈影响，由此导致的经济滞胀被称为"石油危机"。

　　理解成本推动的通货膨胀应注意，在货币供给不变的条件下，由成本上升引起的价格上涨是一次性的，而且市场机制的调节作用最终会导致价格水平恢复到原来的均衡状态。上述成本因素之所以会引发严重的通货膨胀，其原因在于政府对失业率上升而采取的增加货币供给量的反应。可用图 8-2 说明成本推动通货膨胀发生的过程。

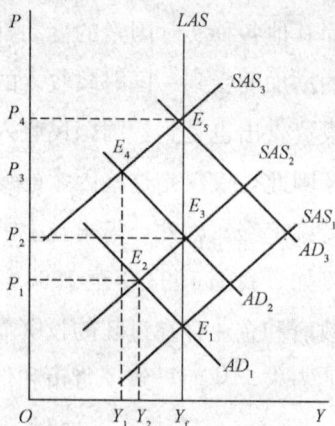

图 8-2　成本推动的通货膨胀

　　假设开始时经济处于充分就业的均衡点 E_1，由于成本上升，使得短期总供给曲线由 SAS_1 左移到 SAS_2，均衡点变成 E_2。此时，若总需求曲线 AD_1 保持不变，则由于国民收入低于充分就业水平，失业的增加最终对工资和价格产生向下的压力，使总供给曲线恢复到 SAS_1，经济又回到原来的均衡水平，价格总水平并没有上升。但是如果政府对 E_2 点上的高失业率感到难以忍受，采取增加货币供给量的方法使总需求曲线右移到 AD_2，以使经济尽快达到充分就业均衡点 E_3 上来，那么总体价格水平就会进一步上升。此时，工人会进一步要求提高工资，所以总供给曲线存在进一步向左移动的压力，政府被迫再一次对高失业做出反应。这样，总供给曲线和总需求曲线一次次交替上移就导致了价格水平的持续上涨。

　　由此可以看出，成本推动仅仅是物价上涨的最初动因，政府为维持就业和产量目标而采取的扩张性货币政策是价格水平持续上涨的必要条件。因此，成本推动的通货膨胀仍然与转高的货币增长率相联系。

　　以上我们在理论上区分了需求拉上和成本推动的通货膨胀。但在现实经济生活中这两者是很难区分的。因为它们都是在供求的交替作用下产生的，而且都与货币供给量的扩张有关。我们只知道需求拉上的通货膨胀一般发生在经济达到充分就业之后，成本推动的通货膨胀则发生在达到充分就业水平之前，但什么样的失业率代表着充分就业水平（或者说什么样的失业率为自然失业率）通常又是很难确定的。事实上，在通货膨胀发生时，需求推动和成本推动的作用常常是密切联系交叉在一起的。

3. 结构性通货膨胀

除了上述从总量方面考虑通货膨胀的原因外，还可以从结构方面寻找通货膨胀的原因。结构性通货膨胀是在供求总量基本平衡的条件下，由于少数关键性资源供求比例失调，或者由于经济部门发展不平衡引起的通货膨胀。

在一个经济社会中，如果缺乏有效的资源配置机制，资源不能从过剩的部门流入短缺的部门，就会造成有些行业生产能力过剩。有些行业如农业、能源、交通等一些生产关键性资源的行业供给不足，这些行业生产的粮食、石油、主要原材料等关键性资源一般是基础性产品，当这类产品的价格因供不应求而上涨时，便引起其他部门，甚至是生产过剩部门的连锁反应，形成一轮又一轮的价格上涨。

经济部门之间发展的不平衡表现为短期中出现需求在部门之间的大规模转移，使原先处于均衡状态的经济结构可能因需求的移动而出现新的失衡。那些需求增加的行业因其生产效率较高，其产量的增加必将推动价格和工资的上升；但是需求减少的行业，由于价格和工资的向下刚性，工资和价格却未必下降。并且每当需求增加的部门工资水平上升时，需求减少部门的工人就感到"不公平"，并要求其工资向前者看齐。因此，需求减少的部门的工资水平并不因其经济衰落而下降，反而由于攀比而接近于经济繁荣部门工资的上升程度，从而加大了生产成本，进而造成物价整体水平的上升。

结构型通货膨胀理论说明，即使在总供给和总需求大致平衡的情况下，一国也可能存在着不同程度的通货膨胀。现实经济的确是这样，一国的经济发展总是伴随着某种程度的通货膨胀，物价水平不可能长时期地稳定不变。

四、通货膨胀的影响

各国央行反对通货膨胀的决心是一致的。在高通货膨胀时期，人们普遍认为通货膨胀是头号经济敌人。为什么人们把通货膨胀看得如此危险呢？现在我们就从预期通货膨胀和未预期通货膨胀两方面来了解通货膨胀所带来的影响。

1. 未预期通货膨胀的影响：对收入与财富的再分配

（1）通货膨胀有利于债务人而不利于债权人。这是因为，债务契约根据签约时的通货膨胀率来确定名义利率。当发生了未预期到的通货膨胀时，债务契约无法更改，从而使实际利率下降，债务人受益，而债权人受损。例如，假定某人为买一所房屋借款 100 000

元，每年偿还的固定利率的抵押贷款额是 10 000 元。如果大幅度的通货膨胀突然将所有的工资和收入都翻了一番，虽然借款人需要偿还的名义贷款还是每年 10 000 元，但是借款人的贷款的实际成本却只有原来的一半了，这位借款人实际上只需要付出过去一半的劳动来支付这 10 000 元。这种大幅度的通货膨胀使抵押贷款的实际价值减少了一半，从而增加了债务人的财产。如果通货膨胀率出现不可预期的下降，那么所产生的效应就正好相反。

经济学家认为，这种财富分配有助于解释为什么政府总是倾向于发行过多的货币。因为政府是一个巨大的债务人，向公众发行了巨额的国债，政府为筹集收入而印刷纸币，会增加货币供给，引发通货膨胀。当价格水平上升时，政府还本付息的负担减轻了，而公众的财富则被转为政府的收入。例如，假定你的实际财富为 3 000 元，可以买一台电脑，现在你把这 3 000 元用于购买 1 年期国债，这等于你的财富被政府用 3 000 元纸币收购了。如果 1 年后价格水平上涨了 1 倍，你手里的 3 000 元只能买一台显示器，你的实际财富只有一年前的一半，另一半财富成为政府的收入，这类似于对居民的征税，所以经济学家把政府通过发行货币而对人们的财富的攫取部分称为通货膨胀税。实行浮动利率有助于减少通货膨胀的再分配效应。

（2）通货膨胀不利于固定收入的领取者。这是因为，通货膨胀会使固定收入者的实际收入减少。例如，当工人和雇主签订长期工资合同后，在合同有效期间，如果发生了不可预期的通货膨胀，工人的名义工资不变，从而使实际工资下降，工人受害而企业受益。类似的情况例如，领取固定养老金的退休工人和养老基金之间，按合同内规定的固定租金获取租金收入的出租人和承租人之间，也会因通货膨胀而发生财富的再分配。把固定收入改变为浮动收入，如工资和养老金支付的指数化（即与价格指数挂钩）有助于减少通货膨胀的再分配效应。

2. 预期通货膨胀的影响

预期通货膨胀对经济所带来的影响主要表现在以下几个方面：

（1）增加了持有现金的成本。当通货膨胀发生时，人们钱包中货币的实际购买力下降，现金变得"烫手"，人们会减少现金持有量以减少损失。但是减少现金持有量并不容易，它要增加人们跑银行的次数，例如，你不是每 4 周提取 2 000 元，而是每周一次提取 500 元。通过更经常地到银行，你可以使更多的货币以有利息的存款的形式存在。经济学家把人们为减少现金持有量而花费的大量的时间和精力称为皮鞋成本。在温和性通货膨胀的情况下，皮鞋成本是微不足道的。但如果通货膨胀非常严重（如恶性通货膨胀），皮鞋成本会相当大。

（2）增加了菜单成本。预期的高通货膨胀使企业更经常地改变自己的报价。改变物价有时是有成本的，因为它要求印刷并送发新目录表。这些成本称为菜单成本，这个词来自于餐馆印刷新菜单的成本。通货膨胀增加了企业必须承担的菜单成本。在通货膨胀率低时，一年调整一次价格是许多企业合适的经营战略。但是，当高通货膨胀使企业成本迅速增加时，一年调整一次价格是不现实的。例如，在恶性通货膨胀期间，企业必须每天变动价格，或者更经常地变动价格，以便与经济中所有其他物价保持一致。

（3）相对价格扭曲。在通货膨胀的环境下，价格水平频繁变动，由于调整价格会增加菜单成本，企业调整价格的时间间隔不一致，因而引起企业间产品相对价格的变动，市场经济是依靠相对价格配置稀缺资源的，当通货膨胀扭曲了相对价格时，企业和消费者的投资决策和消费决策被扭曲了，市场也就不能把资源配置到最好的用途，从而不可避免地带来效率损失。比较突出的表现是由于通货膨胀增大了未来的不确定性，企业为避免风险，往往从生产周期较长的产业转向生产周期较短的产业，经济中各种短期行为、投机行为盛行，这显然不利于经济的长期发展。

（4）税收扭曲。法律制定者在制定税法时往往没有考虑到通货膨胀，通货膨胀倾向于增加储蓄所赚到的收入的税收负担。例如，预期通货膨胀率的上升会引起名义利率的上升，上升的这部分名义利率是对通货膨胀的补偿，实际利率并没有改变，但由于税率不变，利息税把名义利率提高后的全部利息作为储蓄所增加的收入看待，政府对它按不变的税率征税，实际利率下降了，通货膨胀增加了利息收入的税收负担。在这种情况下，人们就会增加当前的消费，减少储蓄，从而使投资者无法得到足够的资金来源。类似的情况还存在于实行累进税的情形，在发生通货膨胀时，企业和个人将因为名义收入的上升而承担较高的税率。这种税负的加重会影响生产的积极性。

第三节　失业与通货膨胀的关系

通货膨胀和失业是宏观经济中的两个最重要的问题。那么，这两者之间有什么关系呢？这是近半个世纪以来一些最重要的经济学家所关心的问题。

一、短期菲利普斯曲线

1958 年，英国伦敦经济学院的经济学家菲利普斯（A. W. phillips）在研究了英国1861—1957 年间货币工资变动率和失业率的统计资料后，提出了一条用以表示货币工资变动率和失业率之间交替关系的曲线。这条曲线表明，当失业率较低时，货币工资增长率较高；在失业率较高时，货币工资增长率较低，甚至是负数。把这种关系描绘在图上就是原始的菲利普斯曲线。如图 8-3 所示。

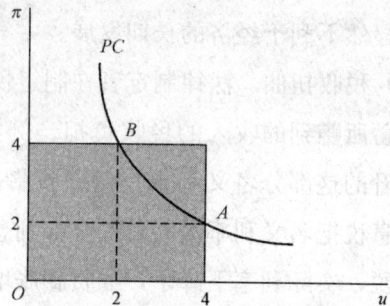

在图 8-3 中，菲利普斯曲线为一条向右下方倾斜的曲线，表明货币工资变动率与失业率之间的负相关关系。这种负相关关系可以理解为：当失业率较低时，意味着劳动市场上对劳动的需求较多，在劳动供给相对稳定的情况下，势必引起劳动的价格——货币工资上升；反之，失业率较高时，意味着对劳动需求较少，货币工资下降。

假定工资成本构成产品价格的一个固定比例，则货币工资变动率可以等同于产品价格的变动率（即通货膨胀率）。美国经济学家 P. 萨缪尔森和罗伯特·索洛正是根据这一假定，将货币工资变动率与失业率之间的交替关系转换成通货膨胀率与失业率之间的交替关系。因此，一般我们说的菲利普斯曲线都是反映这两者之间的关系。菲利普斯曲线的中心思想是：在其他条件不变的情况下，通货膨胀率越低，失业率越高，通货与失业率膨胀之间存在着反方向变动的关系。图 8-4 为菲利普斯曲线。

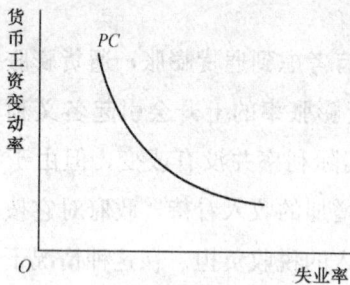

图 8-3　原始菲利普斯曲线　　　　　　　图 8-4　菲利普斯曲线

在图 8-4 中，横轴 u 代表失业率，纵轴 π 代表通货膨胀率。PC 为菲利普斯曲线。PC 向右下方倾斜，表示通货膨胀率与失业率之间呈反方向变动，在 A 点，通货膨胀率为 2%，失业率为 4%；在 B 点，通货膨胀率为 4%，失业率为 2%，失业率下降时，通货膨胀率上升了。

通货膨胀率与失业率的交替关系为政府的决策提供了一个选择空间，即政府总可以通过牺牲一个目标来换取另一个目标的实现。也就是说，菲利普斯曲线为政府提供了一个选择的菜单，决策者可以根据自己的偏好，选择任何一个位于这一曲线上的通货膨胀率和失业率的组合。如图 8-4 所示，A 点提供了高失业和低通货膨胀。B 点提供了低失业和高通货膨胀。根据萨缪尔森和索洛的观点，决策者面临通货膨胀和失业的权衡取舍，菲利普斯曲线就代表了政府可以选择的策略组合。

二、长期菲利普斯曲线

1968 年，美国经济学家弗里德曼对菲利普斯曲线提出了挑战。他认为，短期内，通货膨胀与失业率之间存在交替关系，但从长期看这一关系不能成立，决策者也不能根据菲利普斯曲线做出政策选择。

弗里德曼在解释通货膨胀率与失业率之间的短期和长期关系时，引入了预期通货膨胀率的概念。预期通货膨胀率是指人们对未来一段时间物价总水平变动的预期值。弗里德曼认为，短期内工人对通货膨胀率的预期是既定的，如果中央银行增加货币供给量，通货膨胀率就会发生没有预期到的上升。由于实际通货膨胀率高于预期的水平，实际工资减少，企业生产增加，就业增加。如图 8-5 所示。

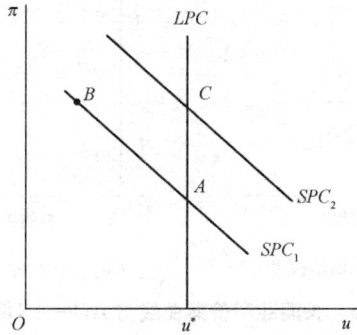

图 8-5　预期通货膨胀率变动引起短期菲利普斯曲线移动

假设经济初始状态处于均衡点 A，如果中央银行突然采取增加货币供给量的办法来扩大总需求，短期内，经济由均衡点 A 沿着 SPC_1 移动到 B 点，在 B 点，预期通货膨胀率仍然低，但实际通货膨胀率高，失业率降到自然失业率之下。这就是说，当短期内预期的通货膨胀率低于以后实际发生的通货膨胀率时，通货膨胀和失业率之间存在着菲利普斯曲线所表示的交替关系。所以，向右下方倾斜的菲利普斯曲线在短期内是可以成立的。这也说明，在短期中引起通货膨胀率上升的扩张性财政与货币政策是可以起到减少失业作用的。这就是宏观经济政策的短期有效性。

但是，在长期中，工人会根据实际发生的情况不断调整对未来的预期。当预期的通货膨胀与实际的通货膨胀一致时，工人会要求增加名义工资，使实际工资恢复到通货膨胀以前的水平，这时，劳动力成本上升了，企业会减少雇佣工人的数量，从而使产量和失业率都恢复到以前的水平。表现在图形上，预期通货膨胀率的变动使 SPC_1 右移至 SPC_2，经济由 B 点移动到 C 点。在 C 点，预期通货膨胀率和实际通货膨胀率都很高，而失业率回到自然失业率水平，从而通货膨胀就不会起到减少失业的作用。把长期均衡点 A、C 连接起来就是长期，它是一条垂直于横轴的直线。表示长期内通货膨胀率和失业率之间不存在交替关系，无论通货膨胀率如何变动，失业率总是固定在自然失业率的水平上。

垂直的长期菲利普斯曲线和垂直的长期总供给曲线是同一枚硬币的两面。可用图 8-6 来说明：在图 8-6 (a) 中，货币供给增加使总需求曲线向右从 AD_1 移动到 AD_2。由于这种移动，长期均衡从 A 点移动到 B 点，价格水平从 P_1 上升到 P_2，但由于总供给曲线是垂直的，产量仍然相同。在图 8-6 (b) 中，更快的货币供给增长通过使经济从 A 点移动到 B

点而提高了通货膨胀率。但是，由于菲利普斯曲线是垂直的，这两点的失业率相同。因此，垂直的长期总供给和垂直的长期菲利普斯曲线都意味着货币政策影响名义变量（价格水平），但并不影响实际变量（产量与失业）。

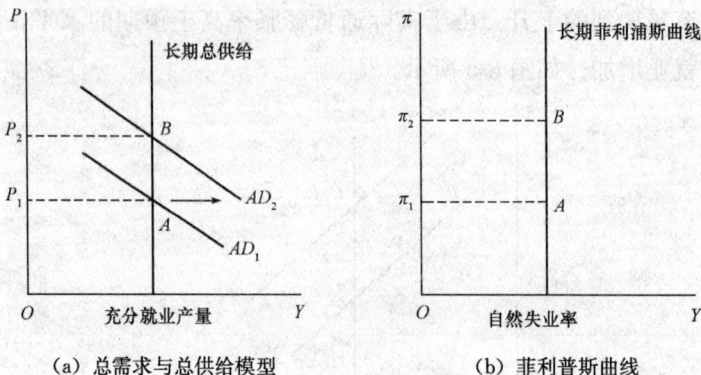

（a）总需求与总供给模型　　　　（b）菲利普斯曲线

图 8-6　长期菲利普斯曲线与 AD—AS 模型

垂直的长期菲利普斯曲线的政策含义是：长期内高通货膨胀并不能带来高就业，因此政府通过实施扩张性财政政策与货币政策来维持高就业水平是不可取的。这就是宏观经济政策的长期无效性。

本章小结

1. 失业包括自然失业和周期性失业。自然失业是指经济在正常状态下存在的失业，包括摩擦性失业和结构性失业。摩擦性失业是指劳动力市场供求信息不完善以及劳动力在异地之间流动的成本引起的失业。结构性失业是指劳动力的供给和需求不匹配所造成的失业。周期性失业是指在经济周期中的衰退或萧条时，因需求不足而造成的对劳动整体的需求的下降所形成的失业。

2. 如果一个社会的失业率正好是自然失业率水平，就说这个社会是"充分就业"的。充分就业并不是人人都有工作，而是存在一定程度的失业，也就是相当于自然失业率水平的失业。

3. 失业会使经济、社会、个人和家庭付出代价。奥肯定理说明了失业的经济代价。奥肯定理的主要内容可以表述为：当实际 GDP 增长相对于潜在 GDP 增长（美国一般将之定义为 3%）下降 2% 时，失业率上升大约 1%；当实际 GDP 增长相对于潜在 GDP 增长上升 2% 时，失业率下降大约 1%。

4. 通货膨胀是指由货币供给量过多而引起的物价水平普遍而持续上涨。通货膨胀的原因有需求拉上说、成本推动说和结构性通货膨胀说。尽管这些理论的着眼点不同。但是大多数经济学家都认为，货币供给量太多是产生通货膨胀的一个基本条件。

5. 通货膨胀对经济带来的影响从预期的通货膨胀和未预期的通货膨胀两方面来分析。预期的通货膨胀的经济的影响主要表现在以下方面：第一，增加了人们的皮鞋成本；第二，预期的通货膨胀导致了所谓的菜单成本；第三，预期的通货膨胀使相对价格变动与资源配置失误；第四，预期的通货膨胀引起税收扭曲。未预期的通货膨胀主要是带来了对收入与财富的再分配。

6. 通货膨胀给经济带来负面的影响。例如，未预期的通货膨胀能够改变名义资产的价值，在不同经济主体之间造成财富和收入的任意再分配。可预期的通货膨胀则会增加人们持有现金的成本；增加了菜单成本；引起相对价格扭曲，使价格不能引导资源合理配置；通过价格引起实际利率波动，增加人们的税收负担，从而降低了经济运行的效率。

7. 向右下方倾斜的菲利普斯曲线表明了通货膨胀率和失业率之间的替代关系。其政策含义是，为政府的决策提供了一个选择空间，即政府总可以通过牺牲一个目标来换取另一个目标的实现。

8. 长期内，随着人们对通货膨胀预期的调整，短期菲利普斯曲线会发生上下的移动，从而形成一条垂直的长期菲利普斯曲线。它表明，长期中，通货膨胀率与失业率之间不存在交替关系。其政策含义是：长期内政府通过实施扩张性财政政策与货币政策不但不能降低失业率，还会使通货膨胀率不断上升。这就是宏观经济政策的长期无效性。

复习与思考

一、名词解释

自然失业	摩擦性失业	结构性失业	周期性失业
自然失业率	奥肯定理	通货膨胀	需求推动通货膨胀
成本推动通货膨胀	结构性通货膨胀	菲利普斯曲线	

二、选择题

1. 由于经济萧条而形成的失业，属于（　　）。

    A. 永久性失业　　　　　　　　　B. 摩擦性失业

    C. 周期性失业　　　　　　　　　D. 结构性失业

2. 某人由于钢铁行业不景气而失去工作，这种工作属于（　　）。

    A. 摩擦性失业　　　　　　　　　B. 结构性失业

    C. 周期性失业　　　　　　　　　D. 永久性失业

3. 经济处于充分就业是指(　　)。

　　A. 所有的人都有工作　　　　　　　B. 所有的劳动力都有工作

　　C. 只存在摩擦失业与结构失业　　　D. 失业率低于 3%

4. 当自然失业率为 5% 时，充分就业是指(　　)。

　　A. 实际失业率为 7%　　　　　　　B. 实际失业率为 5%

　　C. 实际失业率为 4%　　　　　　　D. 实际失业率为零

5. 以下对通货膨胀的描述正确的是(　　)。

　　A. 货币发行量过多而引起的一般物价水平普遍持续的上涨是通货膨胀

　　B. 房屋价格的不断上涨，就是通货膨胀

　　C. 通货膨胀是价格上涨的偶然上涨

　　D. 货币发行过多导致的股票价格上涨就是通货膨胀

6. 假定充分就业的国民收入为 1 000 亿美元，实际的国民收入为 950 亿美元，增加 20 亿美元的投资 ($MPC=0.8$)，经济将发生(　　)。

　　A. 成本推动型通货膨胀　　　　　　B. 达到充分就业状况

　　C. 需求不足的失业　　　　　　　　D. 需求拉上型通货膨胀

7. 进口原材料价格上涨所引起的通货膨胀属于(　　)。

　　A. 需求拉上的通货膨胀　　　　　　B. 成本推动的通货膨胀

　　C. 结构性通货膨胀　　　　　　　　D. 工资利润推动的通货膨胀

8. 如果通货膨胀没有预料到，受益者是(　　)。

　　A. 债权人　　　　　　　　　　　　B. 退休金领取者

　　C. 雇主　　　　　　　　　　　　　D. 雇工

9. 短期菲利普斯曲线说明了(　　)。

　　A. 通货膨胀由过度需求引起　　　　B. 通货膨胀导致失业

　　C. 通货膨胀与失业率之间呈正相关关系　 D. 通货膨胀与失业率之间呈负相关关系

10. 长期菲利普斯曲线说明(　　)。

　　A. 通货膨胀和失业之间长期中不存在相互替代关系

　　B. 传统通货膨胀在长期仍然有效

　　C. 在预期通货膨胀很高的情况下通货膨胀与失业之间仍有替代关系

　　D. 对通货膨胀的预期不变，所以通货膨胀与失业不存在相互替代关系

三、问答题

1. 摩擦性失业与结构性失业相比，哪一种失业问题更严重些？

2. 能不能说有劳动能力的人都有了工作才是充分就业？

3. 某国的情况下：人口 2 500 万，就业人数 1 000 万，失业人数 100 万。

（1）如果摩擦失业与结构失业为 60 万人，自然失业率应该是多少？

（2）在实现了充分就业时，该国应该有多少人就业？

4. 如果你的房东说："工资、公用事业及别的费用都涨了，我也只能提你的房租。"这属于需求拉上还是成本推进的通货膨胀？如果某店主说："可以提价，别愁卖不了，店门口排队争购的多着呢。"这又属于什么类型的通货膨胀？

5. 假设某国人预期 1997 年通货膨胀等于 3%，但实际上物价上升了 5%，这种未预期到的高通货膨胀帮助了还是损害了以下的主体？

A. 政府

B. 劳动合约第二年的工人

C. 按固定利率抵押贷款的房主

D. 投资于政府债券的企业

6. 如果现在经济处于长期菲利普斯曲线上通货膨胀率为 3% 的地方，当然此时预期的物价上涨率也是 3%，如果政府减少货币供给的增长率，经济的失业率和通货膨胀率将如何变动？

第九章　经济增长理论

在 1979—2008 年间，中国的 GDP 平均年增长速度在 9% 以上。这种长期的持续经济增长极大地提高了中国人的生活水平和国民经济的生产能力。而一些非洲国家如乍得、埃塞俄比亚和尼日利亚，许多年来平均收入的增长一直是缓慢的或停滞的。为什么国与国之间增长率的差别如此之大？为什么有些国家变得富裕，有些国家依然贫穷？穷国应该采取什么政策来加快经济增长以赶上发达国家呢？这些问题是宏观经济学中最重要的问题。在以上各章解释了经济运行过程中的短期波动之后，本章将解释经济增长的长期趋势。也就是说，我们将研究使经济增长与一些国家经济增长快于另一些国家的因素，经济增长与影响增长的各种因素之间的关系，以及实现经济快速增长的政策。

第一节　经济增长概述

一、经济增长的概念

经济增长（economic growth）是指经济中实际财富的增加。通常用实际国内生产总值（实际 GDP）的增长率衡量经济增长。在第二章我们曾经介绍过实际 GDP，该指标衡量的是一定时期一国之内生产的最终产品和劳务的总量。由于它消除了价格变动因素，因而能够真实地反映一个国家的经济活动水平。实际 GDP 既可以表示为经济的实际总产出，也可以表示为人均实际产出。人均实际 GDP 能够衡量一定时期一个国家的普通居民可获得的产品和劳务数量。通过第二章的学习我们已经知道，实际 GDP 虽不是度量经济福利的完美指标，但是它毕竟与很多重要的相关变量如平均寿命、儿童健康和文化教育存在较强的正相关性，因此在目前尚无其他更合适的指标可选择的情况下，经济学家把人均实际GDP 作为衡量一国国民生活富裕程度的重要指标。

需要说明的是，经济增长与"经济发展"（economic development）是两个不同的概念。经济增长是一个财富增长的"量"的概念，而经济发展则衡量的是一个国家以经济增长为基础的政治、社会、文化的综合发展，因而是一个含义复杂的"质"的概念。就两者的关系而言，一方面，经济增长是经济发展的必要条件，只有在财富持续增长的基础上，才有可能使国家走向现代文明；另一方面，仅有经济增长并非一定会带来经济发展，经济发展不仅包括经济增长，还包括改善国民福利、推进社会进步等更为宽泛的内容。如果没有一定的制度条件和政策协调，经济增长本身并不一定带来经济发展。

二、经济增长的特征事实

在讨论长期经济增长问题之前，我们先来对不同国家经济增长水平数据进行比较、分析。表 9-1 为 1999 年世界上 12 个人口最多的国家的人均收入。

表 9-1　生活水平的国际差异（1999 年）

国别	人均收入（美元）	国别	人均收入（美元）
美国	31 910	中国	3 550
日本	25 170	印度尼西亚	2 660
德国	23 510	印度	2 230
墨西哥	8 070	巴基斯坦	1 860
俄罗斯	6 990	孟加拉国	1 530
巴西	6 840	尼日利亚	770

（资料来源：曼昆《宏观经济学》中表 7-1）

表 9-1 显示了经济增长的第一个特征事实：各国之间的生活水平差别很大。在 12 个人口最多的国家中，美国以人均收入 31 910 美元名列榜首。尼日利亚的人均收入仅为 770 美元，还不到美国数字的 3%。这意味着一个代表性的尼日利亚工人必须工作一个多月才能挣到一个代表性的美国工人一天所得到的收入。收入的差异决定了人民物质生活水平高低的不同，表现为富国人民能够普遍享受比穷国更多的产品和劳务。

一些国家近一个世纪经济增长率的差别见表 9-2。

表 9-2　国家的经济增长情况

国别	时期	期初人均 GDP（美元）	期末人均 GDP（美元）	年均增长率（%）
日本	1890—1990 年	842	16 144	3.00
巴西	1900—1987 年	436	3 417	2.39
联邦德国	1870—1990 年	1 330	17 070	2.15
美国	1870—1990 年	1 223	14 288	2.07

（续表）

国别	时期	期初人均 GDP（美元）	期末人均 GDP（美元）	年均增长率（%）
中国	1900—1987 年	401	1 478	1.71
墨西哥	1900—1987 年	649	2 667	1.64
英国	1870—1990 年	2 693	13 589	1.36
阿根廷	1900—1987 年	1 284	3 302	1.09
印度尼西亚	1900—1987 年	499	1 200	1.01
巴基斯坦	1900—1987 年	413	885	0.88
印度	1900—1987 年	378	662	0.65
孟加拉国	1900—1987 年	349	375	0.08

说明：GDP 按 1985 年的美元不变价衡量。

（资料来源：曼昆. 经济学原理. 北京：北京大学出版社，1999）

　　表 9-2 显示了经济增长的第二个特征事实：国家之间的经济增长率差别很大。从表 9-2可以看出，1870—1990 年美国的人均实际 GDP 增长了 11 倍以上。而日本的增长更为惊人，100 年前，日本并不是一个富国，日本的平均收入只比墨西哥略高一些，而且远远落后于阿根廷。但是，经过一个世纪特别是 1960 年到 1990 年期间的高速增长（在此期间，日本以 5% 的速度增长），人均实际 GDP 在同一时期的增长速度是阿根廷的 5 倍。日本从原本相对较贫穷的农业化社会转变为一个高度工业化的经济社会，其国民所拥有的平均生活水平令生活在 1890 年的人们无法想象。表 9-2 的最下端是孟加拉国，在过去的一个世纪中根本没有任何增长，孟加拉国普通居民过着和他们曾祖父母一样贫苦的生活。

　　经济增长的第三个特征事实是：经济增长具有累积效应。一个经济现实的增长水平与历史增长绩效存在联系，今天的国际差异是历史时期增长水平差异的结果。表 9-2 显示了过去一百年不同国家和地区长期增长率的差别，乍看之下你会觉得各国的增长率没有太大的区别。发达国家长期平均增长速度只有 2%～3%，比现在低收入国家只是高出了 1～2个百分点。这 1～2 个百分点的增长率差别看起来不算太大，但是经过长期的累积作用，导致终点时期经济财富的巨大差异。

　　经济增长率间的微小差别会造成巨大的长期影响可用复利率的作用原理来解释。复利不同于只对初始存款支付利息的单利，它不仅要对初始存款支付利息，还要对之前积累的所有利息支付利息。以 w 表示期初存款，利率为 1%，一年之后本利和为 $w(1+1\%)$，两年后本利和为 $w(1+1\%)^2$，70 年后本利和为 $w(1+1\%)^{70}$，$(1+1\%)^{70}$ 约等于 2，即年利率为 1%，70 年后本利和翻一番。所以存款价值的巨大增长来自利息的复合累计。这个类比告诉我们，即使人均收入只有相对较小的增长率，但经过较长的时间，相对较小的增长率差别最终会导致生活水平上的巨大差异。下面的知识拓展中介绍了"70 规则",可用它来解释长期经济发展中"失之毫厘,差之千里"的道理。

▶ 知识拓展

"失之毫厘,差之千里"——长期增长的"70 规则"

由于经济增长率对经济水平影响具有俗话所说的"驴打滚"式复利作用,因而一个很小的增长率差别在长期对不同国家经济发展水平会产生巨大影响。美国经济学家曼昆教授用"70 规则"来说明这种影响。某个变量年增长率为 $X\%$,则该变量在 $70/X$ 年内翻一番,因而称作"70 规则"。从这一规则看,如果甲国经济增长率为 1%,它的 GDP 翻一番需要 70 年,乙国经济增长率为 3%,翻一番时间仅为 $70/3$ 年(约 23 年)。也就是说,即便甲乙两国人均收入起点水平大体相同,2 个百分点增长率差别在 100 年后会导致 3—4 倍的巨大收入差别。复利式增长可能会在较长时期导致极为惊人的结果,以至于伟大的物理学家爱因斯坦把复利计算称为"所有历史时期的最伟大的数学发现"。

用这一规则对我国未来经济增长前景做一个简单推算,能够得到有趣的结果。我国改革开放以后人均收入年增长率大体为 5%~6%,如果能够在长期保持 5% 年增长率,将能取得极为惊人的成绩。用"70 规则"计算,年均增长 5% 的变量将在大约 14 年内翻一番,在一百年间翻 7 番以上。也就是说,以 5% 增长率递增变量的数量值在 100 年后将是目前水平的 2^7 即 128 倍。给定目前我国人均 GDP 800 美元左右,如果人均 GDP 能够保持 5% 增长率,一个世纪后能够达到 102 000 美元水平。即便年增长率在 4%,结果也能达到 42 000 美元,这一结果超过了现今世界上最富有国家的水平。

当然,这只是简单的计算。"70 规则"是一回事,一国实际增长成绩是另一回事。需要指出,一国在 100 年长期内持续保持 5% 人均收入高速增长是极为困难的。然而,综合考虑我国发展阶段和现实条件,很多经济学家相信,如果各种政策得当,我国有可能在未来 30~40 年内保持较高增长水平。假定在未来 40 年间保持人均 GDP 年均 5% 增长率,则可以在 21 世纪中期达到 12 000~13 000 美元的人均 GDP,实现赶上现在中等发达国家人均 GDP 水平的目标。

[资料来源:卢锋. 经济学原理(中国版). 北京:北京大学出版社.2002]

需要说明的是,一国的经济增长率不一定长期保持稳定。20 世纪 60 年代,美国的实际 GDP 平均每年增加 4.1%,然而在 70 年代,经济增长率降为每年增加 2.8%。1982 年的大衰退,使 GDP 的增长在 80 年代降到了平均每年 2.5%。又如,1960—1980 年,新加坡、中国香港、韩国和日本取得了年均 6% 以上的高速增长。但到了 1980—2000 年,大多数发展中国家都放慢了增长速度。而此时中国的年均增长率达到 6.2%,成为世界经济舞台上的一颗新星。中国经济的迅速增长,使中国的人均 GDP 在 1960 年只是美国的二十分之一,但到 1998 年已经是美国的八分之一了。

以上有关世界各国经济增长的事实使我们必须要回答是什么因素决定了一国长期经济增长。我们将在两个层次上研究经济增长的原因。首先我们考察决定经济持续增长的几个因素。其次,我们将分析哪些政府政策可以对经济增长产生重大影响。

第二节　影响经济增长的因素

一、经济增长的根源:劳动生产率的作用

为了说明决定一国经济增长的因素,我们将人均实际 GDP 表述为劳动生产率增长率和就业人口增长率的乘积。即:

$$人均实际 GDP = 劳动生产率增长率 × 就业人口增长率$$

上式中,劳动生产率(labor productivity)是指 1 个工人每小时的劳动产出,可用实际 GDP 除以总劳动小时来计算劳动生产率。也就是说,劳动生产率等于实际 GDP(Y)除以总劳动小时(N)。就业人口增长率是指就业者在总人口中所占的比例。

从人均实际 GDP 的表达式中,我们可以很直观地了解到,人均实际 GDP 将来能以多快的速度增长,取决于 1 个工人能产出多少以及就业者以多快的速度增加。只有当劳动生产率或者就业人口有了一定程度的增长,人均实际 GDP 才能实现增长。改革开放以来我国人民生活水平提高的原因之一是就业人口的增加比人口的增长快。那些在 20 世纪 50 年代和 60 年代出生高峰期的一代已经长大,成为新的劳动力。同时,农村大规模的潜在失业人口不断向工业、建筑业和第三产业的大规模的流动也在相当大程度上增加了就业。1985—2000 年,农村劳动力在工业、建筑业和第三产业的就业分别从 7%、3% 和 8% 上升到了 10%、7% 和 20%,其中第三产业吸纳农村就业的比重提高最快。

但是就业率不能永远快速增加。农村剩余劳动力向城市大规模流动的趋势不可能永远持续上升。而且,出生于 50 年代和 60 年代生育高峰期的一代人将面临退休,人口老龄化速度将会不断加快。当就业增长率不再持续上升时,那么,未来人均实际 GDP 的进一步增长便主要依靠劳动生产率的增长。在长期,一个国家只有能够大量生产物品与劳务,它才能享有较高的生活水平。美国人生活比尼日利亚人好,是因为美国工人生产率比尼日利亚工人高。也就是说,人们生产越多,可以消费的就越多。一个国家的生活水平取决于其生产物品和劳务的能力。因此,要了解经济增长的原因,必须弄清劳动生产率提高的原因。

二、决定劳动生产率的因素

一个国家的劳动生产率是如何决定的？回答这个问题，可以考虑中国自 1979 年以来，有许多因素决定劳动生产率的水平。例如，这 30 多年来，我们引进并自主创新生产技术，企业有了更先进的机器设备和生产线；九年制义务教育的普及以及高等教育和职业技术教育的发展提高了劳动者的知识和技术水平；对外开放促进了与外部世界的交流；市场化的制度改革调动了劳动者的积极性，而且，所有制结构的多元化也使中国开始形成企业家生存和成长的环境和条件。我们把决定中国劳动生产率提高的因素可以总结为劳动投入、物质资本、技术、自然资源、管理的改善和制度变革。下面我们分析每一种因素对产量的影响。

1. 劳动投入

劳动投入包括劳动力数量的增加与劳动力素质的提高。这两个方面对经济增长都是重要的。劳动力数量增加来源于人口自然增长、劳动参与率提高、移民和劳动时间的增加。在经济发展初期，人口增长迅速，经济增长中劳动的作用主要表现为劳动力数量的增加。在经济发展到一定阶段之后，人口增长率下降，劳动时间缩短，这时劳动力的素质就成为一国经济增长的最重要的因素。

劳动力素质的提高表现为劳动者的技术、知识、健康程度和纪律性。劳动力素质的提高主要来自于人力资本投资。人力资本是指工人通过教育、培训和经验而获得的知识与技能的积累。这些知识和技能存在于劳动者生产经营活动中，表现为他们劳动素质的差异，这一差异可以解释劳动者工作效率的差异。一般来说，拥有较多人力资本的工人具有较高的工作效率。例如，一个熟练使用电脑进行文字处理的秘书在一定时间内打出的字数肯定比不会使用文字处理程序的秘书多。一个接受过职业培训的熟练缝纫工每小时的产量肯定高于新工人。因此，持续的教育进步和技能培训可以提高一国劳动力的生产率。在 20 世纪 70 年代后期，由于"文革"十年使正规知识教育受到冲击，耽误了一代人知识的教育和技能培训，我国劳动者素质低下，科学技术人才匮乏。而在 2006 年，高等教育毛入学率已经达到 23%，进入了国际公认的大众化教育的发展阶段，职业技术教育和在职培训也有了显著的增长。教育的进步使得劳动者拥有更多的人力资本，这是改革开放以来我国劳动生产率提高的一个重要原因。

人力资本与机器、厂房一样，是通过投入时间、精力和金钱获得的。例如，一位秘书要学会使用电脑进行文字处理的技能，可能要在休息日参加培训班的学习。参加培训班要付出学费、学习时间等形式的投入。培训结束后获得了结业证书，这是她人力资本增加的体现，她的工资将会增加。因此，我们可以把"学生"看成是"工人"，他们付出成本，生产出将用于未来生产的人力资本。

▶ 知识拓展

联邦德国和日本为何能从第二次世界大战的废墟中成功复苏?

在第二次世界大战中,德国和日本的城市建筑与工业基础遭受了大面积的破坏,战后一段时期两国陷入贫困之中。然而不出 30 年,它们不仅完成了战后重建工作,而且成为世界上的工业和经济强国。促使联邦德国和日本经济复苏归因于很多因素,其中包括美国在马歇尔计划下对欧洲的大量援助和美军占领日本期间对日本的扶持。然而,大多数经济学家认为,高水平的人力资本在两个国家的发展中起了至关重要的作用。

第二次世界大战末期,德国人接受了非常良好的教育,其中涌现出一大批资深的科学家与工程师。德国还推出了一个广泛的实习系统,目的是为没有经验的工人提供在职培训。这使德国拥有熟练的产业劳动力。另外,来自前民主德国与受苏联控制的其他欧洲国家的大量熟练工人的流入,也使联邦德国受益匪浅。早在 1949 年,人力资本的集中就使拥有高度发达的技术与生产力的德国制造业得到了大幅度扩张。而到了 1960 年,联邦德国已成为高质产品的主要出口国,其公民享有欧洲最高的生活水平。

日本在第二次世界大战中遭受了比德国更大的经济损失,它同样也是凭借有技能并受过教育的劳动力开始战后重建的。此外,进驻日本的美国军队对日本的教育系统进行了改革,并鼓励所有日本人接受良好的教育。不仅如此,日本人比德国人更注重在职培训,并把它当作终身就业体制的一部分。在这种体制下,日本企业希望员工在其整个职业生涯里都只效力于同一家公司,这样他们就会在职工培训方面进行大量投资。而这种对人力资本进行投资的回报,则表现为平均劳动生产率的稳步上升,特别是在制造业,这一点表现得尤为明显。到 20 世纪 80 年代,日本制造的商品已经挤入世界最高级商品的范围,而其工人也跻身于最有技术工人的行列。

(资料来源:罗伯特·弗兰克,本·伯南克. 宏观经济学原理 . 3 版 . 李明志,等译 . 北京:清华大学出版社,2007)

2. 物质资本

一个人拥有的知识和技能并不能完全决定他的劳动生产率,因为一个工人,即使是工科博士,如果没有机器设备、计算机,什么都生产不出来。因此,劳动生产率的另一个基本决定因素是物质资本。物质资本是指用于生产物品和劳务的机器设备、建筑物和存货。常识告诉我们,机器设备是人的肢体的延伸,借助于它们能够提高工人的劳动生产率。例如,广州市修建地铁 3 号线全长 36.33 千米,没有工具完全依赖劳动是无法完成的。如果借助简单凿岩机、小型矿车等简单的手工工具需要工人们辛苦劳作 20 年以上的时间,但是工人们采用包括盾构机在内的现代隧道施工工具,克服了世界上罕见的上软下硬,有"地下石林"之称的地质难题,仅用了 5 年时间就完成了任务。因此,工具、专业化设备等资本条件，能够极大地提高一个社会的生产率。给工人配备的资本数量越多、越先进，工人在单位时间内的产量即生产效率就越高。进入 21 世纪，一个普通美国工人所配备的资本装备已超过 10 万美元。这种巨大的资本积累是较高生产率的基本源泉。

资本的重要特征是，它是一种生产出来的生产要素。这就是说，资本是生产过程的投入，也是过去生产过程的产出。地铁工人使用盾构机施工，而盾构机本身是制造盾构机的企业以前的产出，盾构机的制造者又用其他设备来制造盾构机。因此，资本存量不是天上掉下来的。今天的资本存量是昨天投资的结果，未来的资本存量则部分取决于今天的投资数量。因此，生产更多的资本品，就要牺牲许多当前的消费。凡是经济快速增长的国家，一般都曾在新的资本品上进行过大量的投资，在大多数经济高速发展的国家，用于净资本（新增资本减去资本折旧）的形成的资金都占到产出的 10%～20%。

▶▷ 知识拓展

资本收益递减原理

假设一国政府实施提高储蓄率的政策，那么，随着一国储蓄增加，用于生产消费品的资源少了，而更多的资源用于生产资本品。结果，资本存量增加了，这就引起生产率的提高和人均 GDP 的迅速增长。但是，由于资本收益递减原理的存在，这种高增长率的持续时间是有限的。

资本收益递减原理的含义是，如果劳动力投入与其他要素投入保持不变，那么随着资本存量增加，每增加一单位资本所获得的回报就越少。也就是说，在工人已经用大量资本存量生产物品与劳务时，再增加一单位资本所提高的生产率是微小的。由于资本收益递减，储蓄率增加所引起的高增长是暂时的。随着高储蓄率使积累的资本增多，从增加的资本中得到的收益一直在减少，因此，经济增长的速度放慢。但是达到这种长期需要相当一段时期。根据对经济增长国际数据的研究，提高储蓄率可以在几十年内引起相当高的增长。

（资料来源：曼昆．经济学原理．北京：北京大学出版社，1999）

3. 自然资源

自然资源是指自然界提供的生产投入，包括耕地、森林、水资源和矿产资源等。自然资源分为可再生资源与不可再生资源两类。例如，树木是可再生资源，当砍倒一棵树以后，可以在原处再栽上一棵树。而石油是不可再生资源，因为石油是自然界几千万年的历史中形成的，只有有限的供给，一旦石油供给枯竭，我们不可能再创造出新石油。丰富的自然资源对经济增长有重要影响。例如，加拿大和挪威就是凭借其丰富的资源，在农业、林业和渔业获得高产而发展起来的；科威特和沙特阿拉伯之所以富有，是因为这些国家地下幸运地蕴藏了大量的石油资源；美国早期的经济发展，很大程度上得益于其辽阔的疆域和广袤的良田。

应该强调的是，自然资源的拥有量并不是经济发展取得成功的必要条件。自然资源匮乏的国家也可以创造出很高的生产率并享受富裕的生活水平，日本就是一个典型的例子。日本是一个自然资源极为缺乏的国家，但日本通过国际贸易，进口它所需要的原材料，利用先进技术加工成工业制成品后向自然资源丰富的国家和地区出口，从而成为世界上最富裕的国家之一。再如新加坡，其面积和资源与俄罗斯无法相比，却成为经济发展水平比俄罗斯高的富裕国家。

4. 技术进步

除了以上提高生产率不可缺少的传统因素以外，一个国家生产率还取决于另一个很关键的因素，即技术进步。现代经济增长理论认为，只有资本的增加而没有技术进步，产量的增加会出现递减的趋势，即随着资本的增加，产量在增加，但增加的比率越来越小。因此，实现长期经济增长需要有技术进步的基础。技术进步被经济学家看成是经济增长的发动机。

广义的理解，技术进步包括科学研究、新产品的开发、生产技术革新和管理的进步。一般情况下，技术进步与新知识的发现紧密相联系，这些新知识使得企业能够利用新的方法来组合使用一定数量的资源，以实现更大规模的产出。例如，20世纪80年代初期，我国农村水稻的亩产量在300千克左右。现在，由于科学技术的进步，特别是我国农业科学家袁隆平发明了杂交水稻，将我国水稻的亩产量先后提高到700～800千克。这一优良水稻品种自20世纪80年代中期被推广以后，20多年来，中国已通过杂交水稻增产3 500亿千克，每年增产的稻谷可以多养活6 000万人。这意味着少量的劳动和土地就可以生产出足以养活整个国家的粮食。在我国人均耕地面积较少和传统的农业耕作技术条件下，这种技术进步对改善我国长期面临的食物供给压力具有重要的意义。

当一个部门发生了技术进步之后，生产率的提高不仅局限于这个部门，而且还会推动其他部门的发展。例如，互联网技术的进步促进了零售业的变革，这使企业可以借助计算机和互联网技术，利用现代快速交通工具和冷藏技术，把产品销售到世界各地。有了广阔的销售市场，农民可以选择最合适的土地和土壤条件进行专业化生产，工厂也可以使用成本最低的原材料大规模地生产最有效率的产品。当一个经济体中所有的生产部门都能够从事最有效率的生产活动时，全社会的劳动生产率会得到全面的提高。

5. 管理的改善

无论一个国家的资源质量有多好，数量有多充足，都必须被组织到生产过程中去，才能生产出产品和劳务。因此，企业家的管理才能也成为决定生产率的重要因素。企业的管理工作涉及雇佣和分配人员、市场需求、组织生产、筹措资金、节约成本，以及激励员工高效地工作。这些行为都可以提高劳动生产率。例如，微软公司的成就多归功于比尔·盖茨的管理风格，他坚持雇用顶尖的人员做事，因为只有最精明的、勤于动脑和思考的员工才会很快改进错误，用各种方法改善工作，节省公司的时间和金钱。微软的管理者还通过各种方式提高员工的士气，建立团队精神。在微软，公司开会的气氛非常轻松和幽默，与会者欢乐其中，因而能够畅所欲言。此外，微软的每位员工都有自己一间单独的办公室，员工可以把办公室布置得像自己的一个家。上班不需穿制服，公司提供无限的免费饮料，材料室公开，没有设定工作时间表，由员工自己选择工作时间。这都使得员工感觉自由自在、被尊重和信任，因此他们都能专心于工作，绩效很高。韩国精密机械株式会社也通过实行"一日厂长制"让职工轮流当厂长管理厂务。与传统的管理方式比，工人的责任感以及对工厂的向心力增强，管理成效显著。

由于企业的管理水平与企业和员工的关系会影响生产率，自 20 世纪 90 年代以来，我国的许多企业花费巨额资金用于管理培训，以提高管理者的管理知识和技能。需要说明的是，学校的教育虽然可以使人们学到诸如金融分析与市场营销等技能，但它不能培养出成功的企业家。企业家的管理活动和其他创造性活动一样，它需要有一个得以提升的社会和经济环境，在中国当前所处的经济转型时期，这一点尤为重要。

6. 制度变革

影响劳动生产率的制度因素，可以理解为市场经济制度及其配套制度（比如货币制度、合约制度、专利制度、分配制度和诚信制度等），以及与这种经济制度相一致的民主政治制度。一个国家的这一套制度越完善，就越能够鼓励人们以高效率的方式从事经济活动，这个国家就越富裕。

美国经济学家诺斯强调"增长的路径依赖"。这是指一个国家只有建立了明确的产权制度和市场经济，才会走上增长的良性循环之路。明确的产权制度是指法律提供明确的规则来确定资源的归属以及人们对自己拥有的资源行使权利的能力。试想，人们都知道资本的重要，但如果没有保护产权的制度，谁还会储蓄和投资呢？这就像你如果预计生产的东西会被人夺走，你就没有积极性去种植好农作物，也没有动力努力生产其产品与劳务。人们只有相信能够从产品的生产销售中获益，它才有动力生产。人们都知道，工业革命和技术创新是经济发展的动力，但没有保护发明者权益的专利制度谁会去发明呢？英国之所以成为工业革命的发源地，这与它是世界上最早建立专利制度的国家有关。人们都意识到，企业家的管理活动是经济增长的关键，但是没有按效率分配的制度，就不可能有企业家的产生。因此，有一套适应发展的制度，是一国实现长期经济增长的前提条件，这是当今经济学家一致的共识。

知识拓展

生产函数

经济学家经常用生产函数来计算有多少实际 GDP 增长来自劳动和资本的增长，有多少来自于自然资源，以及有多少是由于技术的变革。生产函数的数学表达式可以写为：

$$Y=AF\ (L,\ K,\ N)$$

式中，Y 为实际 GDP 或产出量；L 为劳动量，按人力资本水平调整；K 为物质资本量；N 为自然资源量；A 为技术进步（包括管理的效率和制度环境）；$F\ (\ )$ 为投入如何结合起来生产产量的函数。

用文字表述，实际 GDP 供给量是由劳动、资本、自然资源状况和技术进步决定的（是其函数 F），L、K 和 N 越大，Y 越大。而且，L、K 和 N 增长越快，Y 增长越快。技术进步 A 的作用在于：A 上升，一个经济主体可以用任何一个既定的投入组合生产出更多的产量。

还有一个简化的生产函数的数学表达式被用来计算产出水平，即：

$$Y=K^{\frac{1}{2}}L^{\frac{1}{2}}=\sqrt{KL}$$

例如，如果 $K=25$，$L=100$，那么，$Y=\sqrt{25\times100}=\sqrt{2500}=50$。这个简单的生产函数可以说明一些很重要的含义。首先，如果所有的投入品 K 和 L 都翻倍，那么产出也会翻倍。例如，$K=50$，$L=200$，那么 $Y=\sqrt{50\times200}=\sqrt{10\ 000}=100$。其次，它表现了当劳动的投入量不变，一直增加资本，资本产出量的增加比率会越来越小，这被称为资本收益递减原理（劳动收益也是递减的）。例如，如果 L 始终等于 100，而资本从 25 增加到 26，产出会从 50 增加到 $\sqrt{26\times100}=50.99$，增加了 0.99 个单位。如果 K 再增加一个单位 27，产出增加到到 $\sqrt{27\times100}=50.96$，只增加了 0.96 个单位。

（资料来源：罗伯特·弗兰克，本·伯南克. 宏观经济学原理. 3 版. 李明志，等译. 北京：清华大学出版社，2007）

第三节　索罗增长模型

我们已经知道，当劳动和资本量增加和技术进步时，实际 GDP 增长。本节我们着重分析如何通过劳动、资本和技术进步的相互作用来实现经济增长，索罗增长模型为这一分析提供了理论框架。

索罗增长模型是美国经济学家罗伯特·索罗（Robert Solow）于 1956 年提出的，一直是分析经济增长问题的主要理论，又被人们称为新古典增长模型。

一、模型的提出

1. 供给：人均生产函数

我们首先考虑产品的供给一方，也就是产品的生产及其决定因素。如前所述，劳动、资本和技术是决定长期经济增长的最重要的决定因素。生产中的劳动投入我们常用劳动人口的数量或劳动的小时数来衡量。现实中资本的形式多样（机器设备、建筑物和存货），在增长模型中，我们假定社会上的资本是同质的，因此是可以相加的。技术表示劳动和资本投入是用什么方式结合起来的。例如，20 世纪 80 年代海尔最初生产的冰箱是工人们用锤子敲出来的，一年的产量极为有限。现在的海尔冰箱则是用生产线生产出来的，年产量可以达到几十万上百万台。技术进步可以改变劳动和资本的组合方式，使生产效率提高。

现在我们假设，一个经济社会的产出 Y 取决于劳动（L）和资本（K）两个因素。劳动和资本投入与产出之间的关系可以用社会生产函数表示为：

$$Y = F(L, K) \tag{9-1}$$

这里暂不考虑技术进步因素，索罗模型关注的是要素投入和产出随时间的推移而产生的变化。

假设规模报酬不变，即当资本和劳动增加 α 倍，产出也增加 α 倍：

$$\alpha Y = F(\alpha K, \alpha L) \qquad \alpha > 0 \tag{9-2}$$

令 $\alpha = 1/L$，可以把社会生产函数简化成人均的形式：

$$Y/L = F(K/L, 1) \tag{9-3}$$

上式中，K/L 为人均资本；Y/L 为人均产出；1 不是变量，可以忽略不计。这里的"人均"指每个工人平均（假设社会上所有的人都是工人，因此，每个工人平均等于每个居民平均）。我们用小写字母表示人均变量，用 y 表示人均产出，k 表示人均资本，于是可以得到如下的人均生产函数：

$$y = f(k) \tag{9-4}$$

其中，$f(k) = F(K/L, 1)$。从人均生产函数可以看出，在劳动力稳步增长和不考虑技术进步的条件下，人均产出取决于人均资本量。

可用图 9-1 表示人均生产函数。图中显示，人均生产函数表现为一条向上倾斜的曲线，表示人均资本越多，相应的人均产出水平就越高；曲线的斜率为资本的边际产量，随着人均资本（k）的增加，曲线变得越来越平坦，表明资本的边际产量是不断递减的。

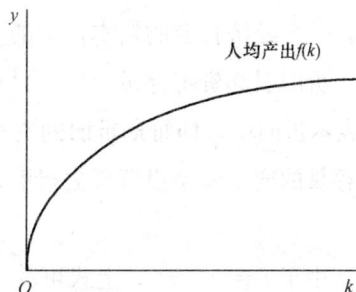

图 9-1　人均生产函数

2. 需求：人均消费函数、人均储蓄和投资

接下来我们考虑产品的需求一方，考虑总产出用在

哪些方面。

索罗模型忽略了政府购买和净出口，总需求只有消费和投资。这里的消费和投资也采用了人均的形式，人均产出 y 等于人均消费 c 和人均投资 i 之和：

$$y = c + i$$

假定每个人都把收入的一部分用于储蓄，我们设人均储蓄率为 s，$0 < s < 1$，这样我们就得出了人均消费函数：

$$c = (1-s)y$$

代入上面的需求表达式，人均收入就可以表示为：

$$y = (1-s)y + i$$

整理后，有：

$$i = sy \tag{9-5}$$

上式表示经济中的人均投资等于人均储蓄。用人均生产函数代替式中的产出 y，于是有：

$$i = sf(k) \tag{9-6}$$

上式表示现有资本存量 k 与新增投资 i 之间的关系，以及它们与生产函数、消费之间的关系，如图 9-2 所示。

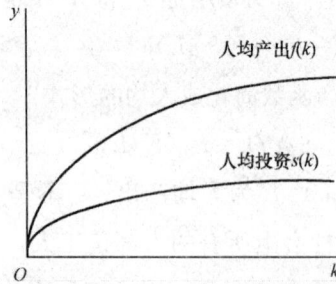

图9-2　产出、消费与投资的关系

3. 稳定状态分析

稳定状态是指当资本存量不再变化，从而产出水平也稳定下来的一种状态。我们知道，一个经济社会的资本存量的变化取决于两个因素：投资和折旧。投资引起资本存量增加，折旧引起资本存量减少，只有当投资等于折旧时，资本存量才不会发生变化。我们用 d 表示折旧率，即每期折旧的资本量占资本存量的比例。则每期的折旧额为 dk。于是，资本存量的变动就是投资减去折旧，即

$$\Delta k = i - dk \tag{9-7}$$

由于 $i = sf(k)$，上式可写成

$$\Delta k = sf(k) - dk \tag{9-8}$$

公式（9-8）即为索罗模型的基本方程。它表明，只有当投资刚好可以弥补折旧，即 $sf(k) - dk = 0$ 时，人均资本存量才稳定不变（$\Delta k = 0$），此时，k 是一个常量，称为稳定状态的资本存量。因此，索罗模型中稳态的条件是：$sf(k) = dk$。

图 9-3 表现了经济增长的稳定状态。图中，人均折旧为一条斜率为 d 的直线，折旧线与人均投资曲线的交点对应着经济中的稳定状态。此时，投资等于折旧，人均资本存量达到均衡值并稳定在 k_0 的水平不变，即 $\Delta k = 0$。

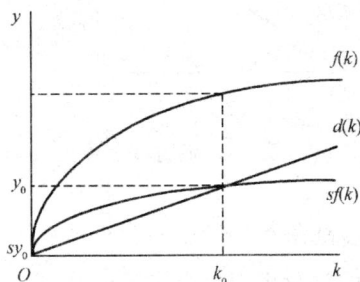

图 9-3　经济增长的稳态

如果资本存量小于稳定水平如处在 k_0 的左方，经济中的投资大于折旧，资本存量会不断增加，直至达到 k_0 的稳定水平。反之，如果资本存量大于稳定水平如处在 k_0 的右方，经济中的投资小于折旧，资本存量将不断减少，直至下降到 k_0 的稳定水平。

二、模型的应用

在研究经济增长问题的时候，我们关心的是要素投入如何影响产出的增长率。现在我们用索罗模型来分析随着时间的推移，资本存量的增加、人口增长和技术进步对经济增长的影响。

1. 储蓄率的提高

人均资本存量的增加能够提高人均产出水平，而导致资本存量增加的主要因素是储蓄率的上升。储蓄率的提高会增加投资，进而会促使资本存量达到一个新的高度，相应的产出水平就越高。因此，索罗模型预言：从长期看，如果一国有更高的储蓄率和投资，则将有更高的人均资本存量水平和收入水平。现实经济中，很多政策变动都是通过储蓄率的变动来影响经济增长的。例如，税收对储蓄和投资的优惠，政府收入有多少通过税收、多少通过借债来取得，政府支出在消费和储蓄之间的分配，都可以通过储蓄率来影响经济增长。

图 9-4 显示了储蓄率提高对经济增长的影响。在经济的初始状态，人均投资曲线 $s_1 f(k)$ 与折旧线 $d(k)$ 相交于点 A，决定了经济中的稳定状态为 k_1。假设储蓄率上升，带来了投资水平的提高，人均投资曲线从 $s_1 f(k)$ 向上移动到 $s_2 f(k)$ 的位置与折旧线

d（k）相交于点 B，经济中稳定的资本存量从 k_1 增加到 k_2，相应的，人均产出水平从 y_1 增加到 y_2。从中我们可以看出，储蓄率的上升带来人均资本存量的增加促成了经济增长。

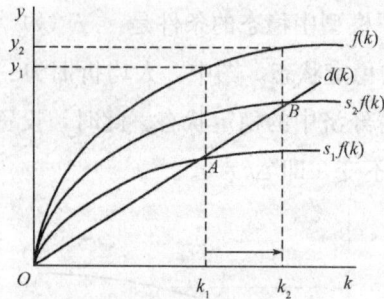

图 9-4　储蓄率上升

　　第二次世界大战以后，遭受战争重创的德国和日本之所以能够实现经济迅速增长，是因为在战后重建过程中，两国的储蓄率明显高于其他国家，使资本存量不断增加，进而促成了 20 世纪五六十年代经济的快速增长。

2. 人口增长的影响

　　与资本一样，人口劳动力也是一种生产要素。我们用 n 代表人口增长率，如果人口增长率从 n_1 增加到 n_2，意味着劳动力增加了。要保持人均资本不变，必须为新工人提供人均资本，否则，人口的增长，而资本存量不变或增长较慢，k 值将会变小。我们用（$d+n$）k 表示补偿投资。补偿投资包括折旧补偿投资 dk（弥补资本折旧）和保持人均资本不变的投资 nk。因此，考虑人口增长，索罗模型的基本方程是：

$$\Delta k = sf（k）-（d+n）k \tag{9-9}$$

　　公式（9-9）的基本含义是：人均资本产量的变化 k 取决于人均储蓄 sf（k）和补偿性投资的 [（$d+n$）k] 差额。在人口增长的情况下，要使人均资本存量不变，就必须使人均储蓄量（或投资）等于补偿性投资。根据公式（9-9），如果人均储蓄刚好可以弥补补偿性投资，即 sf（k）=（$d+n$）k，那么每个工人拥有的资本量保持不变（$\Delta k=0$），此时，k 是一个常量，称为稳定状态的资本存量。因此，考虑人口增长时，索罗模型稳态的条件为：

$$sf(k)=(d+n)k \tag{9-10}$$

　　公式（9-10）表明，经济长期稳定增长的条件是：新增储蓄全部用于新增人口的资本装备，人均资本存量 k 不变。

　　可以通过图形来分析当人口增长率上升时，人均产出将会如何变动。在图 9-5 中，初始稳定状态均衡点在点 E_1，人口增长率上升意味着劳动力增加，要保持人均资本不变，必须增加为新工人提供人均资本所需要的投资量。例如，20 个车衣工 20 台缝纫机，每人操作一台缝纫机。如果第二年人口增加了 10%（意味着劳动力增加 10%），多了 2 个车衣工，这就需要增加投资，多买两台缝纫机。n 的增加会使得人均投资曲线（人均储蓄）向上移动。在初始均衡点在点 E_1，资本的增长不能跟上人口和折旧的增长，人均资本下降直至新的均衡点 E_2。在这一点，人均投资等于折旧加维持人均资本不变的追加投资。在这个较低的人均资本存量水平上，人均产出下降了。

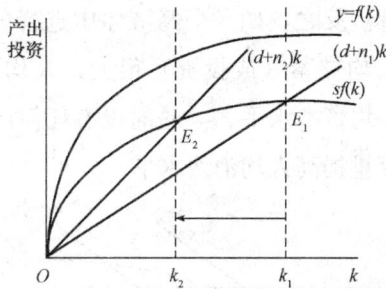

图 9-5　人口增长率上升的影响

以上的分析可以使我们得出如下结论：人口增长率 n 较高的国家，收入当中要有较大的比例用于储蓄和投资，这会导致稳定状态人均资本存量的降低。所以，人口增长率 n 较高的国家通常比较贫穷。

人口增长率的提高会使人均产出下降，这也是我国历史上经历过的情况。反过来说，通过降低人口增长率，可以通过增加人均资本存量，间接提高人均产出水平，进而提高人们的生活水平。从这个意义上说，计划生育政策减少了贫困。

3. 资本的黄金规则水平

以上分析说明了提高储蓄率可增加稳态的人均资本存量，促进经济增长。但是，这并非意味着储蓄率越高，经济增长就越快。这是因为，一个经济体的个人福利水平取决于消费水平，而提高储蓄率则会减少人们的现期消费。对个人来说，他们不会关心经济的产出和资本存量，个人只关心自己的消费量，只有在满足了消费愿望之后，才会把剩下的收入用于储蓄。所以，假如储蓄率是可以选择的，一个关心民生的政府就会选择具有最高人均消费水平的稳定状态。我们把这种追求最高人均消费水平的经济增长方式称为黄金规则，也就是说，黄金规则是指一个经济体应该选取一个合理的储蓄率，以在经济增长的同时实现人均消费的最大化。

不考虑政府购买支出和净出口，人均收入为人均消费和人均投资之和，人均消费是人均收入减去人均投资，即：

$$c=y-i$$

假设稳定状态下的资本存量为 k_0，则产出水平为 $f(k_0)$，稳定状态下的资本存量是不变的，此时投资等于折旧加维持人均资本不变的追加投资，即 $i=(d+n)k$，于是有：

$$c_0=f(k_0)-(d+n)k_0 \tag{9-11}$$

根据上述公式，我们可用图 9-6 表示实现人均消费最大化的经济增长。如图 9-6 所示，产出曲线 $f(k_0)$ 与直线 $(d+n)k_0$ 之间的距离是人均消费，直线 $(d+n)k_0$ 与横轴之间的距离是人均产出。如果一个经济体中选择较低的稳态人均资本存量 k_1，这时的人均消费较低，人均产出也较低，这时该经济体提高人均消费的途径应该是在目前减少消费，增加储蓄，进而增加人均资本存量。反之，如一个经济体中选择较高的稳态人均资本水平 k_2，这时人均产出较高，但由于人均储蓄（或投资）很大，人均消费仍然不高。极端的情况下，经济体选择很高的稳态人均资本水平 k_3，这时没有任何产出用于消费。在这两种情况下，均可通过减少人均资本存量提高人均消费水平。

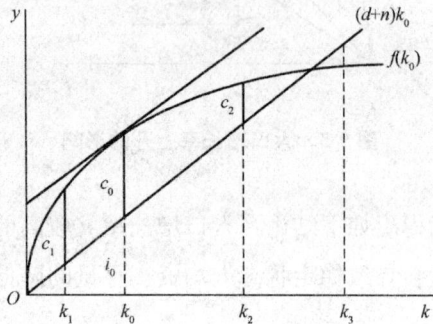

图 9-6 黄金规则

图 9-6 表明，如果关心民生的决策者的目标是使稳态人均消费最大化，那么，人均消费最大化的稳态人均资本量应在曲线 $f(k_0)$ 和直线 $(d+n)k_0$ 之间正向距离最大处。此时，最大化消费水平的稳定状态的人均资本存量为 k_0，我们把它称为资本存量的黄金规则水平。其基本含义是：若使稳态人均消费达到最大化，稳态人均资本量的选择应使资本的边际产量等于折旧率加人口增长率，或人均生产函数曲线的斜率等于折旧曲线的斜率。即：

$$f'(k_0) = (d+n)k_0 \tag{9-12}$$

当符合资本存量的黄金规则水平时，经济增长则位于最佳增长路径上。这种增长方式使我们在现在和未来都能进行更多消费。

需要强调的是，一个经济体并不会自动地趋向于黄金规则所对应的稳态资本量。如果人们想要达到黄金规则，那么，就要求政策制定者调整储蓄率，从而导致更高人均消费水平的新的稳定状态。

图 9-7 显示了在向黄金规则稳定状态的过渡中，对消费水平的影响。图 9-7（a）表明，如果人均资本存量低于与黄金规则所对应的稳态资本量，要使人均消费增加就必须增加储蓄，也就是说，要想将来有较高的消费水平，必须当前减少消费才能达到目的。图 9-7（b）则表明，如果人均资本存量高于与黄金规则所对应的稳态资本量，增加人均消费就要求减少储蓄，在向黄金规则的过渡过程中，消费水平比原来高。

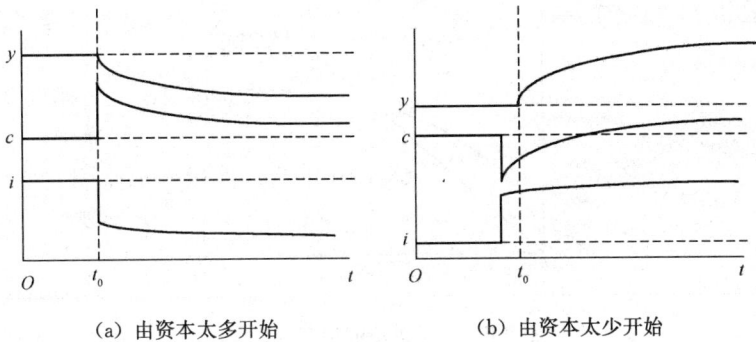

(a) 由资本太多开始　　　　　　　(b) 由资本太少开始

图 9-7　向黄金规则稳定状态的过渡

4. 技术进步

现在，我们把技术进步的因素引入索罗模型。这样，社会生产函数可以改写为：

$$Y = F (K, AL) \tag{9-13}$$

上式中，A 代表知识，可以看成劳动效率，L 表示劳动投入 AL 被称为有效劳动（效率工人数量）。技术进步以知识 A 和 L 以相乘的形式进入生产函数被称为劳动增进型。生产知识的增加可以提高劳动效率，这类似于劳动力数量增加，会对产出构成影响。

令 $y = Y/AL$ 为有效劳动平均的产出（每个效率工人的产出），$k = K/AL$ 为有效劳动平均的资本（每个效率工人的资本），于是，我们得出每个效率工人的生产函数：

$$y = f (k) \tag{9-14}$$

公式（9-14）与前面分析的人均生产函数相同，区别在于，这里强调的是"每一单位有效劳动平均"。

由于技术进步是劳动增进型的，我们用每单位的劳动效率的增加比率 g 表示技术进步率；用 $(d+n+g) k$ 表示补偿投资（保持 k 为常量的必要的投资），它包括：弥补折旧 (dk)，提供新增工人所占有资本 (nk)，以及提供由于技术进步而新增效率工人所占有的资本 (gk)。于是，我们得出了引入技术进步后索罗模型的基本方程为：

$$\Delta k = s f (k) - (d+n+g) k \tag{9-15}$$

上式表明，人均投资（人均储蓄）只有补偿了折旧、新工人所需投资和技术进步使工人效率提高所需要的资本时，有效劳动的平均资本存量才保持不变。

图 9-8 为引入技术进步后的稳态分析图。从图中可以看到，当有效劳动平均的资本存量 $k_1 < k_0$ 时，经济中的投资量超过了为维持 k 不变所必需的数量，导致了 k 的增加，直到 k_0 处，即达到 $s f (k) = (d+n+g) k$ 为止。反之，当有效劳动平均的资本 $k_2 > k_0$ 时，经济中的投资量小于为维持 k 不变所必需的数量，导致了 k 的减少，直至 k_0 处，即达到 $s f (k) = (d+n+g) k$ 为止。这时经济处于稳定状态，这种稳定状态代表经济的长期均衡。

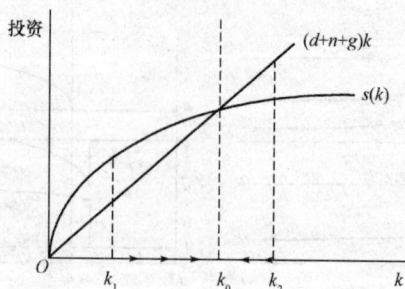

图 9-8　技术进步的稳态分析图

需要说明的是，有效劳动平均资本存量的稳态与一般的人均资本产量是不同的。由于有效劳动等于知识 A 与劳动投入 L 的乘积，所以，在图 9-8 中，虽然稳定状态的有效劳动平均资本和产出不变。但是，如果不考虑劳动效率因素，每个工人的资本装备水平及产出提高了，也就是说，人均资本存量和产出增长了。

可用图 9-9 解释技术进步对提高人均产出增长率的作用。图 9-9 显示，初始经济中，稳定的资本存量为 k_1，人均产出水平为 y_1。技术进步推动了投资的增加，人均投资曲线从 $s_1 f(k)$ 向上移动到 $s_2 f(k)$ 的位置，经济中稳定的资本存量从 k_1 增加到 k_0，相应的，人均产出水平从 y_1 增加到 y_2。从中我们可以看出，当经济处在稳态时，技术进步带来了人均资本存量的增加，促进了经济增长。

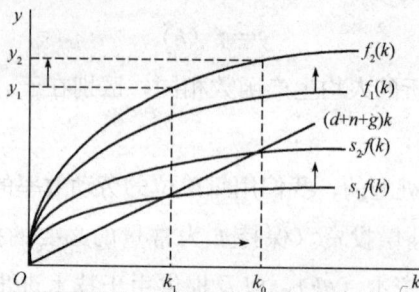

图 9-9　技术进步促进了经济增长

第四节　促进经济增长的政策

经济增长理论强调影响经济增长最主要的因素是技术进步、资本形成和劳动投入。现在我们讨论可以影响经济增长因素的政府政策和制度变革对长期经济增长的影响。

一、增加劳动投入

增加劳动投入的政策表现为两个方面，一方面，增加劳动力数量的政策，例如，降低个人累进所得税可能会刺激人们提供更多的劳动。另外，在劳动力中，失业率会影响实际劳动投入，失业率随着经济周期发生短期波动，因而政府的宏观政策调控有助于增加实际劳动供给。劳动力市场处于均衡状态时的失业率为自然失业率，自然失业率的变动会影响长期劳动投入。政府改进劳动市场服务、提供职业培训、降低最低工资、改进失业保险制度等措施都能够减少自然失业人口，从而增加长期劳动投入。

另一方面，增加劳动投入的政策还应当表现为增加对人力资本的投资。教育即是人力资本的投资，受过良好教育并拥有熟练技术的工人通常比那些没有接受培训的工人具有更高的生产效率，所以教育和培训对于经济增长的作用非常重要。经济学家之所以强调教育的重要性，是因为教育具有正的外部性。微观经济学的分析告诉我们，正外部性是指某个经济主体的行为使他人受益，自己并没有得到受益者补偿的情况。例如，当生物学家研究出基因组合技术之后，所有的生物技术企业都可以利用这一技术，由此在社会范围内产生的积极作用将会显著大于生物学家从中获得的直接收益。这就是教育的正外部性效应。

政府增加对人力资本的投资有助于提高劳动力素质，劳动力素质提高可以提高劳动效率。目前我国的劳动力整体素质不高，教育结构也不合理，提高劳动力素质是我国经济发展面临的紧迫问题。为此，政府应增加对教育的投入，改善私人对教育投资的激励机制，调整不同层次教育的结构，加强对在职职工的岗位培训和转换工作的培训，这对于实现我国产业结构升级以及经济长期可持续发展具有非常重要的意义。

知识拓展

为何几乎所有国家都提供免费的公共教育？

所有的工业化国家都向其公民免费提供中学以下的公共教育，其中大部分国家还对大学以及其他高级院校进行补贴。政府为何会采取这样的政策？

美国人对接受免费公共教育已经习以为常，以至于他们会对这样的问题感到奇怪——在他们的观念里，免费教育是理所当然的。不过，既然政府并没有向所有人（除了贫困者之外）免费提供食物、医疗等基本的产品与服务，为什么它要提供免费教育？而且，对教育服务的供给与需求事实上是可以通过私人市场实现的，并不一定需要政府的协助。关于免费教育或者说教育补贴的一个重要观点认为，个人对教育服务的需求曲线并没有包括教育的所有社会收益。例如，一个民主的政治体系要实现高效运作，很大程度上取决于公民的教育水平——而这一点对教育服务的个体需求者来说几乎不会成为他们接受教育的个人原因。如果从经济角度考虑，我们认为，个人无法实现自身接受教育所带来的全部经济收益。例如，拥有较高人力资本的人会有较高的收入，从而会上缴较多的税额，这些资金将用于提供政府服务和救助贫困者。由于所得税的存在，获得人力资本的私人收益要低于社会收益，因而在私人市场上对教育的需求，站在社会的角度来看并不是最优的。同样，受过教育的人比其他人更容易带来技术的进步与发展，从而引起生产率的提高，这会令包括他们自己在内的很多人都受益。提供公共教育的另一个理由是，那些希望对自身人力资本进行投资的贫穷者可能会由于收入低下而无法实现这一愿望。

与许多经济学家一样，诺贝尔经济奖的获得者米尔顿·弗里德曼（Milton Friedman）认为，上述这些理由只能说明政府可以用补贴方式（这种方式被称为教育优惠券）帮助人们从私人市场获得教育服务，并不能得出政府应该直接提供教育的结论。而公共教育的捍卫者认为，为了制定教育标准并保证教育质量，政府有必要对教育进行某些方面的直接控制。

（资料来源：罗伯特·弗兰克，本·伯南克. 宏观经济学原理. 3 版. 李明志，等译. 北京：清华大学出版社，2007）

二、鼓励增加储蓄和投资

物质资本存量是决定经济增长的又一个因素。当工人装备有大量现代资本存量时，劳动生产率就会提高。但是资本存量不会从天上掉下来，今天的资本存量是昨天投资的结果，未来的资本存量在一定程度上取决于今天的投资数量。由于资源有限，当把更多的资源用于生产资本就会减少用于生产现期消费的物品和劳务的资源数量。或者说，由于社会更多投资于资本，就必然减少现期消费并把更多的收入储蓄起来，储蓄决定了资本和产出水平。因此，政府可以通过政策鼓励家庭和企业的储蓄行为，从而间接地影响国民储蓄。私人的储蓄行为取决于各种激励，政策可通过改变激励来改变私人的储蓄行为。例如，对新投资的税收减免和对资本收入减税，提高资产折旧率都可以增加企业和个人的储蓄。完善金融市场，也可加速储蓄向投资转化。

政府也可以通过如修公路、桥梁、机场、排污系统直接增加投资，以影响经济中的物质资本水平。2008 年下半年，为了应对由美国金融危机引发的经济衰退，中国政府出台了 4 万亿元两年投资计划，主要用于保障性住房等民生工程；铁路、公路、机场、水电等重大基础设施建设；医疗、教育、文化等社会事业；节能减排和生态工程；自主创新和结构性调整以及地震灾后恢复与重建的投资。这些是中国资本存量的重要组成部分。

▶ 知 识 拓 展

投资与经济增长比较

对新工厂、新设备的投资对经济增长是很关键的。一般而言，那些将大量的产出用于投资的国家有更快的经济增长。在 20 世纪 90 年代，中国是投资率最高的国家之一，同时中国也有最快的经济增长率。

表 9-3 投资与 GDP 增长率 %

国家	投资占 GDP 的比例 （平均：1990—1996 年）	GDP 增长率 （平均：1990—1997 年）
中国	39	10.2
泰国	41	7.4
新加坡	35	6.6
印度	24	5.6
美国	17	2.4
英国	16	1.6

（资料来源：布拉德利·希勒. 当代经济学. 8 版. 豆建民，译. 北京：人民邮电出版社，2003）

三、支持技术进步

在现代经济社会，生产率的提高越来越依赖于技术进步。技术知识具有非竞争性，一个人使用某种知识，并不影响其他人对同一知识的使用。当一项科学技术被研究发现出来，它增加了人类共有的知识总量，其他人只需学习而无需付出任何成本便能够获得这一知识。所以，创造者的收益有限，所以，创造新知识的动力不能是私人的经济利益。技术知识是否具有排他性取决于知识本身的特性和知识产权制度的安排。专利制度可以使发明者在一定时期内拥有独家使用其发明的权利。但在专利规定的发明者受保护的期限之外，无法阻止他人对技术知识的学习和掌握。技术知识的公共物品性质使得市场配置与这一活动的资源太少，政府应当对新技术的研究和开发给予政策支持。

政府对技术进步的政策支持应主要采取以下方式。

第一，资金支持。政府资金支持的对象有两个，一是对基础科学研究给予资金支持。各国对基础科学研究的供给基本上是免费的。因为基础科学研究的受益者是整个社会而不是某家企业。从事这种研究的动力不是盈利，而是兴趣或出名。基础科学研究具有正外部性，应当得到政府的资助。二是对应用性高科技企业提供资金支持。高科技研发风险较大，但政府的资金支持可以使得一国最早掌握和利用新技术，从而可以赚得高于平均水平的利润。例如，20 世纪 90 年代，美国克林顿政府很注重对民用高科技领域的投资。政府每年从军事研究中拿出 300 亿美元，投入到诸如机器人、生物技术、光纤通信、全国计算机网络和先进的通信网络等民用技术领域。政府还责令全国 726 个主要从事军事研究的国家试验室，将现有预算中的 10%～20% 用于与工业界合资共办民用企业，以帮助民用企业的高技术创新。近年来，中国政府通过国家航天局支持空间研究，也使中国的火箭发射技术和航天飞机的制造有了长足的进步。

第二，对企业的研究开发实行税收优惠。例如，可以通过减税或税收抵免来鼓励企业从事研究和开发，实际上这种优惠也是通过政府支付一定的研究和开发费用的方法，调动企业从事研究和开发的积极性。

第三，建立保护发明者权益的专利制度，鼓励民间部门介入科学技术的研究开发。某家企业研制出一种转基因农作物，可以申请专利保护，当被确认是原创的科技成果，政府就会授予创造者专利权，即在规定的年限内该创造者拥有排他性地生产该产品的权利。专利制度在一定程度上解决了知识和技术这种公共物品的生产和收益不对称的问题，从而可以激励个人和企业从事研究和开发活动。

四、对外开放

对外开放能够促进一个国家与外部世界的交流，这也能够提高一国的劳动生产率。1949—1979 年，中国基本上是一个封闭的国家。我们曾试图实行进口替代的内向型政策，希望能够在不与外部世界交流的情况下来发展本国的民族工业，并赶上和超过发达国家的经济。实践证明，靠设置关税壁垒和非关税壁垒限制国际贸易拉大了我们与发达国家的差距。改革开放以来，中国经济实现了高速增长。这使我们认识到，减少贸易限制，开放市场，实施出口导向的外向型政策促进经济增长的效果较好。亚洲四小龙依靠出口导向的外向型政策成功实现了高速发展，中国 1979 年以后外向型经济的实践效果有目共睹。

开放为什么能够提升一个国家的生产率？

首先，一个开放的经济体可以利用国际贸易来促进本国的经济增长。一个国家出口的产品通常具有资源优势和生产成本较低，进口的产品则通常不具有资源优势而且生产成本较高，一国出口自己的优势产品换回自己的劣势产品，所以自由贸易可以提高资源在国际间的配置效率，这可提升资源限制条件下人们的生活水平。设想一下，如果广州市是一个封闭的城市，不能与城市之外的任何人进行产品交换，那么，广州市必须生产它所需要的一切产品和劳务，这将会极大地增加生产成本，广州人的生活水平立即会下降。这正是 30 年前我们关起门来搞建设时期曾经经历的情况。国际贸易能够促进发展，还在于开放扩大了市场规模，促进了竞争，有利于我们引进先进的技术和管理知识。

其次，开放可以实现国际资本的流动，利用别国的储蓄增加本国的投资，这可实现资金在国家之间最有效率的使用。假设有 A、B 两国，A 国的储蓄率较高，存在资本过剩，资本收益率较低。B 国则资本稀缺，人均资本存量和人均产出量都低于 A 国，资本收益率较高。如果两国都开放，A 国的资本就会流向 B 国，资本短缺的 B 国的增长率将会提高，资本过剩 A 国的增长率将相对降低，最终，两国的人均资本存量和人均产出量将趋于相等。我国改革开放以来所取得的巨大经济成就，与外商投资密切相关。正是对外开放，使得我们可以用外国人的储蓄建工厂、造汽车、修高速公路、生产电脑，实现强国富民。

五、制度环境

政府可以加快经济增长的再一个办法是提供一个良好的市场经济制度。历史经验表明，计划经济制度扼杀微观经济主体的活力，因而其长期绩效不如市场经济制度。一个能够发挥市场机制作用的制度环境也是实现长期经济增长的必要条件。

市场经济制度是依靠价格机制来实现其运行的，而价格机制发生作用的一个重要前提是产权的界定和保护制度。在一个产权不清晰、司法制度不完备、合约很难得到实施、欺诈得不到惩罚、过多行政管制的环境下，企业不能有效地运作，人们缺乏努力工作和创新的激励，经济势必没有活力。因此，为了促进经济增长，政府有责任提供一个有利于创新的市场制度和法治环境，比如有保障的私人产权、开放的贸易、较少的管制、较高的政府工作效率等。当经济具有较大的自由度时，创业有更大的空间，投资有更多的机会，人们能够得到创新所带来的直接的物质利益，这会激励人们增加投资、开发新技术、改善管理。认识这一点对我国经济发展具有重要的现实意义。自 1979 年以来，我国的市场化改革强化了产权，极大地扩展了创新空间，政府逐渐放松产业管制，所有制结构呈现多元化格局，越来越开放的贸易和投资、法律体系的建设等，促进了我国经济的快速增长。当然，由于市场化改革有待深化以及法律制度的不完善，实际生活中仍然存在许多抑制经济效率的制度因素，在我国现有的资源条件下，以制度创新实现经济的长期增长尚有很大的潜力。

本章小结

1. 宏观经济学主要研究三大问题：失业、通货膨胀和经济增长。宏观经济学的分析对象既有长期问题，也有短期问题。

2. 经济增长是指一国在一定时期内实际国内生产总值（实际 GDP）的增长。实际 GDP 既可以表示为经济的实际总产出，也可以表示为人均实际产出。

3. 经济增长与经济发展不同。经济增长是一个财富增长的"量"的概念，而经济发展则衡量的是一个国家以经济增长为基础的政治、社会、文化的综合发展，因而是一个含义复杂的"质"的概念。

4. 人均实际 GDP 由劳动生产率增长率和就业人口增长率来确定。长期中，劳动生产率的提高是人均实际 GDP 增长的基本原因。

5. 决定劳动生产率提高的因素很多，包括较高的劳动素质、工人使用的物质资本的数量和质量、自然资源是否丰裕、技术水平、管理水平和具有较高经济自由度的制度环境。

6. 经济增长理论强调影响经济增长最重要的因素是技术进步、资本形成和劳动投入。索罗模型为分析技术进步、资本形成和劳动投入如何促进经济增长提供了理论框架。

7. 资本存量的黄金规则水平是使人均消费最大化的人均资本存量，使消费最大化的条件是，资本的边际产量等于折旧率加人口增长率。

6. 促进长期经济增长的政策包括：增加劳动投入、鼓励储蓄与投资、支持技术进步、实施对外开放，以及构建一个有利于企业高效运作的制度环境。

复习与思考

一、名词解释

经济增长　　　　　经济发展　　　　劳动生产率　　　　人力资本

索罗模型　　　　　资本存量的黄金规则水平

二、选择题

1. 经济增长的标志是(　　)。

　　A. 失业率下降　　　　　　　　B. 先进技术广泛应用

　　C. 社会生产能力不断提高　　　D. 城市化速度加快

2. 下列提高增长率的最好的方法是(　　)。

　　A. 发现新的自然资源供给　　　B. 发展新技术

　　C. 提高人口增长率　　　　　　D. 外援

3. 下列与经济的长期增长无关的是(　　)。

　　A. 政治稳定　　　　　　　　　B. 储蓄率提高

　　C. 跨国公司的存在　　　　　　D. 总需求迅速增长

4. 根据索罗模型，n 表示人口增长，d 表示折旧率，k 表示人均资本，则人均资本变化等于(　　)。

　　A. $sf(k) + (d+n)k$　　　　　B. $sf(k) + (d-n)k$

　　C. $sf(k) - (d+n)k$　　　　　D. $sf(k) - (d-n)k$

5. 根据新古典增长模型，稳态时，以下将维持在稳定不变的水平的变量是(　　)。

　　A. 总资本存量　　　　　　　　B. 人均资本

　　C. 总产出　　　　　　　　　　D. 总劳动力数量

6. 在新古典增长模型中，储蓄率的增加对经济的影响，在长期中是(　　)。

    A. 使总产出增长率更高　　　　　B. 使总产出增长率更低

    C. 使总产出增长率不变　　　　　D. 使总产出增长率大于劳动力增长率

7. 黄金规则是(　　)。

    A. 一个遥远的目标

    B. 储蓄率等于人口增长率

    C. 资本的边际产量等于折旧率加人口增长率

    D. 短期提高人均产出的规律

8. 根据新古典增长模型，人口增长率的上升将(　　)。

    A. 提高人均资本的稳定状态水平

    B. 降低人均资本的稳定状态水平

    C. 对人均资本的稳定状态水平没有影响

    D. 对人均产出的稳定状态水平没有影响

9. 新古典增长模型表明，稳态时人均产出增长率只取决于(　　)。

    A. 折旧率　　　　　　　　　　　B. 人口增长率

    C. 技术进步率　　　　　　　　　D. 储蓄率

三、问答题

1. 宏观经济研究哪些问题？举例说明。

2. 如何认识宏观经济的短期和长期？

3. 如果一国 GDP 年均增长率为 5%，请问大约多少年，该国 GDP 翻一番？

4. 有两个国家，一个富国和一个穷国。富国的实际人均 GDP 为 10 000 美元，而穷国的实际人均 GDP 只有 5 000 美元。富国的实际人均 GDP 的年增长率为 1%，而穷国的则为 3%，试比较 10 年后两国的实际人均 GDP。20 年后的情况又会如何？穷国要想赶上富国大概需要多少年时间？

5. 为什么劳动生产率是决定长期经济增长的关键因素？

6. 什么是人力资本？对经济增长来说，为什么人力资本是重要的？新的人力资本是怎样创造出来的？

7. 根据学过的知识，举例说明产权不明晰造成了哪些效率损失？

8. "把较大比例的国民产出用于投资将有助于迅速恢复经济增长，并提高人均产出水平。"你同意这种说法吗？为什么？

9. 有两人在争论：一个人认为，人均资本水平越高，人均消费水平就越低；另一个人认为，人均资本水平越高，人均消费水平就越高。请试用资本积累的黄金规则理论来分析他们观点的是与非。

10. 在实现提高劳动生产率这一目标过程中，政府可以有哪些主要贡献？

参考文献

[1] [美] 曼昆. 经济学原理（宏观分册）[M]. 5版. 梁小民，等译. 北京：北京大学出版社，2009.

[2] 徐有光，贾洪海. 西方经济学（宏观部分）[M]. 北京：化学工业出版社，2009.

[3] 李俊慧. 经济学讲义 [M]. 北京：中信出版社，2012.

[4] [美] 多恩布什，[美] 费希尔. 宏观经济学 [M]. 王志伟，译. 北京：中国人民大学出版社，2012.

[5] 高鸿业. 西方经济学（宏观部分）[M]. 北京：中国人民大学出版社，2011.

[6] [英] 约翰·梅纳德·凯恩斯. 就业、利息和货币通论 [M]. 北京：世界图书出版公司，2010.

[7] 厉以宁. 西方经济学 [M]. 北京：高等教育出版社，2005.

[8] 卢锋. 经济学原理（中国版）[M]. 北京：北京大学出版社，2002.

[9] [美] 罗伯特·弗兰克，[美] 本·伯南克. 宏观经济学原理 [M]. 3版. 李志明，等译. 北京：清华大学出版社，2007.

[10] [英] 迈克尔·帕金. 经济学 [M]. 梁小民，译. 北京：人民邮电出版社，2003.

[11] [美] 查尔斯·I. 琼斯. 经济增长导论 [M]. 舒元，等译. 北京：北京大学出版社，2002.

[12] [美] 萨缪尔森，[美] 诺德豪斯. 经济学 [M]. 17版. 萧琛，等译. 北京：人民邮电出版社，2004.

[13] [美] 斯蒂格利茨. 经济学 [M]. 北京：中国人民大学出版社，1997.

[14] 孙宇辉，刘静暖. 西方经济学基础 [M]. 北京：中国经济出版社，2008.

[15] 王志伟，范家骧. 宏观经济学 [M]. 大连：东北财经大学出版社，2007.

[16] 王志伟. 宏观经济学 [M]. 北京：北京大学出版社，2006.

[17] 辛宪. 经济学的第一堂课 [M]. 北京：清华大学出版社，2005.

[18] 易纲，张帆. 宏观经济学 [M]. 北京：中国人民大学出版社，2008.

[19] 于瑞祥. 西方经济学 [M]. 武汉：中国地质大学出版社，2006.

[20] 袁志刚，樊潇彦. 宏观经济学 [M]. 北京：高等教育出版社，2008.